古代歷史文化研究輯刊

十　編

王明蓀　主編

第11冊

北朝時期釀酒、飲酒及對社會的影響研究

王　萌　著

國家圖書館出版品預行編目資料

北朝時期釀酒、飲酒及對社會的影響研究／王萌 著 — 初版
— 新北市：花木蘭文化出版社，2013〔民102〕
序 2+ 目 6+204 面；19×26 公分
（古代歷史文化研究輯刊 十編；第11冊）
ISBN：978-986-322-339-9（精裝）
1. 社會生活 1. 南北朝
618   102014386

ISBN-978-986-322-339-9

9 789863 223399

古代歷史文化研究輯刊
十 編 第十一冊
ISBN：978-986-322-339-9

北朝時期釀酒、飲酒及對社會的影響研究

作　　者　王萌
主　　編　王明蓀
總 編 輯　杜潔祥
出　　版　花木蘭文化出版社
發 行 所　花木蘭文化出版社
發 行 人　高小娟
聯絡地址　235 新北市中和區中安街七二號十三樓
　　　　　電話：02-2923-1455／傳真：02-2923-1452
網　　址　http://www.huamulan.tw 信箱 sut81518@gmail.com
印　　刷　普羅文化出版廣告事業
初　　版　2013 年 9 月
定　　價　十編 35 冊（精裝）新台幣 62,000 元

北朝時期釀酒、飲酒及對社會的影響研究

王　萌　著

作者簡介

王萌,男,漢族,內蒙古包頭市人。現任職于內蒙古大學歷史與旅遊文化學院歷史系,從事秦漢史、魏晉南北朝史研究。2007 年考入吉林大學古籍研究所,師從張鶴泉先生研習秦漢史,2009 年 6 月畢業,獲中國古代史碩士學位。同年 8 月,師從碩導恩師研治魏晉南北朝史,2012 年 6 月畢業,獲中國古代史博士學位。在《史學集刊》、《吉林大學社會科學學報》、《劍南文學》等期刊上聯名或者單獨發表學術論文 4 篇。

提　要

本書是對北朝時期釀酒、飲酒及對社會的影響的專題研究。

首先,北朝時期的製麴、釀酒技術,無論是從酒麴質量(微生物菌種的培養)、釀酒工藝的發展程度(糖化、發酵階段酒麴的有效利用)方面而言,還是從提高酒精度數方面而論,都是遠超越於前代的,並對唐宋的製麴、釀酒工藝產生重要影響。可以說北朝的製麴、釀酒技術在中國古代釀酒科技史上扮演承前啟後的角色。其次,北朝時期釀酒、飲酒與當時社會經濟、文化、生活、政治方面之間的聯繫是不可忽視的。釀酒業的發展,涉及到經濟利益、消耗糧食的問題,所以,當時國家制定相關政策對釀酒業進行管理,以此增加國家財政收入、調節糧食消費方向、保障民生。佛教信仰因素、中國古代傳統禮儀中的禁忌、等級尊卑觀念,在一定程度上影響、約束著人們的飲酒行為;酒還豐富了士人創作詩歌的取材,表明飲酒與社會文化之間的相互能動作用、影響。當時社會各個階層的日常生活與飲酒、用酒也是緊密相連的。除此之外,統治者通過適合時宜的賜酒、賜宴達到自己的政治目的。

序

　　王萌博士的《北朝時期釀酒、飲酒及對社會的影響研究》一書將由臺灣花木蘭文化出版社出版。王博士囑我為其大作在卷首寫幾句話。承蒙作者的盛意，簡略地說明這部著作的學術價值。

　　從目前北朝史研究的狀況來看，涉及到當時釀酒、飲酒的研究成果並不多見。可是，釀酒、飲酒在當時社會的生活中，卻佔有很重要的地位，因而，要全面認識北朝社會生活，就需要對釀酒、飲酒諸問題做深入的探討。可以說，王萌博士的這一著作對北朝時期的釀酒、飲酒及引發的社會影響作了有意義的考證，因此，這一成果豐富了北朝社會史研究的內容。這正是作者所作的研究的學術價值之所在。

　　作者在這一著作中，以對酒的探討為中心將北朝酒的釀造技術、當時人飲酒活動的特點以及釀酒與飲酒產生的社會影響的研究有機地結合在一起。從作者對北朝時期酒的釀造技術的考察來看，是以《齊民要術》作為主要的史料，實際是對《齊民要術》中有關酒的釀造技術的記載為中心展開的。當然，作者並沒有僅限於《齊民要術》的記載，還將其他涉及到北朝釀酒技術的史料做了比較全面的搜集，並以此為基礎，考察了當時酒的種類、酒麴的製作和釀酒的技術。作者認為北朝時期酒的種類要多於漢代，北朝時期的製麴和釀酒技術也要高於漢代。應該說，作者的這些看法都是言而有據的。

　　作者對北朝社會不同社會群體的飲酒活動所作的探討的視角，也是很新穎的。作者注意到北朝社會的民族構成是複雜的，並且，無論是在北魏朝、還是東魏、北齊、西魏、北周朝，進入中原的北族都在社會中佔有重要的地位。這是與南朝社會明顯的不同之處。這些居於中原的北族，不僅在政治上佔據統治地位，並且，也保持著騎馬民族的生活方式。實際上，北族的飲食

方式對社會生活產生的影響是重大的。從當時的飲酒情況來看，尚飲已經形成風氣。這種風氣的形成，一方面承襲了漢族社會的飲酒傳統，但更重要的是，北族對飲酒的愛好，更促進了這種風氣的形成。正因為如此，就使北朝社會人們的飲酒方式出現多樣化的特點，並且，也使社會上層的飲酒器具更為考究。作者在這方面所作的研究，為認識北朝的飲食活動增加了豐富的內容，並且，所作的細緻考證也是很耐人尋味的。

當然，作者並沒有將研究的視線只停留在飲酒活動上，而是將目光進一步拓展，將飲酒活動與當時國家的施政與禮儀活動結合在一起進行考察，進而使飲酒活動所具有的深層的社會意義得到發掘。在作者看來，北朝國家統治者注意對臣下賞賜酒宴。這種賜宴成為北朝國家統治者重要的賞賜。並且，北朝的統治者還將飲酒滲透到國家的祭祀、養老、成婚、加冠等禮儀活動中。因此，可以說，在施政與國家禮儀活動中的飲酒，就不是單純的飲食活動，實際與國家實行的重要統治方式具有密不可分的聯繫。作者提出的這些看法，都是很有啟發意義的。

總之，作者在這部著作中提出了諸多的值得注意的學術意見。我所提到的，只不過是略舉一、二而已。當然，作者所作的這些研究，並不是對這一問題探討的結束，而只是研究的開始，還有諸多的問題需要繼續進一步的開掘。然而，對一位年輕的學人來說，已經是很可喜可賀的了。

王萌博士自幼喜歡歷史，他報考大學的第一志願便是歷史系。他在內蒙古大學歷史系學習期間，又專攻中國古代史。這為他以後對北朝史的研究打下了基礎。大學畢業後，他考入吉林大學古籍研究所，跟隨我研習魏晉南北朝史。他在碩士與博士研究生學習階段，篤志好學，刻苦鑽研，博覽群書，學術視野逐漸開闊，並對學術前沿的問題也有了比較清楚的認識，因而，很好地完成了博士論文的寫作。實際上，這部著作正是在他的博士論文的基礎上，經過反覆修改而成的，因此可以說這部著作正是王萌博士近十年刻苦鑽研的結晶。在王萌博士的大作付梓之際，我不僅充滿欣喜，更希望他在崎嶇探索的道路上，不畏艱難，獲得更大的成績。

張鶴泉

2013 年 3 月

目
次

附　圖

前　言

　　北朝時期，釀酒業處於繁榮發展中。這一時期的釀酒技術既有對前代的繼承，更多的是在當時生產條件下取得的巨大進步。由於釀酒業是消耗大量糧食的產業，同時，酒業經營又能帶來豐厚的利潤，所以，北朝統治者對酒業的發展非常重視，制定了相關政策來對酒業進行管理。北朝尚飲風氣盛行，酒成為人們日常飲食生活中不可缺少的飲品。酒與北朝國家的施政與禮儀活動之間存在著密切的聯繫，並深入到社會生活的眾多方面。

一、選題意義

　　本文選題，具有以下幾個方面的意義：

　　首先，本論文選題的技術史方面的意義。北朝時期的製麴、釀酒工藝取得了顯著進步。以製麴方面而言，當時的製麴技術遠超越於漢代，酒麴質量有了很大的提高，酒麴種類日益豐富。更為重要的是，當時人們確立了科學的酒麴分類原則。就釀酒方面而論，在投放原料米飯方面，當時繼承了漢代多次投飯的技術，但是在操作過程中，人們將其發展為根據酒麴糖化與發酵力的強弱變化相應增減投飯量的靈活工藝。這使酒的質量得到進一步提高。同時由於酒麴種類的增加，當時酒的種類也日益增多。當時人們還開發出保障釀酒安全、成酒質量的酸漿工藝，儘管應用不是很普遍，卻對五個世紀以後宋代釀酒中的製作酸漿工藝產生重要影響。北朝時期的釀酒工藝在中國古代釀酒史上具有承前啓後的意義。因而，對這一時期的釀酒工藝進行考察，不僅可以瞭解當時釀酒技術的發展，也可以從中探尋可供今天釀酒業發展所能借鑒的經驗。

第二，本文選題的社會方面的意義。酒在古代不僅是人們日常生活中所需的飲品，還與國家政治、社會生活的眾多方面具有密不可分的聯繫。首先，酒與統治者的施政緊密聯繫在一起，統治者通過賞賜美酒、賜酒宴以達到顯示恩惠、籠絡與安撫人心的目的，進而鞏固統治。「百禮之會，非酒不行」〔註1〕，由國家舉行的大規模的禮儀活動都是以酒爲媒介的。統治者親自參與以酒行禮的過程，顯示的是對禮儀活動的重視，更爲重要的是藉此規範民間社會中的活動，規範社會秩序。所以，對這一部分進行研究，有利於深入瞭解酒與北朝國家的施政和禮儀活動之間所具有的緊密聯繫。其次，酒還深入到社會生活的眾多方面，正所謂「古之爲酒，本以供祭祀、灌地、降鬼神，取其馨香上達，求諸陰陽之義也。後以其能養陽也，故用之以奉親老。又以其能合歡也，故用之昏冠、賓客」〔註2〕，考察酒與當時社會生活之間的關聯，有助於深入瞭解釀酒、飲酒對這一時期社會的影響。

二、研究現狀

到目前爲止，學者對北朝時期這一特定時間段的釀酒、飲酒及對社會的影響的研究較爲有限。但是，關於魏晉南北朝史、中國飲食文化通史的各類著作中，涉及並論述了關於北朝時期釀酒、飲酒及酒對社會影響的一些相關問題。這對本文研究提供了有價值的借鑒。

（一）通論性的研究成果

王利華先生著有《中古華北飲食文化的變遷》一書〔註3〕。關於釀酒技術部分，作者立足於釀酒技術變遷的角度，從「釀酒技術梗概」、「釀酒原料」、「酒的種類」、「酒的品質」等方面，概括了魏晉至隋唐時期的酒的釀造情況。

張承宗、魏向東編著的《中國風俗通史‧魏晉南北朝卷》〔註4〕，作者在該著作「飲食風俗」中的「飲茶、飲酪與飲酒之風」一節中，對魏晉南北朝

〔註1〕《漢書》卷二四下《食貨志下》，第1182頁。
〔註2〕邱濬：《大學衍義補‧徵榷之課》史臣按∥《古今圖書集成‧經濟彙編‧食貨典（下）》卷二七五，臺北：鼎文書局，1977年版，第2663頁。
〔註3〕參看王利華：《中古華北飲食文化的變遷》，中國社會科學出版社，2000年版。
〔註4〕參看張承宗、魏向東：《中國風俗通史‧魏晉南北朝卷》，上海文藝出版社，2001年版。

時期各地的名酒、當時人們的飲酒之風及酒禁實行的情況進行論述。其中對酒與當時不同社會階層的緊密結合有深入的分析。這對本文分析北朝時期酒與社會生活的聯繫有著重要的參考價值。

徐海榮先生主編有《中國飲食史》〔註5〕第三卷魏晉南北朝隋唐史部分。這一部分對魏晉南北朝隋唐時期酒業活動的論述，清晰地展現出這一時期有關酒的釀造等方面的發展、變化情況。但是對北朝時期釀酒技術的發展程度、酒的品質及當時的酒業經營情況等卻沒有進行深入論述。由於作者進行考察的範圍是魏晉至隋唐這一時間跨度較長的飲食史，因此，對作為飲食內容之一的飲酒活動的論述則較為簡略。

除此此外，還有黎虎先生的《漢唐飲食文化史》〔註6〕。《漢唐飲食文化史》是對中國古代飲食史中的斷代飲食史研究較為深入的著作。作者在「酒」一節中，從「酒的功用」、「釀製方法」、「酒的種類」、「酒榷」、「酒禁」等方面對漢至隋唐時期的釀酒技術、國家對酒業的管理進行了清晰的論述。尤其對漢至隋唐期間釀酒技術的傳承與發展情況進行宏觀性的分析，從中可以瞭解漢唐時期釀酒技術發展的梗概。

關於魏晉南北朝社會生活史的著作，也有對北朝時期酒業活動的涉及。朱大渭、劉馳、梁滿倉、陳勇編著有《魏晉南北朝社會生活史》〔註7〕。該著作中的「飲料與水果」一節，論述了魏晉南北朝時期的飲酒之風，考察了酒的生產與酒的種類等相關情況。

（二）專題性的研究成果

專題性的研究成果，是指從釀酒技術的角度進行探討的著作與論文。

國內學者關於中國古代釀酒技術的研究著作，有洪光住先生的《中國釀酒科技發展史》〔註8〕和傅金泉先生主編的《中國釀酒微生物研究與應用》〔註9〕兩部專著。

〔註5〕參看徐海榮等：《中國飲食史》第三卷魏晉南北朝隋唐飲食史，華夏出版社，1999年版。

〔註6〕參看黎虎：《漢唐飲食文化史》，北京師範大學出版社，1998年版。

〔註7〕參看朱大渭等：《魏晉南北朝社會生活史》，中國社會科學出版社，1998年版。

〔註8〕參看洪光住：《中國釀酒科技發展史》，中國輕工業出版社，2001年版。

〔註9〕參看傅金泉主編：《中國釀酒微生物研究與應用》，中國輕工業出版社，2008年版。

　　洪光住在《中國釀酒科技發展史》中以釀酒工藝爲出發點，同時與歷史資料的記載相結合，對中國古代的黃酒、紅酒、白酒、藥酒和奶酒等酒類的釀造技術的發展與演變進行了詳細研究。

　　傅金泉主編的《中國釀酒微生物研究與應用》〔註10〕第一章《釀酒微生物科技發展史》南北朝部分中，從「製麴」、「培菌」、「原料米的選用」、「投料」和「酸鹼度調節」五個方面，論述了南北朝時期的釀酒技術。並將釀酒過程中的「培養黃麴黴菌」這一技術環節看作是南北朝時期人們在酒的釀造過程中熟練應用微生物技術的表現。

　　有關北朝時期釀酒工藝的研究論文，有楊勇先生的《試論〈齊民要術〉中的我國古代製麴、釀酒發酵技術》〔註11〕、繆啓愉先生的《〈齊民要術〉中利用微生物的科學成就》〔註12〕、汪建國先生的《解讀〈齊民要術〉的製麴和釀酒工藝》〔註13〕、李生春先生的《〈齊民要術〉在中國酒文化史上的意義》〔註14〕、包啓安先生的《南北朝時代的釀酒技術》〔註15〕，以上各位先生對北朝時期的部分釀酒工藝進行了考察，或者對當時釀酒工藝進行總體概括。除此之外，相關論文還有傅金泉先生的《從麴糵論我國黃酒麥麴技術的發展》〔註16〕，作者對從古至今的利用微生物製麴技術的發展、傳承及酒麴種類的發展、演變，進行了細緻的分析。

　　王賽時先生的《山西釀酒史略》〔註17〕一文，對古代山西地區釀酒業的發展進行了考察，並且，作者根據《齊民要術》、《魏書》、《北齊書》等傳世文獻，對北朝時期的山西地區釀酒業及釀酒工藝的發展情況，以及這一時期

〔註10〕參看傅金泉主編：《中國釀酒微生物研究與應用》，中國輕工業出版社，2008年版。

〔註11〕參看楊勇：《試論〈齊民要術〉中的我國古代製麴、釀酒發酵技術》，載《西北農林科技大學學報》（自然科學版），1985年第4期。

〔註12〕參看繆啓愉：《〈齊民要術〉中利用微生物的科學成就》，載《古今農業》，1987年第4期。

〔註13〕參看汪建國：《解讀〈齊民要術〉的製麴和釀酒工藝》，載《中國釀造》，2008年第16期。

〔註14〕參看李生春：《〈齊民要術〉在中國酒文化史上的意義》，載《甘肅輕紡科技》，1994年第3期。

〔註15〕參看包啓安：《南北朝時代的釀酒技術》，載《中國釀造》，1992年第3期。

〔註16〕參看傅金泉：《從麴糵論我國黃酒麥麴技術的發展》，載《釀酒科技》，1988年第3期。

〔註17〕參看王賽時：《山西釀酒史略》，載《晉陽學刊》，1994年第6期。

出現的馳名遠近的名酒進行系統的研究。

　　海外學者也有專門的著作對中國古代的釀酒技術進行研究。對本文寫作有重要啓發的著作爲李約瑟主編的《中國科學技術史》第六卷《生物學及相關技術》第五分冊《發酵與食品科學》〔註18〕。作者以生物化學技術爲研究的出發點，並結合中國古代相關文獻的記載，對北朝時期的釀酒技術進行了詳細的考察。作者首先論述了酒麴的製備及製麴中的育菌技術。而後，論述了溫度變化等外界條件對酒的釀造的影響，並總結出當時的溫控方式。最後，闡明「投飯」與「麴勢」消長之間的密切關係。通過作者的論述，可以清晰地看出當時釀酒工藝的逐漸成熟。並且，通過作者對酒精含量的計算方式，對北朝時期不同種類酒的酒精度數可以有一大概的瞭解。

（三）關於古代酒業管理研究的成果

　　對於古代酒政的研究，黃修明先生著有《中國古代酒禁論》。〔註19〕作者概括了中國歷朝實施酒禁的原因及社會環境背景、酒禁的解除。認爲酒禁是古代國家以行政措施對社會中有關酒的釀、酤、飲進行干預。進而指出，由於酒禁的實施，「使中國古代酒文化或酒業經濟的發展被打上十分強烈的專制政治印記」。〔註20〕但作者對北朝時期酒禁的分析則較爲簡略。這成爲筆者進行本文中相關酒政考察的動因。

　　除此之外，黃修明先生還撰有《酒文化與中國古代社會政治》。〔註21〕作者首先討論了酒對中國古代社會政治、經濟所造成的負面影響。但作者同時指出把古代社會政治的紊亂全部歸咎於酒未免失之偏頗。認爲人們對自己的飲酒行爲不能很好地控制，才是使酒的負面影響凸現的關鍵因素。其次，通過考察酒禁、賜酺，分析社會中酒的釀、酤、飲在國家行政干預環境下的發展情況。作者還論述了古代傳統倫理道德對社會中飲酒活動的影響。

〔註18〕　參看李約瑟等：《中國科學技術史》第六卷《生物學及相關技術》第五分冊《發酵與食品科學》，科學出版社、上海古籍出版社，2008年版。

〔註19〕　參看黃修明：《中國古代酒禁論》，載《重慶大學學報》（社會科學版），2003年第1期。

〔註20〕　參看黃修明：《中國古代酒禁論》，載《重慶大學學報》（社會科學版），2003年第1期。

〔註21〕　參看黃修明：《酒文化與中國古代社會政治》，載《中華文化論壇》，2002年第2期。

（四）農業史研究的相關成果

繆啓愉先生對《齊民要術》的校勘、注釋與整理，〔註22〕爲我們瞭解北朝時期的釀酒技術及釀酒的詳細過程等提供了極大方便。並且，繆啓愉先生整理的這部著作是本文探討北朝時期製麴、釀酒技術的重要史料來源。

三、存在的問題

北朝時期的製麴、釀酒技術在中國古代釀酒技術中佔據重要的地位；當時又處於民族融合時期，北方游牧民族的飲酒風氣影響著漢族社會；同時，釀酒、用酒等活動又與國家政治、禮儀活動、社會生活存在著密切聯繫。所以，對北朝時期的製麴、釀酒技術及釀酒、飲酒對社會的影響進行研究是非常重要的。迄今爲止，尚無一部系統研究北朝時期製麴、釀酒技術，及當時飲酒風俗、酒對社會影響的專著。而在有限的研究成果中，又有一些不足之處需要我們的關注。

通過對前人研究成果的梳理，可以看出，與北朝時期的釀酒、飲酒及對社會的影響相關的研究成果側重於製麴、釀酒技術方面，儘管有不少專著、論文涉及到製麴、釀酒技術問題，但這些研究缺乏對當時釀酒技術發展的總體性考察。即使是涉及到酒業管理政策、飲酒風俗等方面的研究，在論述的深度上也沒有展開。

首先，某些問題研究的空白點需要塡補。比如北朝時期的酒具。現有的關於中國古代酒具的研究著作中，如李春祥先生的《飲食器具考》、黎福清先生的《中國酒器文化》和王念石先生的《中國歷代酒具鑒賞圖典》只是概括性地論述了中國古代酒具的種類、形制的演變，卻沒有提及北朝時期酒具的情況。還有北朝時期佛教傳播在何種程度上影響人們的飲食行爲的問題。北朝是佛教傳播盛行的階段，佛教戒律中有「禁酒肉」的規定，這必然要對信徒的飲食生活產生影響。學者對此也有論文或者專著進行研究，如臺灣學者康樂先生的《素食與中國佛教》一文，還有徐海榮編著的《中國飲食史》第三卷魏晉南北朝時期佛教信仰食俗部分，都論述了佛教戒律對當時人們飲食結構的影響，但是對佛教戒律在何種程度上約束人們的飲酒行爲卻沒有論及。

〔註22〕 參看〔北朝〕賈思勰著，《齊民要術》，繆啓愉、繆桂龍譯注，上海古籍出版社，2009 年版。

其次，關於國家對酒業管理政策的研究需要深入。有關北朝時期國家對酒業的管理政策，顏吾芟先生的《魏晉南北朝時期的酒政》一文、徐海榮編著的《中國飲食史》第三卷《魏晉南北朝隋唐》有關國家酒業政策部分中，對北朝時期國家實施酒禁的情況有過論述，但是對酒禁在實施過程中所體現的特點、酒禁對國家財政的影響沒有展開分析。上述研究專著、論文只是著眼於酒業政策中的酒禁這一部分，對於北朝時期榷酒、稅酒實行的情況卻很少論及。

第三，關於酒與北朝時期社會生活之間聯繫的研究尚需要深入。徐海榮編著的《中國飲食史》第三卷《魏晉南北朝隋唐》「酒的特殊功用」部分中對酒與北朝社會生活之間的聯繫有過論述。作者在酒的用途部分只涉到了酒與社會生活中的慶賀、祭祀、治療疾病這三個方面，但是在論述的程度上不夠深入。對酒與社會生活中的人際交往、酒在飲食加工中的應用卻沒有論及。

四、寫作思路

本文按照以下思路對北朝時期的釀酒、飲酒及對社會的影響進行考察：

（一）從技術史角度對北朝時期製麴、釀酒技術發展的考察

考察北朝時期的釀酒業，首要注意的是技術方面的問題。也就是說，首先採取從技術史入手的方法來分析釀酒業的發展。而著眼於技術史開展探討，就需要特別注重製麴技術和釀酒技術的情況。通過論述製麴與釀酒技術的進步，來闡述釀酒業的繁榮。

因爲只有掌握了質量優良的酒麴，釀酒才能進行。所以，本部分在考察的順序上，首先展開對製麴技術的探討。據現代製麴原理，酒麴的製作就是把具有糖化與發酵能力的各種黴菌、酵母菌培養於小麥等培養基上。〔註23〕因此，這一部分以微生物的繁殖規律爲中心，通過對人們選擇與加工製麴原料、培養酒麴、溫度控制等方面的操作均與微生物的繁殖規律基本符合的分析，闡明當時製麴技術已發展到相當高的水平。其次是對釀酒技術的探討。酒的釀造，就是酒麴中各種微生物發揮糖化與發酵力的過程。而這一過程的順利進行，需要有利的外界條件。本節通過對當時人們在釀造過程中對水的

〔註23〕參看洪光住：《中國釀酒科技發展史》第一篇《釀造黃酒科技發展史》第四章《製黃酒麴藥科技發展史》，中國輕工業出版社，2001年版，第46頁。

選擇與加工、投放原料、溫度控制精確掌握的考察，當時人們對發酵液體表面狀態與釀酒成熟之間關係的分析（發酵液體表面是否呈現沸騰的狀態即是否有二氧化碳氣體的出現），表明當時人們對微生物的活動規律已有了清晰的認識。由此展示當時釀酒技術的進步。

（二）對國家酒業管理政策的分析

北朝國家實施了酒禁、榷酒和稅酒三種類型的酒業管理政策。

通過論述不同酒業管理政策的實際內容，來探明不同酒政如何影響著國家財政收入，同時闡明這些酒政對釀酒業發展的影響。

首先著眼於不同酒政如何影響國家的財政收入。酒禁，是國家全面禁止社會中有關酒的釀、酤、飲。酒禁實行期間，來自於釀酒、酒業經營的利潤自然要受到影響。所以，從酒禁對酒業經營的限制這一角度來說明酒禁實際上是限制了國家財政收入的增加。榷酒，指國家壟斷社會中酒的釀造和買賣。在實行榷酒政策時，存在著國家制定酒價的問題，這固然對國家財政收入的增加有利，但是會影響到社會中的消費能力。所以，從榷酒對社會中的消費能力長遠影響的角度出發，論述榷酒只能在一定時間內有利於國家財政的增加，卻不能帶來長久之利。稅酒是國家對社會中的酒業經營進行征稅。這一政策實際上是對社會中釀酒、酒業經營、酒類消費的鼓勵。因此，從稅酒對國家財政長遠影響的角度，論述稅酒有利於國家財政收入的持續、穩定增加，是一項積極的財政政策。

不同酒政對釀酒業發展的影響。酒禁的實施，完全取締了社會中釀酒業的發展。榷酒的實行，也是對社會中釀酒業的約束。稅酒則是對釀酒業存在的鼓勵。所以，稅酒和酒禁、榷酒相比，對釀酒業的發展，毋庸置疑是有利的。同時通過對當時國家臨時性地實施酒禁、榷酒，而使稅酒成為常制的分析，闡明當時釀酒業是在有利的政策環境中發展的。

（三）對當時人們飲酒的考察

從當時人們飲酒的特點、飲酒娛樂活動、飲酒禮儀與飲酒禁忌四個方面入手，進行對當時人們飲酒的考察。

關於當時人們飲酒特點的探討。通過分析當時各個社會階層普遍喜酒好飲和飲酒活動的頻繁，反映當時尚飲形成風氣。從人們不同的飲酒習慣出發考察飲酒方式的各異。以人們經濟實力為論述的基礎，分析當時人們在飲酒

時對酒具的講究。

　　從賦詩、歌樂、舞蹈、百戲、文字酒令等方面，同時結合漢族與游牧民族的風俗，考察當時的飲酒娛樂活動，及在這些飲酒娛樂活動中漢族與游牧民族風俗的相互影響。

　　從人們的身份等級入手，論述當時人們對飲酒中的座次、座位朝向與高低、酌酒儀式的注重。

　　關於飲酒禁忌，論述服喪活動、佛教信仰戒律在如何程度上限制人們的飲酒行爲。

（四）關於飲酒對社會影響的考察

　　關於酒對當時社會影響的考察，需要從國家施政、民間生活、社會文化三個方面進行分析。

　　首先是對酒與國家施政、禮儀活動之間聯繫的考察。通過對統治者將酒用於賞賜達到籠絡人心、穩定統治秩序目的的分析，將酒用於眾多禮儀活動中最終實現教化的論述，展示酒與當時國家施政、禮儀活動之間的密切聯繫。

　　其次是對酒與民間生活的考察。探討酒對當時社會生活眾多方面的滲入，來展示酒與社會生活的緊密關聯。

　　第三是關於酒對社會文化影響的考察。這一部分的考察，著眼於酒與士人的詩歌創作。北朝時期，酒與詩歌有著不解之緣。士人創作的眾多詩歌與酒緊密結合在一起。同時，時代氣息又影響著當時士人與酒有關的詩歌創作，也就是說士人的詩歌創作與時代密切相連，這些詩歌反映著當時的社會面貌，體現了人們的精神風貌、生活現實。首先反映了北朝時期喜酒尚飲的風俗。其次展現了北朝時期戰爭頻繁，人們流寓異鄉借酒消愁的生活現實。除此之外，體現了當時人們之間友誼的深厚。

第一章　北朝時期酒的種類及製麴、釀酒技術

第一節　酒的種類

北朝時期，人們釀酒所用原料廣泛，在此基礎上，酒的種類增多。這與當時釀酒業的繁榮發展是緊密聯繫在一起的。所以，探討這一時期酒的種類，對瞭解當時釀酒業的發展是非常重要的。

本節以釀酒所用原料為分類的標準，來對當時酒的種類進行分析。

一、糧食酒

糧食酒是當時人們日常消費的主要酒類。據北朝時期文獻《齊民要術》所載，當時的糧食酒主要以黍、秫、稻、粟、穄、粱為釀造原料。（關於當時糧食酒的種類情況，見本章後附表1）

（一）黍米酒

黍米加不同性質的酒麴發酵釀造的酒。當時有用神麴釀造的黍米酒。《齊民要術》卷七《造神麴並酒第六十四》載：

> 黍米酒，一斗麴，殺米二石一斗。

《齊民要術》卷七《造神麴並酒第六十四》又載：

> 造神麴黍米酒方：細剉麴，燥曝之。麴一斗，水九斗，米三石。須
> 多作者，率以此加之。

《齊民要術》卷七《造神麴並酒第六十四》又載：

造酒法：用黍米二斛，神麴一斗，水八斗。

《齊民要術》卷七《造神麴並酒第六十四》又載：

神麴酒方。大率麴一斗，春用水八斗，秋用水七斗；秋殺（黍）米三石，春殺（黍）米四石。

除此之外，《齊民要術》卷七《造神麴並酒第六十四》載：

（河東神麴）造酒法：用黍米。麴一斗，殺米一石。

由此可知，當時人們分別用五種不同的神麴釀造黍米酒。

當時還有用笨麴釀造的黍米酒。

《齊民要術》卷七《笨麴並酒第六十六》載：

河東頤白酒法：六月、七月作。用笨麴，陳者彌佳，剉治，細剉。麴一斗，熟水三斗，黍米七斗。麴殺多少，各隨門法。

《齊民要術》卷七《笨麴並酒第六十六》又載：

黍米酎法：亦以正月作，七月熟。淨治麴，搗末，絹篩，如上法。笨麴一斗，殺米六斗；用神麴彌佳，亦隨麴殺多少，以意消息。

《齊民要術》卷七《笨麴並酒第六十六》又載：

浸藥酒法：……用春酒麴及笨麴，不用神麴……大率麴末一斗，用水一斗半。多作依此加之。釀用黍。

《齊民要術》卷七《法酒第六十七》又載：

黍米法酒：預剉麴，曝之令極燥。三月三日，秤麴三斤三兩，取水三斗三升浸麴……然後取黍米三斗三升，淨淘——凡酒米，皆欲極淨，水清乃止；法酒尤宜存意，淘米不得淨，則酒黑——炊作再餾飯。

《齊民要術》卷七《法酒第六十七》又載：

（《食經》）法酒方：焦麥麴末一石，曝令乾，煎湯一石，黍一石，合糅，令甚熟。

可見，當時用笨麴釀造的黍米酒有河東頤白酒、黍米酎酒、浸藥酒、黍米法酒、《食經》法酒。

關於黍米酎酒的品質，《齊民要術》卷七《笨麴並酒第六十六》載，「氛香美釅」，說明黍米酎酒屬於黍米酒中的佳釀。

當時還有以黑黍米和鬱金香草加酒麴釀製而成的鬯酒。關于鬯酒，《漢書》卷八《宣帝紀》引顏師古注，「鬯，香酒，所以祭神。」表明漢代的鬯酒

是祭祀神靈時的專用酒。北朝時期依然如此，北齊時期皇帝祭祀宗廟時的用酒，「鬱鬯惟芬，珪璋惟潔」。〔註1〕除祭祀之外，鬯酒還被統治者用來賞賜。為獎賞作戰有功的于謹，西魏文帝賞賜于謹「秬鬯一卣，珪瓚副焉」。〔註2〕統治者為權臣所加「九錫」之禮中，就有「秬鬯」這一項，「（武定八年）夏五月辛亥，（文宣）帝如鄴。甲寅，進相國，總百揆……加九錫，殊禮，齊王如故。魏帝遣兼太尉彭城王韶、司空潘相樂冊命曰：『……王孝悌之至，通於神明，率民興行，感達區宇，是用錫王秬鬯一卣，珪瓚副焉。』」〔註3〕據此，鬯酒依然是當時皇家祭祀中的專用酒，偶爾被統治者用來賞賜朝臣，並沒有成為日常生活中人們飲用的酒類。

（二）秫米酒

秫米加酒麴發酵釀造。當時有用神麴釀造的秫米酒。《齊民要術》卷七《造神麴並酒第六十四》載：

> 秫米酒，一斗麴，殺米二石一斗。

還有用笨麴釀造的秫米酒。《齊民要術》卷七《笨麴並酒第六十六》載：

> 《食經》作白醪酒法：生秫米一石。方麴二斤，細剉，以泉水漬麴，密蓋。再宿，麴浮，起。炊米三斗酘之，使和調，蓋。滿五日，乃好。

《齊民要術》卷七《笨麴並酒第六十六》又載：

> 夏米明酒法：秫米一石。麴三斤，水三斗漬之。炊三斗米酘之，凡三。濟出，炊一斗，酘酒中。再宿，黍浮，便可飲之。

《齊民要術》卷七《笨麴並酒第六十六》又載：

> 作鄳酒法：以九月中，取秫米一石六斗，炊作飯。以水一石，宿漬麴七斤。炊飯令冷，酘麴汁中。覆甕多用荷、箬，令酒香。燥復易之。

《齊民要術》卷七《笨麴並酒第六十六》又載：

> 作夏雞鳴酒法：秫米二斗，煮作糜；麴二斤，搗，合米和，令調。以水五斗漬之，封頭。今日作，明旦雞鳴便熟。

《齊民要術》卷七《笨麴並酒第六十六》又載：

〔註1〕《隋書》卷一四《音樂志中》，第322頁。
〔註2〕《北史》卷二三《于栗磾傳附于謹傳》，第847頁。
〔註3〕《北齊書》卷四《文宣帝紀》，第45～47頁。

> 柯柂酒法：二月二日取水，三月三日煎之。先攪麴中水。一宿。乃
> 炊秫米飯。日中曝之，酒成也。

綜上可見，當時的六種秫米酒，笨麴秫米酒就佔有五種，說明當時用笨麴釀造的秫米酒佔據了秫米酒類的主要地位。

（三）稻米酒

當時的稻米酒包括糯米酒和粳米酒兩類。關於糯米酒類。《齊民要術》卷七《造神麴並酒第六十四・作三斛麥麴》載：

> 作糯米酒，一斗麴，殺米一石八斗。唯三過酘米畢。

《齊民要術》卷七《白醪麴第六十五》載：

> 釀白醪法。一釀一斛（糯）米，一斗麴末，六斗水，六升浸米漿。

《齊民要術》卷七《笨麴並酒第六十六》載：

> 笨麴白醪酒法：淨削治麴，曝令燥。漬麴必須累餅置水中，以水沒
> 餅爲候。七日許，搦令破，漉去滓。炊糯米爲黍，攤令極冷，以意
> 酘之。

可知當時的糯米酒有神麴糯米酒、白醪麴糯米酒、笨麴糯米酒三種。

關於粳米酒類。《齊民要術》卷七《造神麴並酒第六十四》載：

> 神麴粳米醪法：春月釀之。燥麴一斗，用水七斗，粳米兩石四斗。

《齊民要術》卷七《法酒第六十七》載：

> 秫米法酒：糯米大佳。

綜上可見，當時的粳米酒有用神麴釀造的粳米醪，用笨麴釀造的粳米法酒兩大類。

（四）粟米酒

粟米加酒麴發酵釀造。《齊民要術》卷七《笨麴並酒第六十六》載：

> 粟米酒法：唯正月得作，餘月悉不成。用笨麴，不用神麴。粟米皆
> 得作酒，然青穀米最佳……貧薄之家，所宜用之，黍米貴而難得故
> 也。

《齊民要術》卷七《笨麴並酒第六十六》又載：

> 又造粟米酒法：預前細剉麴，曝令乾，末之。正月晦日日未出時，
> 收水浸麴。一斗麴，用水七斗。

《齊民要術》卷七《笨麴並酒第六十六》又載：

> 作粟米爐酒法：五月、六月、七月中作之倍美……大率米一石，殺，

麴末一斗，春酒糟末一斗，粟米飯五斗。

當時的粟米酒全部用笨麴釀造。由「貧薄之家，所宜用之，黍米貴而難得故也」，可見粟米酒更適合廣大平民飲用。

（五）穄米酒

穄米粉加酒麴發酵釀造。《齊民要術》卷七《笨麴並酒第六十六》載：

> 穄米酎法：淨治麴如上法。笨麴一斗，殺米六斗；神麴彌勝。
> 酒色似麻油，甚釅。先能飲好酒一斗者，唯禁得升半。飲三升，大醉。一斗酒，醉二十人。

這說明穄米酎酒屬於當時糧食酒中的高度酒。

（六）粱米酒

粱米加酒麴發酵釀造。《齊民要術》卷七《笨麴並酒第六十六》載：

> 粱米酒法：凡粱米皆得用；赤粱、白粱者佳。春秋冬夏，四時皆得作……笨麴一斗，殺米六斗；神麴彌勝。用神麴，量殺多少，以意消息。

表明粱米酒以用赤粱米和白粱米釀造為最佳。關於粱米酒的品質，《齊民要術》卷七《笨麴並酒第六十六》載：

> 酒色漂漂與銀光一體，薑辛、桂辣、蜜甜、膽苦，悉在其中，芬芳酷烈，輕儁遒爽，超然獨異，非黍、秫之儔也。

可見粱米酒集色、香、味於一身，堪稱糧食酒中的佳品。

《齊民要術》所載的其他不能明確確定所用原料米具體名稱的酒有秦州春酒、頤酒、笨麴桑落酒、酴酒、朗陵何公夏封清酒、《食經》七月七日法酒、三九法酒、白墮酒。其中的白墮酒在當時享譽天下，《洛陽伽藍記》卷四《城西》載：

> 河東人劉白墮善能釀酒。季夏六月，時暑赫晞，以甖貯酒，暴於日中，經一旬，其酒不動，飲之香美而醉，經月不醒。京師朝貴多出郡登藩，遠相餉饋，踰於千里，以其遠至，號曰「鶴觴」。亦名「騎驢酒。」

「經一旬，其酒不動」，說明白墮酒品質的優良、酒精含量之高。因此，白墮酒受到眾人的歡迎，成為人們相互饋贈的佳品。〔註4〕

〔註4〕《水經注》卷四《河水注》載，「（河東郡）民有姓劉名墮者，宿擅工釀，採

二、植物調製酒

根據釀酒原理，釀酒原料中的澱粉先與澱粉酶發生反應，產生葡萄糖。與此同時，酵母菌對葡萄糖進行發酵，產生酒精。由此可知，是否含有澱粉、糖類，是某種物質能否用於釀酒的關鍵。北朝時期人們在釀酒過程中也會使用一些植物。雖然這些植物本身並不含有澱粉、糖類物質，不能直接發酵釀酒，但是由於這些植物本身所含有的香味成分可以用來調節酒的味道，所以，當時人們使用植物原料來生產植物調製酒。

（一）竹葉調製酒

北周庾信《春日離合詩二首》，「田家足閑暇，士友暫流連。三春竹葉酒，一曲《鵾雞》弦。」表明竹葉酒受到志同道合的文人的鍾愛。

（二）松葉調製酒

北周庾信《贈周處士詩》，「籬下黃花菊，丘中白雪琴。方欣松葉酒，自和《游仙》吟。」說明松葉調製酒為當時隱逸之士所鍾愛的佳釀。

（三）橘酒

橘酒，以經過煮沸、過濾的橘葉和花的混合汁液與酒麴、原料米飯混合發酵釀造而成。橘葉和花的混合汁液在釀造過程中起到調節發酵液體氣味的作用。《齊民要術》卷七《笨麴並酒第六十六》載，「作橘酒法：四月取橘葉，合花采之，還，即急抑著甕中。六七日，悉使烏熟，曝之，煮三四沸，去滓，內甕中，下麴。炊五斗米，日中可燥，手一兩抑之。一宿，復炊五斗米酘之。便熟。」由此可見橘酒屬於速成酒。

（四）花葉調製酒

當時的菊花酒就是一種花葉調製酒。菊花酒以其獨特的芳香氣味，成為當時人們禮尚往來中相互饋贈的佳品。北周庾信《衛王贈桑落酒奉答》，「跂窗催酒熟，停杯待菊花」。〔註5〕庾信《同會河陽公新造山池聊得寓目》，「菊

挹河流，醞成芳酎，懸食同枯枝之年，排於桑落之辰，故酒得其名亦。然香醑之色，清白若濟漿焉，別調氛氳，不與佗同，蘭薰麝越，自成馨逸，方土之貢，選最佳酌亦。自王公庶友，牽拂相招者，每云『索郎有顧，思同旅語。』」上述描述讓人彷彿有垂涎欲滴之感。據此可知，《水經注》所載之桑落酒與《洛陽伽藍記》所載應出於同一工匠。

〔註5〕參看〔北周〕庾信撰：《庾子山集》卷四，〔清〕倪璠注，許逸民校點，中華書局，1980年版，第344頁。

寒花正合，杯香酒絕濃」。〔註6〕說明菊花調製酒應是以成酒作爲酒基，加菊花花葉，採用浸泡工藝調製而成，利用其濃郁的花香來調節酒香，使成酒具有清香的味道。

　　當時的植物調製酒，還處於小規模生產階段，沒有形成像糧食酒那樣的規模化生產。所以在當時的市場上，此種酒所佔的消費比例是較爲有限的，而消費群體則集中於社會上層，平民飲用植物調製酒則較少。

三、水果酒

　　葡萄酒是當時人們消費的主要水果酒。葡萄酒因其「（葡萄）釀以爲酒，甘於麴米」〔註7〕的品質特點而受到人們的鍾愛。不僅統治者喜飲葡萄酒，而且，在當時北朝與南朝的外交往來中，葡萄酒成爲北朝統治者贈予南朝官員的主要禮物。北魏太武帝率軍南征劉宋，在彭城與劉宋官員進行談判時，就曾賜予彭城官員大量葡萄酒，「虜使云：『貂裘與（劉義恭）太尉，駱駝、騾與安北，蒲陶酒雜飲，（張暢）叔侄共嘗』。」〔註8〕北周庾信《燕歌行》「葡桃一杯千日醉，無事九轉學神仙。」表明葡萄酒成爲深受當時人們喜愛的佳釀，在日常酒類消費中佔有重要的地位。但是需要注意的是，自漢代西域的葡萄種植、葡萄酒釀造法傳入中原，至北朝時期，當時北方地區的葡萄酒消費，是一直依靠從西域地區輸入葡萄酒爲主，還是當時北方地區已掌握並熟練應用葡萄酒釀造技術，開始逐漸自產自銷？這是需要深入探討的問題。關於這一問題，目前有兩種看法。有學者分析北朝時期的北方部分地區已經有了葡萄酒的釀造。〔註9〕但是有學者則認爲當時北方地區主要從西域地區輸入葡萄酒，當時的北方地區並沒有掌握葡萄酒釀造技術。〔註10〕這需要結合當時歷史文獻記載進行分析。

　　《齊民要術》卷七、卷九記載有各種釀酒法，唯不見釀製葡萄酒法。《齊

〔註6〕　參看〔北周〕庾信撰：《庾子山集》卷三，〔清〕倪璠注，許逸民校點，中華書局，1980年版，第273頁。
〔註7〕　《藝文類聚》卷八七《果部下·蒲萄》引北周庾信《燕歌行》，第1495頁。
〔註8〕　《宋書》卷五九《張暢傳》，第1601頁。
〔註9〕　參看陶習剛：《中國古代葡萄、葡萄酒及葡萄文化經西域的傳播（一）——兩宋以前葡萄和葡萄酒產地》，載《新疆師範大學學報》（哲學社會科學版），2006年第3期，第7頁。
〔註10〕　參看芮傳明：《葡萄與葡萄酒傳入中國考》，載《史林》，1991年第3期，第48～49頁。

民要術》卷四《種桃奈第三十四》載有葡萄種植、收穫、深加工、保鮮的方法，也不見有關釀造葡萄酒的記載。〔註 11〕但這並不能說明當時北方地區不存在葡萄酒的釀造活動。因爲賈思勰所著《齊民要術》記載的主要是當時北方黃河中下游地區的生產情況，其時間段限至東魏時期。而北周庾信《春賦》，「移戚里之家富，入新豐而酒美。石榴聊泛，蒲桃釀醅。芙蓉玉碗，蓮子金杯」。〔註 12〕所言之「新豐」，北魏時期屬雍州、後入北齊，北周武帝時期，入於北周。「蒲桃釀醅」指味道醇厚的葡萄酒。〔註 13〕表明當時北方除山西地區之外，部分地區已有葡萄酒釀造的存在。所以，認爲當時北方地區葡萄酒的消費全部依靠從西域輸入、並未掌握葡萄酒釀造技術的認識未免失之偏頗。庾信《燕歌行》所描述的是北周西北部邊塞的情況。北周西北部邊塞地區臨近西域與中原地區的交通線上，這裏的葡萄酒消費來源，應有部分從西域輸入的可能。根據現有記載，可以認爲，北朝時期北方地區已經掌握了葡萄酒的釀造技術，實現葡萄酒消費的自給。同時，由於北方地區與西域的商業往來，西域所產的葡萄酒也會成爲西域向北方輸入商品的重要組成部分。所以，西域地區所產的葡萄酒也是當時北方地區，尤其是邊疆地區人們日常葡萄酒消費的另一來源。

四、藥酒

北朝時期的藥酒，以多種藥材加酒麴發酵；或者以成酒作爲基酒，加入

〔註11〕 法國學者童丕在《中國北方的粟特遺存——山西的葡萄種植業》一文中，根據《魏書》記載的有關北魏政權從西北地區移民（其中包括粟特人在內）、粟特商人在北方地區經商、活動的資料，同時援引出土的關於北朝時期粟特人墓葬屏風、壁畫中貫穿「葡萄樹」、「葡萄酒」這一主題的情況，認爲北朝時期北方的粟特人保持了其在粟特故鄉的風俗，所以，種植葡萄這一活動得以在山西等少數地區推廣。根據童丕的推測，我們可以認爲，粟特人在把葡萄種植技術帶到北方的同時，釀製葡萄酒的技術也應隨之傳入北方地區。否則，在葡萄種植尚未在北方廣泛普及的情況下，北魏初期的統治者把視爲珍品的葡萄酒大量贈予南朝官員便是不可能的事情了。

〔註12〕 《藝文類聚》卷三《歲時上·春》引北周庾信《春賦》，第45頁。

〔註13〕 〔五代〕蒲虔貫《保生要錄·論藥食門》載，「蒲萄熟時，先於根底著羊肉汁、米泔汁各一斗，如是經宿揀熟者摘之，納新白瓶中令滿稍實，密封百日，自然成漿，去滓，飲之味過醇酎，甚益人。」據此可以推測，北朝時期的葡萄酒應是通過將熟蒲萄放置於容器中、然後密封容器、經過一定時間的發酵這些過程釀造而成。其原理是利用釀酒原料、釀酒工具、釀酒環境本身所帶有的酵母菌等微生物完成對蒲萄酒化即發酵。

多種藥材，採用浸泡、煎煮、勾兌、炮炙等不同工藝製作而成。

　　成書於北齊時期的藥典《龍門石刻藥方》所載藥酒有：燕糞酒、蜀漆酒、黃連酒、蝟皮酒、桑皮酒、當歸酒、丁香酒、蛐蟮糞酒、牛角鰓酒、雄黑豆酒、鹽酒、皂莢酒、白楊枝酒、蠟酒、生薑酒、草繩灰酒、薤白豆豉酒、蜜酥生薑酒、大麻子酒、黑胡麻酒。（關於《龍門石刻藥方》所載藥酒的種類、藥效，見本章後附表 2）

　　成書於北周時期的藥典《集驗方》所載藥酒有：治傷寒鼻衄酒、苦參酒、治鼻衄酒、金牙酒、治中惡酒、治心痛酒、吳茱萸酒、葛氏酒、桂心酒、鼠李子酒、小黃耆酒、蟬蛻蜂房酒、蟬蛻薄荷酒、映實根酒、蜜酥薑汁酒、半夏酒、治胃反酒、治胃反吐食酒、牛膝酒、黃連蠟膠酒、乾薑酒、牛膝根酒、茱萸酒、治膀胱石水酒、獨活酒、杜仲酒、秦艽酒、牛膝莖葉酒、宣州黃連酒、豬脂酒、韭子酒、治胃蟯蟲酒、桔梗酒、鮫魚皮酒、水萍酒、排膿內補酒、治白癜酒、治瘻酒、楊樹酒、治寒熱瘰癧酒、治痔疾酒、烏雄雞酒、丹參艾葉酒、雄雞酒、菊花麥門冬酒、阿膠人參酒、甘草芍藥酒、麥門冬甘草酒、蔥白半夏酒、芍藥人參酒、艾葉酒、阿膠艾葉酒、生地黃汁酒、生地黃酒、丹參酒、豬膏白蜜酒、當歸酒、栝樓根酒、治黑面酒。（關於《集驗方》所載藥酒的種類、藥效，見本章後附表 3）

　　《齊民要術》所載藥酒有：五加皮酒、治癭癧疾酒、橘酒、混合酒。（關於《齊民要術》所載藥酒的種類、藥效，見本章後附表 4）

　　綜上所述，北朝時期的酒，有糧食酒、植物調製酒、水果酒和藥酒四大類，共 123 個品種。其中的糧食酒、植物酒和水果酒是當時人們日常飲用酒。糧食酒有 41 個品種，是當時品種最多的酒，在當時酒類消費中佔有重要地位。當時的水果酒雖然只有葡萄酒一個品種，但在人們日常酒類消費中所佔據的地位卻是僅次於糧食酒的。而植物調製酒的消費群體則相對較少。人們日常飲用酒種類的增多，反映出當時釀酒業的發展。

第二節　酒麴的製作技術——以《齊民要術》爲中心的探討

　　《齊民要術》，爲北朝時期賈思勰所著。這部著作是中國現存最早、最完整的古代綜合性農業著作。全書共九十二篇，十卷。內容涉及到農、林、

牧、副、漁五個方面。《齊民要術》一書中的第七卷及第九卷的一部分記載了北朝時期的製麴和釀酒技術，是古代中國最早的記述釀酒科技的著作。書中系統記載了當時十種酒麴的製作方法，並按照發酵力的不同，科學地將酒麴分爲神麴、白醪麴、笨麴、白墮麴和女麴五大類。其中各種類型的神麴、白醪麴和笨麴爲麥麴，白墮麴爲穀物麴，女麴爲糯米麴。除此之外，書中還詳細記載了黍、粟、稻、秫、穄、粱六大類糧食酒和不同藥酒的釀製方式，同時詳盡說明了酒麴與原料的比例、釀造的時間、釀造過程（選水、淘米、蒸飯、浸麴、下釀、溫度控制、判斷酒的成熟、酒的壓榨和儲存）。《齊民要術》一書中有關製麴、釀酒的系統論述，體現了北朝製麴、釀酒技術的發展。所以，本文以《齊民要術》爲中心，開展對北朝時期製麴、釀酒技術的探討。

一、酒麴的種類

　　《齊民要術》記載了十種酒麴。關於第一種酒麴，《齊民要術》卷七《造神麴並酒第六十四》載，「作三斛麥麴法：蒸、炒、生，各一斛。炒麥：黃，莫令焦。生麥：擇治甚令精好。種各別磨。磨欲細。磨訖，合和之。」第二種酒麴，同書卷七《造神麴並酒第六十四》載，「又造神麴法：其麥蒸、炒、生三種齊等，與前同。」第三種酒麴，同書卷七《造神麴並酒第六十四》載，「又神麴法：以七月上寅日造……看麥多少，分爲三分：蒸、炒二分正等，其生者一分，一石上加一斗半。各細磨，和之。」第四種酒麴，同書卷七《造神麴並酒第六十四》載，「又作神麴方：……大率小麥生、炒、蒸三種等分，曝蒸者令乾，三種合和，碓䃺。」第五種酒麴，同書卷七《造神麴並酒第六十四》載，「河東神麴方：七月初治麥，七日作麴……麥一石者，六斗炒，三斗蒸，一斗生；細磨之。」第六種酒麴，同書卷七《白醪麴第六十五》載，「作白醪麴法：取小麥三石，一石熬之，一石蒸之，一石生。三等合和，細磨作屑。」第七種酒麴，同書卷七《笨麴並酒第六十六》載，「作秦州春酒麴法：……用小麥不蟲者，於大鑊釜中炒之。」第八種酒麴，同書卷七《笨麴並酒第六十六》載，「作頤麴法：斷理麥、艾、布置法，悉與春酒麴同。」第九種酒麴，同書卷七《法酒第六十七》載，「大州白墮麴方餅法：穀三石：蒸兩石，生一石，別䃺之令細，然後合和之也。」第十種酒麴，同書卷九《作菹、藏生菜法第八十八》載，「女麴：秫稻米三斗，淨淅，炊爲飯——軟炊。停令極冷，

以麴範中用手餅之。以青蒿上下奄之，置牀上，如作麥麴法。」爲方便文中的論述，將前四種酒麴分別稱爲第一種神麴、第二種神麴、第三種神麴和第四種神麴。

若以製作酒麴所用的主要原料分類，有麥麴、穀物麴和稻米麴三大類酒麴。其中麥麴有八種：五種神麴、白醪麴、秦州春酒麴和頤麴；穀物麴有大州白墮麴；稻米麴有女麴。這表明，當時製麴原料以小麥爲主。以小麥製麴，可以利用小麥中所含的黏力較強、營養豐富的麵筋質，促進微生物菌的繁殖。〔註14〕提高酒麴本身的糖化、發酵力。〔註15〕

若以酒麴的糖化與發酵力的強弱來分，有神麴、白醪麴、笨麴、白墮麴和女麴五類。（本章主要以酒麴糖化與發酵力的強弱爲劃分標準，展開對酒麴種類、製麴技術、釀酒技術的探討。關於北朝時期酒麴種類及製作情況，見本章後附表5）

關於神麴與笨麴之間的糖化、發酵力的強弱，《齊民要術》卷七《造神麴並酒第六十四》載第二種神麴，「此麴一斗，殺米三石；笨麴一斗，殺米六斗。省費懸絕如此。」由此可知，神麴、笨麴在釀酒過程中對原料米的糖化、發酵力差別的懸殊。這是神麴與笨麴的本質區別。神麴對米飯的酵解能力較高，一般一斗神麴能酵解一石至四石米飯。《齊民要術》卷七《造神麴並酒第六十四》載用第一種神麴釀造黍米酒的原料比例，「一斗麴，殺米二石一斗」；同書卷七《造神麴並酒第六十四》載用第二種神麴釀造黍米酒的原料比例，「此麴一斗，殺米三石」。笨麴的酵解能力則要遠遜於神麴，一般一斗笨麴只能酵

〔註14〕參看李華瑞：《宋代酒的生產與征榷》，河北大學出版社，1995年版，第11頁。
〔註15〕汪建國先生在《解讀〈齊民要術〉的製麴和釀酒工藝》中認爲，「根據長期實踐證實，小麥是製麴的最佳原料，(1)小麥中營養豐富全面，尤其是澱粉，蛋白質含量高，適合多種微生物生長繁殖，同時麴料的疏鬆，有利微生物繁殖，從而提高酒麴質量；(2)小麥成分複雜，製麴過程中，在較高溫度下能產生多種香氣代謝物質，對酒的賦香作用強；(3)小麥的皮層中含有纖維素，能滯留較多空氣，構築複雜的微生物環境，供不同微生物富集、生長、繁殖、培養和代謝；(4)小麥中含有豐富的麵筋質（醇溶蛋白和穀蛋白）黏著力強，能相互連接，構成各種規範的形態，適合於麴黴菌生長；(5)小麥中的揮發性微量成分有醛，酯，醇，酚等20多種物質，其中含有木質素，可生成4-乙基愈瘡木酚，是構成酒香的重要成分之一。」雖然當時人們製麴所用原料較爲單一，但是，由於小麥本身所具有的優勢，及人們在製麴過程採用的不同製麴方式。所以，仍能夠製成糖化力、發酵力各異的酒麴，進而釀造出品質卓越、種類眾多的佳釀。

解一石以下的米飯。《齊民要術》卷七《笨麴並酒第六十六》載釀造春酒的原料比例，「大率一斗麴，殺米七斗」；同書卷七《笨麴並酒第六十六》載釀造秫米酎酒的原料比例，「笨麴一斗，殺米六斗」。可見，在發酵一定單位的原料米方面，笨麴用量通常是神麴的三倍至五倍。

關於白醪麴的糖化、發酵力，《齊民要術》卷七《白醪麴第六十五》載，「一釀一斛米，一斗麴末，六斗水，六升浸米漿。」說明白醪麴的糖化與發酵力介於神麴與笨麴之間。

關於女麴的糖化、發酵力，《齊民要術》卷九《作菹、藏生菜法第八十八》引《食次》「釀瓜菹酒法」載，「秫稻米一石，麥麴成剉隆隆二斗，女麴成剉平一斗。釀法：須消化，復以五升米酘之；消化，復以五升米酘之。再酘酒熟，則用，不迮出。」表明女麴在與麥麴混合使用之後，糖化與發酵力得到了提高。據學者研究，女麴還是現代高粱酒麴的雛型。〔註16〕

二、酒麴中所含微生物

對釀酒所用原料米飯進行糖化、發酵的動力來自於酒麴中所含的各種微生物。這些不同種類微生物是否適宜繁殖、繁殖的數量、質量不僅影響酒麴的質量，還影響釀酒過程的進行、釀酒質量。而微生物是否適宜繁殖、繁殖的數量、質量和製麴所用原料、操作技術、溫度控制具有緊密的聯繫。所以，首先對北朝時期酒麴中微生物種類進行簡要的分析是必要的。

古代與現代的酒麴中一般都含有黴菌、酵母菌和細菌等微生物。〔註17〕在釀酒過程中，黴菌起糖化作用，酵母菌起發酵作用，一些細菌保障釀酒的順利進行。其中的黴菌主要為根黴、麴黴、毛黴。細菌主要有球菌、乳酸菌、醋酸菌和芽孢杆菌。〔註18〕

細菌中的乳酸菌通過酯化作用所產生的乳酸乙酯是構成酒微香的重要成分，〔註19〕由乳酸菌產生的有機酸等物質能夠促進酵母菌的繁殖，抑制有害

〔註16〕 參看洪光住：《中國釀酒科技發展史》第一篇《釀造黃酒科技發展史》第四章《製黃酒麴藥科技發展史》，中國輕工業出版社，2001年版，第55頁。

〔註17〕 參看黃平主編：《中國酒麴》第二章《酒麴的分類及主要微生物》，中國輕工業出版社，2000年，第22頁。

〔註18〕 參看黃平主編：《中國酒麴》第二章《酒麴的分類及主要微生物》，中國輕工業出版社，2000年，第26頁。

〔註19〕 參看黃平主編：《中國酒麴》第二章《酒麴的分類及主要微生物》，中國輕工業出版社，2000年，第28頁。

細菌。〔註 20〕所以，對釀酒過程來說，乳酸菌是有益微生物。而醋酸菌在釀酒中所起的作用則大不相同，由少量的醋酸菌所生成的酯類物質是構成酒香的物質，但是醋酸菌在溫度適宜的條件下會大量繁殖，使酒產生酸敗。〔註 21〕對於整個釀酒過程來說，醋酸菌是有害微生物。

北朝時期人們在製麴過程中對操作技術、溫度控制的重視，就是為了保障有益微生物的繁殖、抑制有害微生物，保障酒麴、釀酒的質量。

三、製麴工藝

為了詳細探討當時酒麴的製作技術、清晰地展示酒麴的製作過程，現以神麴與笨麴中具有代表性的酒麴為例進行分析。

（一）《齊民要術》中所載第二種神麴

《齊民要術》卷七《造神麴並酒第六十四》載第二種神麴的製作：

> 又造神麴法：其麥蒸、炒、生三種齊等，與前同；但無復阡陌、酒脯、湯餅、祭麴王及童子手團之事矣。

> 預前事麥三種，合和細磨之。七月上寅日作麴。溲欲剛，搗欲精細，作熟。餅用圓鐵範，令徑五寸，厚一寸五分，於平板上，令壯士熟踏之。以杙刺作孔。

> 淨掃東向開戶屋，布麴餅於地；閉塞窗戶，密泥縫隙，勿令通風。滿七日翻之，二七日聚之，皆還密泥。三七日出外，日中曝令燥，麴成矣。任意舉、閣，亦不用甖盛。甖盛者則麴烏腸——烏腸者，繞孔黑爛。若欲多作者，任人耳，但須三麥齊等，不以三石為限。

現根據上述記載製成「第二種神麴製作工藝圖」（圖 1.1），以清晰展示第二種神麴的製作過程。

〔註 20〕 參看洪光住：《中國釀酒科技發展史》第一篇《釀造黃酒科技發展史》第五章《釀造黃酒工藝發展史》，中國輕工業出版社，2001 年，第 115 頁。

〔註 21〕 參看黃平主編：《中國酒麴》第二章《酒麴的種類及主要微生物》，中國輕工業出版社，2000 年，第 28 頁。

圖 1.1：第二種神麴製作工藝圖

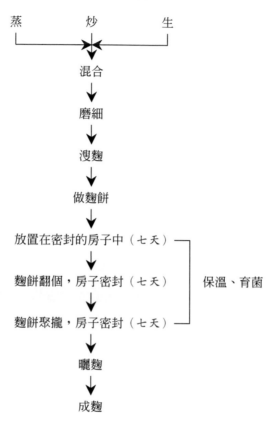

小麥（三種比例相等）

蒸　　　炒　　　生

混合

磨細

溲麴

做麴餅

放置在密封的房子中（七天）

麴餅翻個，房子密封（七天）　　保溫、育菌

麴餅聚攏，房子密封（七天）

曬麴

成麴

　　據《齊民要術》卷七製作第二種神麴的記載及上圖，對第二種神麴的製作工藝分析如下：

1. 製麴時間

　　《齊民要術》卷七《造神麴並酒第六十四》載第二種神麴的製作時間，「七月上寅日作麴。」除此之外，《齊民要術》還載第一種神麴，「七月取中寅日」。第三種神麴，「七月上寅日造。」第四種神麴，「以七月中旬以前作麴為上時，亦不必要須寅日；二十日以後作者，麴漸弱。」河東神麴，「七月初治麥，七日作麴。七日未得作者，七月二十日前亦得。」由此可知，五種神麴的製作時間都在七月，而且多在七月上旬。這反映出當時人們對製麴時間的精確掌握，還表明當時人們已注意到氣溫對酒麴質量的影響。據學者研究，

當時人們多選擇在七月上旬製麴和不同微生物菌的適溫繁殖有關，「從空氣微生物學觀點看，高溫高濕的七月上中旬，對空氣微生物的組成有嚴格的選擇性，具豐富蛋白酶的芽孢杆菌和糖化力較高的某些黴菌孢子能夠被保留下來。這正是質量較高的麴子中所含的微生物組成」。〔註22〕

2. 製麴原料的加工

《齊民要術》卷七載製作第二種神麴時對小麥的加工，「麥蒸、炒、生三種齊等」。表明製作第二種神麴是以蒸、炒、生三種不同性質的小麥按相等比例混合製作而成。把生、熟不同的小麥混合製麴，有利於微生物的繁殖，可以提高酒麴的糖化與發酵力，並可增強酒的香氣。〔註23〕此種加工方式還可以使酒麴中水份得到很好的調節，適度的濕度有利於「促進天然接種」。〔註24〕這是神麴類酒麴在糖化與發酵方面的能力遠勝於笨麴類酒麴的重要原因。

《齊民要術》卷七載製作第二種神麴時對小麥的加工，不僅要「麥蒸、炒、生三種齊等」，還要「預前事麥三種，合和細磨之……溲欲剛，搗欲精細，作熟」。說明不僅要將蒸、炒、生三種不同性質的小麥以等比例混合、磨細，拌料時還要拌得乾硬、均勻，不可生熟不均。

關於此種酒麴麴胚的成型。《齊民要術》卷七載，「餅用圓鐵範，令徑五寸，厚一寸五分，於平板上，令壯士熟踏之。」可見，當時人們製麴不僅使用專門的麴模，對酒麴還進行人工踩踏。據現代製麴原理，麴餅經過擠、踏，可以擠出一些麴料中的澱粉漿並附著於麴餅表面，有利於微生物菌的繁殖。〔註25〕

〔註22〕參看羅志騰：《古代中國對釀酒發酵化學的貢獻》，載《西北大學學報》（自然科學版），1979年第2期，第103頁。

〔註23〕參看洪光住：《中國釀酒科技發展史》第一篇《釀造黃酒科技發展史》第四章《製黃酒麴藥科技發展史》，中國輕工業出版社，2001年版，第75頁。
汪建國在《解讀〈齊民要術〉的製麴和釀酒工藝》中認為，「蒸以增加黏度和澱粉變性及起到殺菌功能，炒以提高麴的香氣和高沸點成分，生以達到接種繁殖和保留原料中所含有的豐富有益活性成分。三者有機結合得以優勢互補。」由此也可知，以只是對原料進行單一炒製的笨麴來說，其澱粉黏度、性能、原料中所含有的有益活性成分，與神麴相比，明顯遜色。所以，神麴與笨麴的糖化、發酵力之間存在明顯區別是自然的事情了。

〔註24〕參看李亞東：《中國古代釀酒專家賈思勰與釀酒技術》，載《釀酒科技》，1984年第2期，第23頁。

〔註25〕參看汪建國：《我國生麥製麴特徵和操作技藝》，載《江蘇調味副食品》，2007

3. 酒麴的培養

關於此種酒麴的培養，據《齊民要術》卷七所載，可以分為置麴、翻麴、聚攏麴餅等步驟。

關於置麴。《齊民要術》卷七載此種酒麴的放置，「布麴餅於地」。就是把麴餅單層排列於麴房地面上。這說明當時人們對麴房的利用率較低。

密封麴房。《齊民要術》卷七載，「淨掃東向開戶屋，布麴餅於地；閉塞窗戶，密泥縫隙，勿令通風。滿七日翻之，二七日聚之，皆還密泥。」將麴房封閉，是要創造一個恒溫的環境，讓酒麴中的微生物在溫度恒定的條件下進行繁殖。

翻麴。《齊民要術》卷七載，「滿七日翻之，二七日聚之，皆還密泥。三七日出外，日中曝令燥，麴成矣」。可知此種酒麴的整個培養過程需要「三七日」。當時酒麴在放入麴室後，滿七日進行第一次翻麴，再滿七日進行第二次翻麴。在兩次翻麴之後，「皆還密泥」，說明兩次翻麴之後要及時保溫。目的是避免麴室與外界長時間的空氣流通所帶來的溫度驟然下降，影響麴中微生物的生長。再經過七日的培養，酒麴達到成熟狀態，可以把酒麴置於日光下曬乾。

酒麴在保溫、育菌過程中，由於微生物進行呼吸釋放出熱量，酒麴本身也有熱量和水分從內部向外散發，酒麴上、下等部位的溫度與濕度處於不均勻狀態中。〔註 26〕所以，需要進行多次翻置酒麴，加快酒麴原貼地面一側熱量的散發與水分的蒸發，使酒麴各個部位的溫度與濕度趨於一致，保障微生物的均勻、旺盛繁殖。具體操作方法為將酒麴上部、下部的位置進行變動。

有學者分析，酒麴保溫、育菌過程共有三個階段，分別是微生物細胞出芽、發育與形成時期。〔註 27〕正因為第一與第二階段是微生物繁殖的關鍵時期，所以，在打開麴室門，適度通風、降溫，翻置酒麴調節其上、下部的溫度與濕度之後，要立刻密封麴室，以保障微生物繁殖所需的溫度與濕度，避免溫度與濕度驟然變化對微生物繁殖的不利影響。酒麴培養的第三階段，微

年第 5 期，第 41 頁。

〔註26〕參看楊勇：《試論〈齊民要術〉中的我國古代製麴、釀酒發酵技術》，載《西北農學院學報》，1985 年第 4 期，第 58～59 頁。

〔註27〕參看楊勇：《試論〈齊民要術〉中的我國古代製麴、釀酒發酵技術》，載《西北農學院學報》，1985 年第 4 期，第 58 頁。

生物逐漸成熟，但由於呼吸作用的減弱，〔註 28〕酒麴本身溫度有所下降，還需要進行一定時間的保溫，以保障酒麴的最終成熟。

　　第二種神麴在保溫、育菌過程中的翻麴時間間隔爲七天。當時其他神麴在培養過程中的翻麴時間間隔也均爲七天。這說明當時酒麴在培養過程中的翻麴時間間隔是較長的。這是因爲當時酒麴在保溫、育菌過程中，人們採用的是單層放置酒麴法，對麴房的整體利用率較低，有學者認爲北朝時期人們對酒麴的保溫、育菌，「同一空間內麴塊數量少，所散發的熱量少，酒麴的培養溫度不會太高……按現代的觀點來看，應屬於中溫麴」。〔註 29〕所以，在中溫環境中對酒麴進行保溫、育菌，翻麴的時間間隔自然會長。而在現代加工酒麴過程中，人們多採用堆積酒麴這一集約化、高溫培養酒麴的方式，酒麴在培養過程中的翻麴時間間隔都較短，如茅臺酒麴、瀘州大麴酒酒麴、汾酒麴，其翻麴時間間隔一般爲一至二天。〔註 30〕

　　4. 酒麴成熟的判斷

　　判斷酒麴是否成熟，《齊民要術》卷七《造神麴並酒第六十四》載觀察酒麴表面，「衣色錦布，或蔚或炳；殺熱火燆，以烈以猛」，說明酒麴已經成熟。據現代製麴原理，「衣色錦布，或蔚或炳」是指優質酒麴表面生成綠色、黃色等顏色的菌衣層。具有此種外部特徵的酒麴才能「殺熱火燆，以烈以猛」，即具有強盛的發酵力。這反映出當時人們將酒麴質量與成熟的判斷與微生物繁殖狀態緊密結合起來。

　　5. 成品酒麴的保存

　　《齊民要術》卷七《造神麴並酒第六十四》載，「任意舉、閣，亦不用甕盛。甕盛者則麴烏腸——烏腸者，繞孔黑爛。」表明保存方法對酒麴質量的影響。保存環境的潮濕與否、溫度高低對酒麴的保存至關重要。如果儲存環境溫度、濕度過高，酒麴在儲存過程中容易受潮，因而被潮濕環境中所滋生的有害菌污染，發生黴變。這會影響到酒麴的質量，最終影響酒的釀造。處於通風、乾燥的環境中，酒麴可以避免被雜菌污染，有利於長期保存。主要

〔註 28〕參看楊勇：《試論〈齊民要術〉中的我國古代製麴、釀酒發酵技術》，載《西北農學院學報》，1985 年第 4 期，第 59 頁。

〔註 29〕參看朱寶鏞、章克昌主編：《中國酒經‧酒史篇》第二章《中國古代的酒麴和蘖》，上海文化出版社，2000 年版，第 14 頁。

〔註 30〕參看康明官：《中外名酒知識及生產工藝手冊》第二章《中外著名蒸餾酒生產工藝》，化學工業出版社，1994 年版，第 49～50、61～62、81～83 頁。

是由於乾燥的儲存環境能消滅成品酒麴中的酸敗細菌。〔註31〕

（二）秦州春酒麴

關於秦州春酒麴的製作，《齊民要術》卷七《笨麴並酒第六十六》載：

> 作秦州春酒麴法：七月作之，節氣早者，望前作；節氣晚者，望後作。用小麥不蟲者，於大鑊釜中炒之。炒法：釘大橛，以繩緩縛長柄七匙著橛上，緩火微炒。其七匙如挽棹法，連疾攪之，不得暫停，停則生熟不均。候麥香黃便出，不用過焦。然後簸擇，治令淨。磨不求細；細者酒不斷麤，剛強難押。

> 預前數日刈艾，擇去雜草，曝之令萎，勿使有水露氣。溲麴欲剛，灑水欲均。初溲時，手搦不相著者佳。〔註32〕溲訖，聚置經宿，來晨熟搗。作木範之：令餅方一尺，厚二寸。使壯士熟踏之。餅成，刺作孔。豎槌，布艾椽上，臥麴餅艾上，以艾覆之。大率下艾欲厚，上艾稍薄。密閉窗、戶。三七日麴成。打破，看餅內乾燥，五色衣成，便出曝之；如餅中未燥，五色衣未成，更停三五日，然後出。反覆日曬，令極乾，然後高廚上積之。此麴一斗，殺米七斗。

根據上述記載現製成「秦州春酒麴製作工藝圖」（圖 1.2），以清晰展示秦州春酒麴的製作過程。

〔註31〕參看傅金泉：《從麴藥論我國黃酒麥麴技術的發展》，載《釀酒科技》，1988年第 3 期，第 4 頁。

〔註32〕《齊民要術》中所記載的當時人們在製作酒麴過程中，對經過拌合後的酒麴硬與軟的程度要求是不同的。根據記載，可以分為三種情況，酒麴要拌合的極為乾硬，如第一種神麴；酒麴要拌合的乾硬，如第二種神麴、秦州春酒麴和頤麴；酒麴拌合的以稍微乾硬為宜，如第三種神麴、第四種神麴。雖然《齊民要術》並未明確記載當時拌合各種酒麴時所用水的多少，但是根據以上分析可以看出，製作第一種神麴用水最少，製作第二種神麴和各種笨麴所用水稍微多些，而加工第三種神麴、第四種神麴所用的水是最多的。可見，當時人們在加工各種酒麴時對用水並無規定要求，而酒麴中含水量的不同，必然會使微生物菌的繁殖程度存在差異，進而生產出糖化與發酵力不同的酒麴，最終以此釀造出口感各異的美酒。這應是當時人們在加工酒麴時用水不同的主要目的。

圖 1.2：秦州春酒麴製作工藝圖

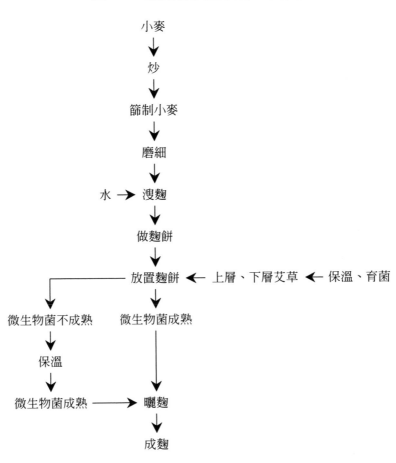

對秦州春酒麴的製作工藝分析如下：

1. 製麴時間

《齊民要術》卷七載，「七月作之，節氣早者，望前作；節氣晚者，望後作。」由此可見，當時人們已注意到酒麴培養與隨氣候變化而變化的溫度和濕度之間的關係。

2. 麴料的加工

首先，關於所用原料小麥的加工標準，《齊民要術》卷七《笨麴並酒第六十六》載，「緩火微炒」，但是要「候麥香黃便出，不用過焦。」因為炒製小麥過於焦黑，會大量損耗小麥內部的澱粉，這不利於微生物菌的培育。然而，對小麥進行炒製，有利也有弊。有利的是可以增加原料的香氣，並可以

起到殺滅小麥中有害菌的作用。但是炒製的同時，也會損耗小麥內部的一部分澱粉，在一定程度上限制了微生物菌的繁殖，這是不利的方面。這是包括秦州春酒麴在內的笨麴類酒麴在糖化、發酵力方面遠遜於神麴類酒麴的一個重要原因。

其次，關於對經過炒製的小麥的磨製。《齊民要術》卷七《笨麴並酒第六十六》載，「磨不求細；細者酒不斷麤，剛強難押。」表明磨製的小麥要粗細適中。因爲小麥磨製的性狀直接影響到酒麴的發酵及成酒後的壓榨。如果磨製小麥顆粒過粗，就會使麴餅中的空隙過多，麴餅中的水分與熱量容易散發，使微生物菌的繁殖缺少必要的溫度與濕度條件。而小麥如果磨製得過細，麴餅中的空隙會因此過小，麴餅在麴室中進行育菌時，其中的水分與熱量不能適當散發，在潮濕與高溫的環境中，酸敗菌等有害菌會大量繁殖，影響酒麴及酒的質量。而且，在成酒之後，成酒與酒糟也不易分離，影響酒的壓榨。〔註33〕

第三，麴坯的成型。《齊民要術》卷七載，「作木範之：令餅方一尺，厚二寸。使壯士熟踏之。餅成，刺作孔。」可見，秦州春酒麴的麴坯也是成餅狀。

3. 酒麴的培養

置麴。《齊民要術》卷七載，「餅成，刺作孔。豎槌，布艾椽上，臥麴餅艾上，以艾覆之。大率下艾欲厚，上艾稍薄。密閉窗、戶。三七日麴成。」說明春酒麴在麴室中採用並排放置的方式。同時在麴餅的上、下層蓋置、鋪墊艾草。這起到保溫層的作用，保障酒麴在保溫、育菌過程中所需的溫度條件。然後密封麴室，進行保溫、育菌。

前引記載反映出，與神麴類酒麴培養過程不同的是，秦州春酒麴在保溫與育菌過程中省去了翻麴這一步驟。秦州春酒麴在被放置於麴室中之後，經過二十一天的保溫、育菌，一次成型。所以，省去翻置麴餅這一育菌過程的笨麴，其中的微生物生長旺盛程度必然不如神麴類酒麴，微生物菌的分佈也處於不均勻的狀態。這是笨麴在糖化與發酵方面遠遜於神麴的另一重要原因。

〔註33〕參看〔北朝〕賈思勰著：《齊民要術》，繆啓愉、繆桂龍譯注，上海古籍出版社，2009年版，第437頁。

4. 酒麴成熟的判斷

判斷秦州春酒麴是否成熟，《齊民要術》卷七《笨麴並酒第六十六》載觀察麴餅內部，「餅內乾燥，五色衣成」，說明酒麴已經成熟，可以「便出曝之」。也就是說，優質的成品酒麴感官表現爲麴內乾燥、麴心無水圈、菌絲體旺盛。據學者研究，「原料糖化力高，麴坯表層微生物生長繁殖啓動速度快，麴坯穿衣好，黴菌菌絲滲透所形成的微孔通道既保證了麴坯內環境的氧氣供給，又保證了……麴坯內環境殘存水分的排放，成品麴感官則表現爲穿衣好……菌絲體豐滿、無水圈窩心」。〔註34〕所以，各種微生物充分繁殖之後，麴餅自然達到乾燥、成熟的狀態。如果「餅中未燥，五色衣未成」，表明酒麴的保溫、育菌過程還未完成，仍然需要「更停三五日」，再進行一段時間的培養。「五色衣」主要指「黴菌分生孢子和酵母菌、細菌菌落色素顏色」。〔註35〕當時人們以微生物菌所呈現出的顏色作爲麴餅成熟的標誌，是宋代「心內黃白或上面有花衣，乃是好麴」〔註36〕這一判斷酒麴成熟標準的雛型。反映出北朝時期製麴技術對後代的影響。當時人們以微生物菌所呈現出的顏色來判斷酒麴的成熟與否，及質量的優劣，說明對微生物的活動規律已有了較爲準確的掌握。〔註37〕

5. 酒麴的儲藏

關於春酒麴的儲藏，《齊民要術》卷七載，「反覆日曬，令極乾，然後高廚上積之。」可見，春酒麴是採取通風、乾燥的儲存方式，以避免酒麴在儲存過程中受潮、變質。

經過長時間乾燥儲存的酒麴仍然具有發酵力，是因爲酒麴中的澱粉即是微生物繁殖所憑藉的重要營養物質，又在乾燥的環境條件下保存了微生物菌的生存能力。〔註38〕

〔註34〕參看傅金泉主編：《中國釀酒微生物研究與應用》第三章《製麴新技術新工藝與大麴質量標準的研究》，中國輕工業出版社，2008 年版，第 306 頁。

〔註35〕參看楊勇：《試論〈齊民要術〉中的我國古代製麴、釀酒發酵技術》，載《西北農學院學報》，1985 年第 4 期，第 59～64 頁。

〔註36〕參看〔宋〕朱肱著：《酒經》，宋一明、李豔譯注，上海古籍出版社，2010 年版，第 20 頁。

〔註37〕羅志騰在《古代中國對釀酒發酵化學的貢獻》中認爲當時人們在製麴過程中「五色衣成，便出曝之」這一舉措，就是現代釀酒製麴中的「將黴菌孢子顏色作爲製麴工藝終點的生物學指標」的較早實踐。

〔註38〕參看傅金泉：《從麴糵論我國黃酒麥麴技術的發展》，載《釀酒科技》，1988

第三節　釀酒技術──以《齊民要術》爲中心的探討

一、釀造用水

關於水在釀酒中的應用，《齊民要術》卷七載，「淘米及炊釜中水、爲酒之具有所洗浣者，悉用河水佳也。」「作頤酒法：八月、九月中作者，水未定，難調適，宜煎湯三四沸，待冷然後浸麴，酒無不佳。」反映出水應用於淘米、浸米、蒸飯、製作酒麴、浸漬酒麴、發酵、洗滌釀酒工具等過程。同時表明水質的優劣，會直接影響到對釀酒原料如酒麴、原料米等的加工，乃至成酒的質量。而且，釀造所用水本身也是成品酒的重要組成部分。所以，在整個釀酒過程中，對釀造用水的選擇及對釀造用水水質的提高是非常重要的步驟。

當時人們對釀造用水的重視，首先體現在選擇釀造用水種類方面。關於選擇釀造用水，《齊民要術》卷七《造神麴並酒第六十四》中「淘米及炊釜中水、爲酒之具有所洗浣者，悉用河水佳也」以及「收水法：河水第一好；遠河者取極甘井水，小鹹則不佳」的記載說明了當時製麴、釀酒過程中的用水標準。河水爲當時釀造所需的最佳水源。只有在地理條件的限制下，才可選用清澄的井水。因爲長年處於流動狀態中的河水，水中沉澱物質較少，因而水質也較清澈，水的味道也較清淡。所以，河水因其自身穩定、清澄的水質，始終是優質、重要的釀造用水水源。但是選擇井水時也有嚴格的要求，前述提到「井水，小鹹則不佳」。關於井水水質的具體要求，《齊民要術》卷七《法酒第六十七》載糯米法酒釀造時的用水，「取井花水三斗三升」。據學者研究，「井花水」爲「清早最先汲得的水」。〔註39〕關於河水鹽鹹度含量對釀酒的影響，有學者研究，「流速較大的河水，溶解鹽類相對減少，接近泉水或深層地下水源，可溶性鹽含量較低……適量的鈉鎂鹽類爲微生物生命活動所必需，可促進其生長發育，但含量超過一定範圍則水 pH 值增高，影響微生物正常生長。」〔註40〕所以，用帶有鹹味的水浸漬酒麴、淘米、發酵，會抑製麴液中黴菌、酵母菌等微生物的繁殖，影響酒麴對米飯的糖化、發酵作用

年第 3 期，第 4 頁。

〔註39〕參看〔北朝〕賈思勰著：《齊民要術》卷七《法酒第六十七》，繆啓愉、繆桂龍譯注，上海古籍出版社，2009 年版，第 456 頁。

〔註40〕參看楊勇：《試論〈齊民要術〉中的我國古代製麴、釀酒發酵技術》，載《西北農學院學報》，1985 年第 4 期，第 55～64 頁。

的發揮。因而，鹹水爲釀酒過程所忌。《齊民要術》卷七《笨麴並酒第六十六》所載秦州春酒的釀造用水要求，「以正月晦日，多收河水；井水若鹹，不堪淘米，下饋亦不得」反映的就是鹹水不適於釀酒的情況。

其次，當時人們還極爲重視提高釀造用水的水質。因爲由季節的變化帶來的溫度高低的變化，直接影響到水質的穩定。因而，在不同的釀酒季節，需要對釀造用水進行相應的加工，以提高水質。《齊民要術》卷七《造神麴並酒第六十四》載河東神麴黍米酒的釀造，「十月桑落初凍則收水釀者爲上時。春酒正月晦日收水爲中時……初凍後，盡年暮，水脈既定，收取則用；其春酒及餘月，皆須煮水爲五沸湯，待冷浸麴，不然則動。」「水脈既定」，是指水質較爲穩定。在冬季釀酒，低氣溫殺死了水中的有害菌。而且，冬季時，河水的汛期已過，此時的河水不像處於汛期中的河水那樣含有大量的雜質。因此，冬季水質較爲穩定。所以，冬季釀酒所取之水無需加工，取來即可投入使用。開春以後，河水逐漸進入汛期，此時處於活躍的漲水期，伴隨著河水的泛濫，水中的泥沙、其他有機物質等雜質也逐漸增加。而且，由於開春以後氣候的轉暖，水中的有害菌也逐漸增多。〔註41〕所以，在春季等氣溫逐漸升高的季節釀酒時，對水要進行多次高溫煮沸以達到滅菌的目的。按照現代科學原理，高溫煮沸，還可以分解水中的膠體物質和懸浮顆粒等雜質，有利於水中雜質的沉澱與清除，〔註42〕降低水的硬度。〔註43〕進一步去除水中的異味，保障水的清淡。

在氣候炎熱的夏秋之際釀造時，對所用水也是進行高溫滅菌處理。《齊民要術》卷七《笨麴並酒第六十六》載「頤酒」釀造時的水源加工，「八月、九月中作者，水未定，難調適，宜煎湯三四沸，待冷然後浸麴，酒無不佳。」把判斷成酒質量的優劣與水質緊密相連，是當時人們對釀造用水重視的體現。〔註44〕

〔註41〕參看〔北朝〕賈思勰著：《齊民要術》卷七《造神麴並酒第六十四》，繆啓愉、繆桂龍譯注，上海古籍出版社，2009年版，第429～430頁。

〔註42〕參看洪光住：《中國釀酒科技發展史》第一篇《釀造黃酒科技發展史》第二章《釀造黃酒所用原料史》，中國輕工業出版社，2001年版，第16頁。

〔註43〕李亞東在《中國古代釀酒專家賈思勰與釀酒技術》一文中考察高溫煮水這一工藝流程時認爲，「高溫處理不僅可以有效地滅菌，還可以沉澱出一部分重碳酸鹽，降低水的硬度，從而有利於排除雜菌污染，促進正常菌種的繁殖。」

〔註44〕《淮南子》卷五《時則訓》「秫稻必齊，麴蘗必時，湛熺必潔，水泉必香。」

綜上可見，當時人們在對釀造用水種類的選擇、水質的治理與提高等方面形成了系統的經驗，這些經驗具有較強的合理性和實用性的特點。〔註45〕

二、浸酒麴

當時酒麴在用於釀酒之前，需要進行粗細不同的加工，之後用清澄的水進行一定時間的浸漬，然後進行發酵釀造。這種浸泡酒麴法是當時北方地區人們在正式開始釀造前對酒麴的常用加工方法。〔註46〕

當時酒麴經過加工後的性狀，與季節具有密切的關係。《齊民要術》卷七《笨麴並酒第六十六》載人們釀造河東頤白酒過程中對酒麴的加工，「六月、七月作。用笨麴，陳者彌佳，劃治，細剉。」《齊民要術》卷七《笨麴並酒第六十六》載夏季釀造的朗陵何公夏封清酒，「細剉麴如雀頭，先布甕底。」表明在夏季釀酒，酒麴以加工成小塊狀為宜。關於在冬季、春季釀酒時酒麴的加工，《齊民要術》卷七《笨麴並酒第六十六》載冬季釀造粱米酒，「春、秋、桑葉落時，麴皆細剉；冬則搗末，下絹篩。」《齊民要術》卷七《笨麴第六十六》載人們在正月釀造穄米酎酒時對酒麴的加工，「搗作末，下絹篩。」《齊民要術》卷七《法酒第六十七》載春季釀造粳米法酒，「絹篩麴末三斗三

高誘注，「水泉香則酒善也。」說明古代人們早已認識到酒質的優劣與水質的關係。

〔註45〕 現代釀酒，對水質也有更為嚴格而具體的要求。殷維松在《黃酒簡易釀造法》中闡述，「無色、無味、無臭、水質清澈透明。一般地面水，硝酸鹽含量在 1.0 毫克／升以下，亞硝酸鹽 0.1 毫克／升以下，氨氮微量。鐵含量最好在 0.5 毫克／升以下。含氯量應在 20～60 毫克／升範圍內較適當。水中總固體一般在 100～500 毫克／升較為普通，但最好能在 100 毫克／升以下。磷酸鹽在 3～10 毫克／升之內。pH 值應該在中性或微酸性範圍。」可見，當時人們在釀酒過程中對釀酒用水的加工與處理，與現代釀酒工業對水源的加工目的是一樣的，現代進行釀酒時對水進行上述加工，就是要使水源無雜質，鹽、酸、鹼度控制在較合理的範圍內。以保障酒的色、香、味的純正。在北朝時期生產工藝較為有限的條件下，當時人們能利用有限的方式對水源進行加工與處理，達到與現代標準相近的要求，這可以說是當時釀酒工藝發展與進步的體現。

〔註46〕 朱寶鏞、章克昌在《中國酒經·酒史篇》第三章《歷代釀酒技術》中認為，「浸麴法的優點是酒麴被粉碎後，浸泡在水中，酶制劑已溶入水中，酵母菌也可度過停滯期，並開始繁殖。這樣，投入米飯後，發酵可以儘快進行。」「浸麴的主要目的在於酶的溶出和活化。」傅金泉在《從麴藥論我國黃酒麥麴技術的發展》一文中也認為，「（浸麴）更重要的是使麴中的酵母菌得到進一步的擴大培養。」

升。」由此可見，當時在氣候寒冷時釀酒，多把酒麴加工成末狀。說明當時人們在釀酒過程中對酒麴的加工以「夏、秋季粗，冬、春季細」作爲標準。主要是「爲了防止發酵熱時過快，寒時過遲」。〔註47〕即通過對成品酒麴性狀的加工來應對季節變化對釀造過程的影響。因爲受季節影響而變化的溫度對釀酒周期及成酒品質有重要的影響。夏、秋季氣溫較高，在釀造過程中容易產生高溫酸敗的現象，如果在釀酒時使用末狀的酒麴進行糖化與發酵，固然可以加快發酵速度、縮短發酵周期。但是，在當時散熱技術有限的情況下，人們對高溫條件下釀造過程中驟然增加的熱量卻是無法進行處理的，這必然會使酸敗菌大量繁殖，影響酒的質量。所以，在氣溫較高的季節，用粗狀酒麴釀酒，可以放慢糖化與發酵的速度，避免快速釀造中熱量的驟然增加及高溫酸敗現象。在寒冷季節釀酒，由於氣溫較低，影響了酒麴糖化與發酵作用的發揮。因而，在冬、春季釀酒，適宜使用末狀酒麴。因爲末狀酒麴的糖化與發酵作用可以在較短的時間內得到充分發揮，加快發酵速度，避免發酵遲緩的現象。

　　浸麴所用水、浸麴時間與季節變化同樣有著密切的聯繫。關於浸漬酒麴所用水，《齊民要術》卷七《造神麴並酒第六十四》載釀造河東神麴黍米酒，「初凍後，盡年暮，水脈既定，收取則用；其春酒及餘月，皆須煮水爲五沸湯，待冷浸麴，不然則動。」說明冬季取水可以直接用來浸漬酒麴，而在氣溫較高的春夏季，取來的水需要經過高溫煮沸、冷卻之後才能用於浸漬酒麴。

　　關於浸麴時間，《齊民要術》卷七《造神麴並酒第六十四》載，「浸麴法：春十日或十五日，秋十五日或二十日。」《齊民要術》卷七《造神麴並酒第六十四》載河東神麴黍米酒釀造前對酒麴的浸漬，「浸麴，冬十日，春七日，候麴發，氣香末起，便釀。」表明氣候較暖時浸麴所用時間一般要短於寒冷季節浸麴的時間。因爲微生物的活動受到氣溫高低的影響。

　　關於浸漬酒麴成熟的標準，《齊民要術》卷七《造神麴並酒第六十四》載，「但候麴香末起，便下釀。」酒麴經過一段時間的浸漬後，酒麴中的微生物逐漸進入活躍狀態，由於微生物的呼吸，有氣體產生。水表面有大量氣泡冒出，反映出經過浸漬的酒麴已經成熟。

〔註47〕參看〔後魏〕賈思勰著：《齊民要術》卷七《造神麴並酒第六十四》，繆啓愉校釋，農業出版社，1982 年版，第 374 頁。

三、原料米的加工

（一）淘米

對原料米的淘洗即除雜操作的一般要求是使米淘得乾淨。因爲米不淘淨，會影響成酒的色澤及質量。《齊民要術》卷七《法酒第六十七》載黍米法酒釀造過程中原料米的淘治，「取黍米三斗三升，淨淘——凡酒米，皆欲極淨，水清乃止；法酒尤宜存意，淘米不得淨，則酒黑。」反映出當時對原料米淘洗的一般標準。因爲米的內部主要成份爲澱粉，表面其他物質成份爲蛋白質、脂肪、粗纖維和灰份。米粒中的澱粉即可融性無氮物是產生酒精的來源，而米粒內部及表面所含有的大量蛋白質、脂肪，對成酒的品質有不利的影響。〔註 48〕所以，淘米不淨，米粒表面的蛋白質、脂肪會殘留在米中，影響發酵過程及酒的質量。而米表面的糠皮等雜質在發酵過程完成後，會殘留在酒液中，影響成酒的顏色和口感，造成酒液顏色的渾濁。《齊民要術》卷七《造神麴並酒第六十四》所載，「米必細師，淨淘三十許遍；若淘米不淨，則酒色重濁」反映的便是淘米不淨影響酒質的情況。

一般而言，釀酒所用的原料米需要淘治得精白，爲此，原料米需要經過多次淘洗。《齊民要術》卷七《造神麴並酒第六十四》載用第一種神麴釀造秫米、黍米、糯米酒過程中對原料米的淘治，「其米絕令精細。淘米可二十遍。」《齊民要術》卷七《造神麴並酒第六十四》載用第三種神麴釀造黍米酒過程中對原料米的淘治，「米必令五六十遍淘之。」上述釀酒過程中對原料米的數十次淘洗，固然可以去除米表面的糠皮、過多的蛋白質、脂肪等雜質，避免「酒色重濁」的現象。但是，淘洗次數過多，也會使米中的澱粉、蛋白質、脂肪等營養物質部分地損失，反而影響酒的質量。因爲原料米中留有少量的蛋白質、脂肪對酸漿的形成及成酒質量的改善與提高是有利的。〔註 49〕蛋白質爲釀酒過程中微生物菌所需要的重要氮源，其含量的適當與否，對成酒質量有很大影響。〔註 50〕脂肪也是釀酒過程中微生物菌發揮糖化、發酵力的碳

〔註48〕 參看〔北朝〕賈思勰著：《齊民要術》卷七《造神麴並酒第六十四》，繆啓愉、繆桂龍譯注，上海古籍出版社，2009 年版，第 416 頁。

〔註49〕 參看洪光住：《中國釀酒科技發展史》第一篇《釀造黃酒科技發展史》第五章《釀造黃酒工藝發展史》，中國輕工業出版社，2001 年版，第 122 頁。

〔註50〕 參看王福榮主編：《釀酒分析與檢測》第一章《白酒生產分析檢驗》，化學工業出版社，2005 年版，第 5 頁。

源之一，爲成酒中必要的香味成分。〔註51〕所以，當時人們在釀酒中對米的淘洗多以米乾淨爲標準。《齊民要術》卷七《白醪麴第六十五》載釀造白醪酒前對米的淘洗，「冷水淨淘。」同書卷七《造神麴並酒第六十四》載河東神麴黍米酒釀造過程中對原料米的淘洗，「淘米須極淨，水清乃止。」同書卷七《笨麴並酒第六十六》載秫米酎酒釀造過程中對原料米的淘洗，「米必須師，淨淘，水清乃止，即經宿浸置。」同書卷七《笨麴並酒第六十六》載浸藥用酒釀造過程中對原料米的淘洗，「釀用黍，必須細師，淘欲極淨，水清乃止。」同書卷七《法酒第六十七》載桑落酒釀造過程中對原料米的淘治，「其米令精細，淨淘，水清爲度。」綜上可見，當時淘米操作的要點：首先，米自然要淘洗乾淨，以去除灰塵等雜質。其次，不主張過度淘洗米，而是普遍採用淘洗適度的原則，目的是避免米中營養物質的消耗。

當時人們在淘米乾淨之後，還對米進行浸泡。《齊民要術》卷七《白醪麴第六十五》載，「取糯米一石，冷水淨淘，漉出著甕中，作魚眼沸湯浸之。經一宿，米欲絕酢，炊作一餾飯，攤令絕冷。」《齊民要術》卷七《笨麴並酒第六十六》載河東頤白酒釀造過程中對黍米的加工，「日西，淘米四斗，使淨，即浸。夜半炊作再餾飯。」由此可知，當時浸漬原料米以米脹透作爲標準，之後即可進行蒸飯操作。據現代釀酒中浸米原理，對釀酒所用原料米進行浸泡，可以使原料米中澱粉顆粒間的巨大分子鏈由於水的作用而逐漸展開，在高溫蒸煮的條件下容易充分的糊化。〔註52〕這有利於酒麴對米飯進行充分的糖化與發酵。

（二）蒸飯

《齊民要術》卷七、卷九記載各種米淘洗乾淨之後，還要經過蒸治，加工成熟米飯，然後投入麴汁中進行發酵釀造。《齊民要術》卷七《造神麴並酒第六十四》載，「若作秫、黍米酒，一斗麴，殺米二石一斗：第一酘，米三斗；停一宿，酘米五斗；又停再宿，酘米一石；又停三宿，酘米三斗。其酒飯，欲得弱炊，炊如食飯法，舒使極冷，然後納之。」《齊民要術》卷七《笨麴並酒第六十六》載，「梁米酒法」，「看釀多少，皆平分米作三分，一分一炊。淨

〔註51〕 參看王福榮主編：《釀酒分析與檢測》第一章《白酒生產分析檢驗》，化學工業出版社，2005年版，第6頁。
〔註52〕 參看〔後魏〕賈思勰著：《齊民要術》卷七《白醪麴第六十五》，繆啓愉校釋，農業出版社，1982年版，第384頁。

淘，弱炊爲再餾，攤令溫溫暖於人體，便下，以杷攪之。」表明當時人們以米充分軟化爲蒸飯的標準。據現代釀酒蒸飯原理，蒸熟原料米的目的是使米粒能充分吸收水分、糊化，使酒麴能對其進行充分的糖化和發酵。同時，蒸飯也可以起到對米粒殺菌的作用。〔註53〕

當時人們首先注重蒸米飯時間的選擇。《齊民要術》卷七《笨麴並酒第六十六》載河東頤白酒釀造時的蒸飯工藝，「夜半炊作再餾飯，令四更中熟……日西更淘三斗米，浸；炊還令四更中稍熟。」「日出以後熟，即不成。」《齊民要術》卷七《法酒第六十七》載當梁法酒釀造過程中的蒸飯，「以三月三日日未出時，取水三斗三升，乾麴末三斗三升，炊黍米三斗三升爲再餾黍，攤使極冷：水、麴、黍俱時下之。」太陽出來之後開始蒸飯、投飯釀酒，會影響到酒的品質。因爲日出之後，氣溫逐漸升高，這會使釀造時的初始溫度也相應升高，產生高溫環境，給有害細菌的繁殖創造條件。最終影響成酒的醇厚口感。所以，爲保障成酒的質量，當時人們多選擇日出之前這一氣溫較爲涼爽的時間開始正式釀造前的蒸飯。

其次，當時人們還注重對原料米採用不同的蒸治方法。《齊民要術》記載了當時人們採用不同方式對米飯進行蒸治。

直接蒸熟米飯。《齊民要術》卷七《造神麴並酒第六十四》載用第一種神麴釀造秫米酒、黍米酒之前對原料米的炊製，「其酒飯，欲得弱炊，炊如食飯法，舒使極冷，然後納之。」直接蒸熟米飯的具體操作是在蒸汽初次上甑之後，繼續用後續的蒸汽蒸製，直到米飯熟透。同書卷七《造神麴並酒第六十四》所載用第二種神麴釀造黍米酒；用第三種神麴釀造黍米酒、粳米醪酒；同書卷七《笨麴並酒第六十六》所載用笨麴釀造的白醪酒、酴酒、粟米爐酒、浸藥用酒，《食經》白醪酒、冬米鳴酒、夏米鳴酒、琅陵何公夏封清酒、治癒瘧疾酒、鄗酒、橘酒、柯柂酒；同書卷七《法酒第六十七》載用笨麴釀造七月七日法酒、三九法酒；同書卷七《法酒第六十七》載用白墮麴釀造桑落酒時對米均採用直接蒸熟的方式。

蒸「沃饙」。《齊民要術》卷七《造神麴並酒第六十四》載用第一種神麴釀造糯米酒之前對米飯的炊製，「其炊飯法，直下饙，不須報蒸。其下饙法：出饙甕中，取釜下沸湯澆之，僅沒飯便止。」關於「饙」，《玉篇》釋爲，「半

〔註53〕參看康明官：《中外名酒知識及生產工藝手冊》第三章《中外著名黃酒和清酒》，化學工業出版社，1994 年版，第 143 頁。

蒸飯。」表明「沃饋」就是在水蒸氣初次上甑之後，就把米飯取出，使其不再經水蒸氣蒸製，而是採用沸水浸泡的方式進行加工以達到熟透的目的。《齊民要術》卷七所載釀造河東神麴黍米酒、白醪酒，同書卷七《笨麴並酒第六十六》所載用笨麴釀造秦州春酒、頤酒、桑落酒、粟米酒過程中均採取蒸「沃饋」的方式。

「再餾飯」的加工方式及特點。《齊民要術》卷七《造神麴並酒第六十四》載用第四種神麴釀造黍米酒過程中對米飯的炊製，「初下釀，用黍米四斗，再餾弱炊，必令均熟，勿使堅剛、生、減也。」可見，「再餾飯」就是當水蒸氣初次上甑之後，繼續加水，再經過水蒸氣的蒸製，使米飯完全熟透。這種加工方式不僅具有使米飯成熟均勻、糊化完全，但米飯又不過於爛熟的特點。還可以使酒麴對米飯進行充分的糖化與發酵，保障成酒的質量。〔註 54〕《齊民要術》卷七所載用笨麴釀造河東頤白酒、梁米酒、黍米法酒、當梁法酒、粳米法酒過程中均採取「再餾飯」的方式。

四、投飯

在經過浸麴階段後，酒麴中的黴菌和酵母菌等微生物進入活躍的狀態，〔註 55〕此時進入釀酒的正式發酵階段，需要開始適時往麴液中分批投放米飯。《齊民要術》卷七、卷九中將分批投放米飯稱之為「酘」。首先，當時人們注重浸麴成熟要適時開始投飯，《齊民要術》卷七《造神麴並酒第六十四》載，「但候麴香沫起，便下釀。過久麴生衣，則為失候；失候則酒重鈍，不復輕香。」因為浸麴成熟時，如果不適時開始投飯，一方面，麴液的糖化、發酵力會逐漸減弱；另一方面，麴液也會變質，麴液表面長出白毛。〔註 56〕這些因素會影響酒的質量。其次，當時人們更重視在初次投飯之後，根據麴勢強弱的變化增減投飯量、投飯次數。以保障糖化、發酵過程的順利進行。本部分將重點分析初次投飯之後的依據麴勢投飯的情況。

關於當時釀酒中的投飯。《齊民要術》卷七《造神麴並酒第六十四》載用

〔註 54〕參看〔北朝〕賈思勰著：《齊民要術》卷七《造神麴並酒第六十四》「河東神麴黍米酒」條，繆啓愉、繆桂龍譯注，上海古籍出版社，2009 年版，第 430 頁。

〔註 55〕參看朱寶鏞、章克昌主編：《中國酒經・酒史篇》第三章《歷代釀酒技術》，上海文化出版社，2000 年版，第 23 頁。

〔註 56〕參看〔北朝〕賈思勰著：《齊民要術》卷七《造神麴並酒第六十四》，繆啓愉、繆桂龍譯注，上海古籍出版社，2009 年版，第 425 頁。

第一種神麴釀造秫米酒、黍米酒時的投放原料米飯,「若作秫、黍米酒,一斗麴,殺米二石一斗:第一酘,米三斗;停一宿,酘米五斗;又停再宿,酘米一石;又停三宿,酘米三斗。」用第一種神麴釀造糯米酒時的投飯,「若作糯米酒,一斗麴,殺米一石八斗。唯三過酘米畢。」《齊民要術》卷七《笨麴並酒第六十六》載釀造粱米酒,「皆平分米作三分,一分一炊……三酘畢,後十日,便好熟。」這表明,當時的一些酒在釀造過程中的投飯有固定的次數。

　　儘管當時人們在一些酒的釀造過程中進行固定次數的投飯操作,但是在釀造中,還是要根據麴勢的強弱決定投飯的次數、投飯的多少,以使麴液的糖化、發酵力與投飯的數量相適應,酒麴本身的糖化與發酵力能得到充分的利用。即「酒以投多爲善,要在麴力相及」。〔註57〕這裏以用第二種神麴釀造黍米酒爲例進行考察。《齊民要術》卷七《造神麴並酒第六十四》載,「造神麴黍米酒方:細剉麴,燥曝之。麴一斗,水九斗,米三石。須多作者,率以此加之……初下用米一石,次酘五斗,又四斗,又三斗,以漸待米消既酘,無令勢不相及。味足沸定爲熟。氣味雖正,沸未息者,麴勢未盡,宜更酘之;不酘則酒味苦、薄矣。得所者,酒味輕香,實勝凡麴。」這裏所說的「勢」,就是酒麴本身「衣色錦布,或藍或炳;殺熱火燆,以猛以烈」所代表的發酵力。「勢不相及」是指投飯的早晚而言。根據釀酒原理,將米飯投入麴液中後,米飯中的澱粉先與澱粉酶發生反應,產生葡萄糖。與此同時,酵母菌對葡萄糖進行發酵,產生酒精。由於糖化與發酵是同時進行的,因此,可以稱爲復式發酵。如果在前面所投的米飯尚未完全糖化、發酵之前,就投入下一批米飯,這時只會增加液體中葡萄糖的含量。而發酵液體中過多的糖分,會限制酵母菌發酵力的發揮,影響酒精比例的增加。因此,處於這種情況之下的發酵液體會有偏甜的口感。如果麴液中的黴類菌與酵母菌完成了對上次所投米飯的糖化、發酵之後,不及時投飯,酒麴的糖化與發酵力會逐漸減弱。之後所投的原料米飯不能完全被糖化與發酵。上述情況會影響糖化、發酵過程的進行。同時會使發酵液體中酒精度偏低,給有害細菌的侵蝕與繁殖創造機會,最終影響到成酒的質量。〔註58〕

〔註57〕 參看〔宋〕朱肱著:《酒經》,宋一明、李豔譯注,上海古籍出版社,2010 年版,第 14 頁。

〔註58〕 參看〔北朝〕賈思勰著:《齊民要術》卷七《造神麴並酒第六十四》,繆啓愉、

為清楚地說明當時釀酒時糖化、發酵過程中原料的變化情況，現將糖化、發酵反映公式引用如下：

糖化過程：

$$(C_6H_{10}O_5)_n + nH_2O \xrightarrow{\text{澱粉酶}} nC_6H_{10}O_6$$

澱粉　　　　水　　　　　　　葡萄糖　〔註59〕

$$[C_6H_{12}O5]_n \xrightarrow[\text{澱粉}]{\text{澱粉酶}} [C_6H_{12}O_5]_n \xrightarrow{xH_2O} [C_{12}H_{24}O_{10}]_n \xrightarrow{\text{麥芽糖酶}} C_6H_{12}O_6$$

澱粉　　　　　　糊精　　　　　　澱粉　　　　　　葡萄糖

〔註60〕

發酵過程：

$$C_6H_{12}O_6 + 2ADP + 2H_3PO_4 \xrightarrow{\text{酵母等}} 2C_2H_5OH + 2CO_2 + 2ATP + 10.6kJ$$

葡萄糖　　　　　　　　　　　　　　　　酒精　　　　　　　　〔註61〕

　　公式清晰地顯示出釀酒中糖化和酒化這兩個過程。在酒化過程中，由於酵母菌對葡萄糖的發酵作用，在產生酒精的同時，還有二氧化碳氣體的釋放。使液體表面呈現類似水煮沸的狀態。所以，酒液表面是否呈現「沸騰」的現象，成為決定是否繼續投飯、投飯量的多少及判斷酒是否成熟的標準。「味足沸定」，說明酒味醇厚、糖化與發酵反應結束，酒已成熟。這時不需再繼續投飯。即使達到規定的投飯次數與數量，如果「氣味雖正，沸未息者」，〔註62〕表明糖化、發酵還在繼續，這時應「宜更酘之」。〔註63〕以充分利用酒麴的糖化、發酵力。

　　　　繆桂龍譯注，上海古籍出版社，2009年版，第419頁。

〔註59〕參看康明官：《中外名酒知識及生產工藝手冊》第一章第四節《各類酒的原料及製法概要》，化學工業出版社，1984年版，第22頁。

〔註60〕參看洪光住：《中國釀酒科技發展史》第一篇《釀造黃酒科技發展史》第五章《釀造黃酒工藝發展史》，中國輕工業出版社，2001年版，第144頁。

〔註61〕參看康明官：《中外名酒知識及生產工藝手冊》第一章第四節《各類酒的原料及製法概要》，化學工業出版社，1984年版，第22頁。

〔註62〕參看〔北朝〕賈思勰著：《齊民要術》卷七《造神麴並酒第六十四》，繆啓愉、繆桂龍譯注，上海古籍出版社，2009年版，第418～419頁。

〔註63〕參看〔北朝〕賈思勰著：《齊民要術》卷七《造神麴並酒第六十四》，繆啓愉、繆桂龍譯注，上海古籍出版社，2009年版，第419頁。

根據「麴勢」分批投飯，就是現在釀酒業中常用的「喂飯法」。〔註64〕這可以使糖化、發酵過程漸近地進行，糖分與酒精含量處於較爲緩慢和均勻的變化過程；還可以人爲控制發酵過程中的溫度，根據發酵溫度的變化隨時增溫或者降溫，有利於釀造的順利進行。當時人們在釀酒過程根據「麴勢」投飯，反映出對酒麴中微生物活動規律即糖化與發酵力的變化已有了精確的掌握。

當時人們在適時開始初次投飯釀造、後續投飯釀造階段，尤其是在前發酵階段，對酒麴本身「勢」的變化和投飯時間、投飯數量是非常注重的。這是因爲前發酵階段是發酵液體中酒精含量處於增長變化的關鍵時期。據學者研究，「釀酒在頭幾天的主發酵階段，發酵旺盛，酒精含量直線上升，可達全含量的三分之二以上，過後轉入後發酵期，在長期間內醇度增漲微緩，所以酘飯必須掌握在主發酵期的適當時間內，過早過遲，均非所宜」。〔註65〕

當時人們在浸漬酒麴、發酵過程中還採用了酸漿、溫粥技術。首先是在釀造過程中使用酸性較高的酸漿。《齊民要術》卷七《白醪麴第六十五》載白醪酒的釀造，「取糯米一石，冷水淨淘，漉出著甕中，作魚眼沸湯浸之。經一宿，米欲絕酢……取魚眼湯沃浸米汁二斗，煎取六升，著甕中，以竹掃衝之，如茗渤。復取水六斗，細羅麴末一斗，合飯一時內甕中，和攪令飯散。」經過一定時間浸泡的米及浸米水變酸，是因爲經過一定時間浸泡的一部分原料米，在酶類物質的作用下轉化爲糖分，之後被乳酸菌作用、發酵，逐漸轉化成有機酸。而原料米表面的蛋白質，也逐漸被蛋白質分解酶分解成氨基酸。〔註66〕這是古代人們較早把酸漿水應用於釀酒的記載。除此之外，當時釀造多米明酒、治癒瘧疾酒時都使用到酸漿。《齊民要術》卷七《笨麴並酒第六十六》載釀造多米鳴酒時酸漿的製取，「九月，漬精稻米一斗，搗令碎末，

〔註64〕北朝時期人們在釀酒時所採用的「喂飯法」，在從古至今的釀酒生產中扮演著承上啓下的角色。謝廣發在《黃酒釀造技術》第三章《黃酒釀造》中認爲，「喂飯法釀酒在我國已有極悠久的歷史。早在東漢時，曹操就釀出了聞名一時的『九醞酒』，這種酒是用『九投法』釀成的……《齊民要術》上記載的釀酒法，也有三投、五投和七投的方法。歷史上這些釀酒的方法和現在黃酒釀造的喂飯法是一脈相承的。這種多次投料、連續發酵的喂飯發酵法，與近代遞加法發酵實際上是相同的。」

〔註65〕參看〔後魏〕賈思勰著：《齊民要術》卷七《造神麴並酒第六十四》「神麴 2 號黍米酒」條，繆啓愉校釋，農業出版社，1982 年版，第 376 頁。

〔註66〕參看殷維松：《黃酒簡易釀造法》，中國食品出版社，1987 年版，第 32 頁。

沸湯一石澆之。麴一斤，末，攪和。三日極酢。」綜上可知，當時酸漿的獲得主要是通過單純的浸米和浸米加酒麴這一雙重工藝。當時釀酒中使用酸漿，大多經過煎煮、濃縮這一步驟。這即可以提高酸漿的酸度，又可以起到高溫滅菌的作用。根據學者研究，酸漿中含有豐富的有機酸等物質，這些物質可以提供酵母菌繁殖所需的營養物質，有利於促進酵母菌的繁殖，還可以調節發酵酒液中的酸度。〔註67〕保障發酵的順利進行（主要是保障酵母菌等的繁殖，抑制有害菌）。〔註68〕

其次，在浸漬酒麴、釀造過程中使用溫粥。《齊民要術》卷七《笨麴並酒第六十六》載笨麴梁米酒的釀造，「以所量水，煮少許梁米薄粥，攤待溫溫以浸麴；一宿麴發，便炊，下釀，不去滓。」《齊民要術》卷七《笨麴並酒第六十六》載穄米酎酒的釀造，「煮少量穄粉作薄粥……粥溫溫如人體時，於甕中和粉，痛抖使均柔，令相著。」表明當時人們在釀酒中使用溫粥是較爲普遍的。據現代釀酒原理，溫粥促進「酒麴加快萌發，還可以儘早及時提供黴菌所需『營養品』」。〔註69〕起到增加成酒色、香、味的作用。而《齊民要術》卷七所載梁米酒「酒色漂漂與銀光一體，薑辛、桂辣、蜜甜、膽苦，悉在其中，芬芳酷烈，輕儁遒爽，超然獨異」的卓越品質就和此緊密相關。

五、溫度控制

《齊民要術》卷七《笨麴並酒第六十六》載笨麴桑落酒釀造過程中的溫度要求，「作釀池，以藁茹甕，不茹甕則酒甜；用穰則太熱」。〔註70〕溫度過低，酒麴的糖化與發酵力的發揮會受到限制，發酵液體中糖份殘存過多，使酒過甜。如果溫度過高，固然適合黴菌糖化作用的發揮，但卻限制了酵母菌的活動。據學者研究，高溫環境釀酒會使發酵液體中「糖分積累過快過高，

〔註67〕 參看洪光住：《中國釀酒科技發展史》第一篇《釀造黃酒科技發展史》第五章《釀造黃酒工藝發展史》，中國輕工業出版社，2001年版，第115頁。

〔註68〕 參看劉樸兵：《唐宋飲食文化比較研究》第二章《轉型前夜深入民俗的唐宋飲品》第一節《唐宋時期的酒文化·酒的生產》，中國社會科學出版社，2010年版，第163頁。

〔註69〕 參看洪光住：《中國釀酒科技發展史》第一篇《釀造黃酒科技發展史》第五章《釀造黃酒工藝發展史》，中國輕工業出版社，2001年版，第118頁。

〔註70〕 參看〔北朝〕賈思勰著：《齊民要術》卷七《笨麴並酒第六十六》，繆啓愉、繆桂龍譯注，上海古籍出版社，2009年版，第441頁。

對酵母菌的活動很不利，一般有害雜菌的適生溫度高於酵母菌，（高溫釀造）正給雜菌入侵以可乘之機」，〔註71〕影響成酒的質量。可見，進行溫度控制、創造適宜的溫度環境是保障發酵過程正常進行的重要因素。

北朝時期人們在釀酒過程中對溫度進行控制的方法，主要有選擇釀造季節與人爲改變釀酒溫度的方式，來確保整個釀造過程中溫度的適宜，以保障麴液中微生物的糖化、發酵作用的正常發揮，確保成酒的質量。

首先，就季節而言，當時多數酒的釀造，多選擇在氣候較爲涼爽的春季、秋季進行。因爲夏季氣溫過高，會使麴液發酵溫度過高，限制酵母菌發酵作用的發揮，但給有害細菌如酸敗菌的繁殖創造了條件，影響酒質。而當時的降溫技術也是有限的。《齊民要術》卷七《造神麴並酒第六十四》載用第二種神麴釀造黍米酒，「所以專取桑落時作者，黍必令極冷也。」秋季氣候涼爽，自然有利於對釀造過程中溫度的控制。《齊民要術》卷七《造神麴並酒第六十四》載用第四種神麴釀酒，「春秋二時釀者，皆得過夏；然桑落時作者，乃勝於春。」由此可見，釀造季節對成酒的品質，乃至成酒的貯存時間，有著重要的影響。

其次，對於季節變化所帶來的溫度變化，人們採取人爲調控溫度的方式，來保障釀造過程中的溫度需要。這可以從浸麴、投飯和發酵過程中的溫度控制三個方面進行分析。

（一）關於浸麴這一過程的溫度控制

當時浸麴所用的水，多是用冷水，或者經過煮沸、冷卻後的水。《齊民要術》卷七《造神麴並酒第六十四》載釀造河東神麴黍米酒時的浸麴，「初凍後，盡年暮，水脈既定，收取則用；其春酒及餘月，皆須煮水爲五沸湯，待冷浸麴，不然則動。」表明當時人們在冬季直接用冷水浸麴，在氣候轉暖的春季至炎熱的夏季之間先煮沸水，待冷卻後用於浸漬酒麴。這是因爲入春至夏季，氣溫逐漸升高，水中的有害菌、雜質等隨之增加，對水進行高溫煮沸，可以有效滅菌、去除雜質。但是，如果以沸水直接浸麴，過高的水溫又會抑製麴液中微生物的繁殖，甚至直接殺死麴液中的黴菌、酵母菌等微生物，影響糖化、發酵的進行。所以，要以冷水浸麴，讓麴中的黴菌和酵母菌等微生物從繁殖停滯的狀態自然進入活躍期。對當時冬季釀造，麴汁出現冰凍的現象，

〔註71〕 參看繆啓愉：《〈齊民要術〉中利用微生物的科學成就》，載《古今農業》，1987年第 4 期，第 7 頁。

當時人們採用加溫微熱的方式。《齊民要術》卷七《造神麴並酒第六十四》載河東神麴酒，「隆冬寒厲，雖日茹甕，麴汁猶凍，臨下釀時，宜漉出凍淩，於釜中融之——取液而已，不得令熱。淩液盡，還瀉著甕中，然後下黍；不爾則傷冷。」說明當時人們加熱冰凍麴汁的標準是使冰凍麴汁溶化但又不使其出現沸騰為宜，如果麴汁沸騰，麴汁中的微生物會因高溫受限，影響發酵的進行。

（二）對所投原料米飯溫度的掌握

　　釀酒季節及釀造環境的溫度條件決定了當時所投放的米飯溫度。在氣候溫暖、炎熱的季節，人們多為以冷卻的米飯投入麴汁中。《齊民要術》卷七《造神麴並酒第六十四》載用第一種神麴釀造黍米酒，「其酒飯，欲得弱炊，炊如食飯法，舒使極冷，然後納之。」當時人們之所以在夏秋季節釀酒中先冷卻米飯，之後進行投飯。據前引釀酒發酵公式可知，在發酵過程中會有熱量散出。這些熱量正好為整個發酵過程所用。這時如果以熱飯直接投入麴液中，會使發酵過程中的溫度驟然升高、酵母菌過早進入衰弱期，〔註72〕給酸敗菌的繁殖創造了條件，影響酒的質量。但是，在寒冷的冬季釀酒，就要以溫度的變化為標準，來決定投飯的溫度。《齊民要術》卷七《造神麴並酒第六十四》載在冬季用第四種神麴釀造黍米酒過程中的投飯情況，「冬釀者，必須厚茹甕、覆蓋。初下釀，則黍小暖下之。一發之後，重酘時，還攤黍使冷——酒發極暖，重釀暖黍，亦酢矣。」河東神麴酒釀造時的投飯，「唯十一月、十二月天寒水凍，黍須人體暖下之；桑落、春酒，悉皆冷下。」表明當時人們在冬季釀酒時的初次投飯用溫度接近人體的米飯。這是因為在氣候寒冷的冬季釀酒，較低的氣溫會限製酒麴中微生物菌的活動。而初次投飯時用稍微溫暖的飯，目的是在低溫環境下，使酒麴中的微生物菌在適宜增溫的帶動下，充分進入活躍的狀態，以便對原料米進行初次糖化與發酵。而在之後的糖化與發酵過程中，會有大量的熱量散發出，這些熱量足以滿足低溫環境下釀酒對溫度的要求。所以，在初次投飯之後，為避免發酵液體本身溫度驟然升高，防止高溫發酵所引起的酸敗，以後每次投飯都要用經過冷卻的米飯。當時人們在釀造過程中對初次投飯的溫度的重視，就是考慮到發酵初始時的溫度對以後釀造過程的影響。

〔註72〕參看謝廣發：《黃酒釀造技術》第三章《黃酒釀造》，中國輕工業出版社，2010年版，第112～113頁。

（三）正式發酵過程中的溫度調控

較低的氣溫限制了微生物的活動、發酵過程的順利進行，因此，需要提高釀造時的溫度。但是，仍然要以釀造時的具體溫度環境作爲增溫的標準。

首先，在氣候極度寒冷的情況下，就需要採取大幅增溫的方式。如在初冬季節釀造河東神麴黍米酒，就要加厚酒甕的保溫層，以防止酒甕中熱量的散失，避免外界低溫環境對糖化、發酵過程的不利影響。《齊民要術》卷七《造神麴並酒第六十四》載，「十一月、十二月，須黍穰茹之。」除此之外，當時人們還採用投置炭火的方式來保障寒冷季節發酵時所需的溫度。《齊民要術》卷七《造神麴並酒第六十四》載，「春以單布覆甕，冬用薦蓋之。冬，初下釀時，以炭火擲著甕中，拔刀橫於甕上。酒熟乃去之。」當時人們針對冬季氣溫過低、發酵中止的情況，採用了快速增溫的方式以保障釀造的順利進行。《齊民要術》卷七《造神麴並酒第六十四》載，「凡冬月釀酒，中冷不發者，以瓦瓶盛熱湯，堅塞口，又於釜湯中煮瓶，令極熱，引出，著酒甕中，須臾即發。」這種加熱增溫方式被稱爲「熱水浴」法。〔註73〕

其次，在天氣轉涼、氣溫只是稍許低於正常溫度的情況下，只需稍微增溫即可。《齊民要術》卷七《造神麴並酒第六十四》載用第四種神麴釀造黍米酒過程中的溫度調控，「桑落時稍冷，初浸麴，與春同；及下釀，則茹甕——止取微暖，勿太厚，太厚則傷熱。春則不須，置甕於磚上。」說明當時人們在初秋時節釀酒只採取適度增溫的方式，這是因爲初秋時節氣候雖然開始轉涼，但並沒有達到寒冷的狀態。所以在這一季節釀酒，只需稍微保溫即可。如果過度增溫，就會使酒液「傷熱」，即高溫發酵使酒有酸敗的氣味。

綜上可見，當時人們在釀造過程中所採用的溫度控制措施，正是《齊民要術》卷七所載「冷暖之法……要在精細」的反映。

六、釀酒的後期處理

（一）酒酸的治理

在釀酒過程中，如果投飯過早或者過晚即對糖化與發酵速度調節失衡、〔註74〕對發酵溫度掌握不適宜使發酵液體品溫過高，都會使酒液生酸過多，

〔註73〕參看楊勇：《試論〈齊民要術〉中的我國古代製麴、釀酒發酵技術》，載《西北農學院學報》，1985 年第 4 期，第 62 頁。

〔註74〕謝廣發在《黃酒釀造技術》第三章《黃酒釀造》第四節《黃酒醪的酸敗及防

產生酒液酸敗的現象。其本質原理是酒麴本身、釀酒所用原料、工具及釀酒環境中所帶有的少量醋酸菌在溫度適宜的條件下會迅速繁殖，這些大量增加的醋酸菌對酒精進行氧化作用，產生醋酸，〔註 75〕進而影響到酒的質量。關於治理酒酸，《齊民要術》卷七《法酒第六十七》載，「治酒酢法：若十石米酒，炒三升小麥，令甚黑，以絳帛再重爲袋，用盛之，周築令硬如石，安在甕底。經二七日後，飲之，即回。」表明北朝時期人們採用炒製一定量的小麥使其焦黑，然後再投放入甕的方式治理酒酸問題。據現代釀酒中治理酒酸的原理，酒酸較重時，多以鹼性物質中和酒酸即平衡酸域的方式，使酸酒達到飲用的標準。〔註 76〕據此，北朝時期人們炒製小麥達到焦黑，實際上就是把小麥變成鹼性物質，使其中和酒液中的生酸，改善酒液的口感。

（二）酒的壓榨、過濾

《齊民要術》卷七《造神麴並酒第六十四》載用第四種神麴釀造黍米酒，「酒若熟矣，押出，清澄」。用河東神麴釀造黍米酒，「合醅停須臾便押出」。同書卷七《笨麴並酒第六十六》載用笨麴釀造梁米酒，「三酘畢，後十日，便好熟。押出」。粟米酒，「四度酘者，及初押酒時，皆回身映火，勿使燭明及甕。」關於壓榨酒的步驟，雖然《齊民要術》有關酒的釀造中沒有明確記載，但是根據其他相關記載，可以做出準確的推測。《齊民要術》卷八《作酢法第七十一》載有關醋的壓榨，「前件三種酢，例清少澱多。至十月中，如壓酒法，毛袋壓出，則貯之。其糟，別甕水澄，壓取先食也。」「酒糟酢法：春酒糟則釀。頤酒糟亦中用。然欲作酢者，糟常濕下；壓糟極燥者，酢味薄。」表明當時的酒應是以毛袋進行壓榨。由「壓糟極燥」可知，當時人們進行酒的壓榨時，應用到簡單的壓榨床。《齊民要術》卷七《法酒第六十七》載粳米法酒，「令清者，以盆蓋，密泥封之。經七日，便極清澄。接取清者，然後押之。」可見當時釀造成酒之後，一般先使酒液自然沉澱，之後取得酒甕中清澄的酒液，然後對酒糟進行壓榨以便得到剩餘的酒液。

　　　治》從現代釀造黃酒實驗分析角度認爲，「如果糖化快、發酵慢，糖份過於積累，易引起酸敗；反之，糖化慢，發酵快，易使酵母過早衰老，後酵也易生酸。」

〔註 75〕　李亞東：《中國古代釀酒專家賈思勰與釀酒技術》，載《釀酒科技》，1984 年第2 期，第 26 頁。

〔註 76〕　參看謝廣發：《黃酒釀造技術》第三章《黃酒釀造》，中國輕工業出版社，2010年版，第 113 頁。

（三）酒的儲存

酒的儲存，是釀酒過程完成後重要的步驟。《齊民要術》卷七詳細記載了酒在夏季的儲存。因爲夏季氣溫高，容易滋生有害菌，易使成酒受到侵蝕。所以，當時人們特別重視酒在夏季的儲存。

首先，當時人們在夏季儲存酒時，特別注意調節酒甕中的溫度。《齊民要術》卷七《造神麴並酒第六十四》載，「竟夏直以單布覆甕口，斬席蓋布上，慎勿甕泥；甕泥封交即酢壞。」這反映出酒在夏季儲存時，保持酒甕和外界的通風是非常重要的。因爲夏季氣候炎熱，以單布和席子覆蓋甕口，仍然可以使酒甕內部與外界保持正常的空氣流通，使酒甕內部溫度不至於過高。如果以泥密封甕口，會阻止酒甕與外界的空氣流通，使酒甕內部溫度逐漸升高，產生酒酸的現象。

其次，當時人們還重視酒的儲存環境的選擇。《齊民要術》卷七《造神麴並酒第六十四》載河東神麴黍米酒的儲存，「地窖著酒，令酒土氣，唯連簷草屋中居之爲佳。瓦屋亦熱。」說明當時人們爲使酒在炎熱的夏季能夠長時間的儲存，保障酒的質量穩定，多選擇空氣流通條件好，並且陰涼的環境。草屋爲最佳儲存環境，因爲草屋不是屬於完全封閉的環境，草屋內外仍然可以保持正常的空氣流通。這有利於調節屋內的溫度，可以避免因儲存環境溫度過高而帶來的酒液變質的現象。地窖中過於濃厚的泥土味會影響酒的味道，不適於酒的儲存。而瓦屋則近似於全封閉的環境，特別是在炎熱的夏季，屋內溫度會逐漸升高，同樣不利於酒的儲存。酒的儲存環境的選擇，不僅影響到酒的質量，而且還與酒的儲存時間具有密切的聯繫。《齊民要術》卷七《笨麴並酒第六十六》載粟米酒，「擇取蔭屋貯置，亦得度夏。」這是因爲，蔭涼的屋子可以阻止酒甕中溫度的升高，防止酒的酸敗。

第四節　不同類型糧食酒的釀造

現選擇《齊民要術》中所記載的有代表性的神麴黍米酒、（笨麴）秦州春酒、（笨麴）穄米酎酒和女麴酒爲例進行分析。

一、用第二種神麴釀造黍米酒工藝

《齊民要術》卷七《造神麴並酒第六十四》載用第二種神麴釀造黍米酒：

造神麴黍米酒方：細剉麴，燥曝之。麴一斗，水九斗，米三石。須多作者，率以此加之。其罋大小任人耳。桑欲落時作，可得周年停。初下用米一石，次酘五斗，又四斗，又三斗，以漸待米消既酘，無令勢不相及。味足沸定爲熟。氣味雖正，沸未息者，麴勢未盡，宜更酘之；不酘則酒味苦、薄矣。得所者，酒味輕香，實勝凡麴。初釀此酒者，率多傷薄，何者？猶以凡麴之意忖度之，蓋用米既少，麴勢未盡故也，所以傷薄耳。不得令雞狗見。所以專取桑落時作者，黍必令極冷也。

現據上述記載製作「用第二種神麴釀造黍米酒工藝圖」（圖 1.3），以清晰展示用第二種神麴釀造黍米酒的過程。

圖1.3：用第二種神麴釀造黍米酒工藝圖

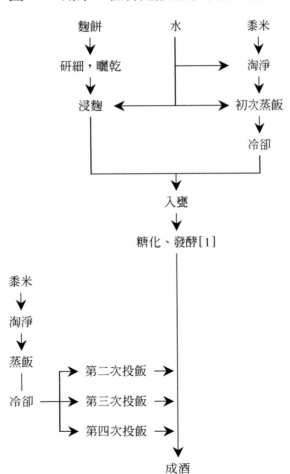

現對黍米酒釀造工藝進行如下分析：

（一）釀造時間的選擇

《齊民要術》卷七載此種酒的最佳釀造時間，「專取桑落時釀。」之所以選擇在秋末多初釀造，據學者研究，在秋末多初這一涼爽的季節，「酒飯容易攤得極冷，下釀時不致因飯溫增高酒醪的溫度」。〔註77〕表明在桑落時節釀酒，可以防止高溫釀造所引起的酒的變質。

（二）釀造操作

1. 釀造原料

關於酒麴，《齊民要術》卷七載，「細剉麴，燥曝之。」表明當時人們在初秋這一氣候還較爲溫暖的季節釀酒時，一般把成品酒麴加工成小塊狀。目的是爲了「爲了防止發酵熱時過快」。〔註78〕

關於釀造原料的比例，《齊民要術》卷七載，「麴一斗，水九斗，米三石。須多作者，率以此加之。」用麴量僅爲米的 3.3%，可見此種神麴的糖化與發酵力之高。

2. 蒸飯

《齊民要術》卷七載，「造神麴黍米酒方：……初下用米一石，次酘五斗，又四斗，又三斗，以漸待米消既酘，無令勢不相及。」表明對原料米的加工標準是將黍米直接蒸成熟米飯。

3. 攤冷米飯

《齊民要術》卷七載，「所以專取桑落時作者，黍必令極冷也。」可知，當時人們採用攤飯法，目的是使米飯在較短的時間內均勻冷卻。

4. 分批投飯——協調糖化、發酵速度

蒸熟的黍米飯在經過冷卻之後，即可分批投入麴液中，進行發酵、釀造。《齊民要術》卷七載分批投飯的標準是，「以漸待米消即酘，無令勢不相及。」即上次所投的米飯被糖化、發酵之後，要及時進行投飯。也就是精確掌握與協調糖化、發酵速度，保障發酵的進行。只有掌握好糖化與發酵速度，

〔註77〕參看〔北朝〕賈思勰著：《齊民要術》卷七《造神麴並酒第六十四》，繆啓愉、繆桂龍譯注，上海古籍出版社，2009 年版，第 419 頁。

〔註78〕參看〔後魏〕賈思勰著：《齊民要術》卷七《造神麴並酒第六十四》，繆啓愉校釋，農業出版社，1982 年版，第 374 頁。

所釀造的酒才能「酒味輕香，實勝凡麴」。如果沒有很好地掌握投飯時機，則釀造的酒「率多傷薄」。

5. 成酒的判斷——視覺判斷

《齊民要術》卷七《造神麴並酒第六十四》載觀察發酵液體表面，「味足沸定」，說明酒已經釀造成熟。如果「氣味雖正，沸未息者」，則糖化、發酵還在進行，這時宜「更酘之」，不然則「酒味苦、薄」。之所以將發酵液體表面是否呈現沸騰狀態作為判斷釀酒成熟的標準，因為在酒化的過程中，葡萄糖在轉化成酒精的同時，會產生大量的二氧化碳氣體，明顯的表現就是液體表面有氣泡冒出。「味足沸定」，反映出糖化、發酵過程已經完成。「氣味雖正，沸未息者」，表明發酵液體中還有剩餘的葡萄糖正在被酵母菌發酵。為了避免酒麴的浪費，還應繼續投入適量的米飯，直到「味足沸定」為止。

二、（笨麴）秦州春酒釀造工藝

《齊民要術》卷七《笨麴並酒第六十六》載秦州春酒釀造：

> 大率一斗麴，殺米七斗，用水四斗，率以此加減之。十七石甕，惟得釀十石米，多則溢出。作甕隨大小，依法加減。浸麴七八日，始發，便下釀。假令甕受十石米者，初下以炊米兩石為再餾黍，黍熟，以淨席薄攤令冷，塊大者擘破，然後下之。沒水而已，勿更撓勞。待至明旦，以酒杷攪之，自然解散也。初下即撓者，酒喜厚濁。下黍訖，以席蓋之。

> 以後，間一日輒更酘，皆如初下法。第二酘用米一石七斗，第三酘用米一石四斗，第四酘用米一石一斗，第五酘用米一石，第六酘、第七酘各用米九斗：計滿九石，作三五日停。嘗看之，氣味足者乃罷。若猶少味者，更酘三四斗。數日復嘗，仍未足者，更酘三二斗。數日復嘗，麴勢壯，酒仍苦者，亦可過十石米，但取味足而已，不必要止十石。然必須看候，勿使米過，過則酒甜。其七酘以前，每欲酘時，酒薄霍霍者，是麴勢盛也，酘時宜加米，與次前酘等——雖勢極盛，亦不得過次前一酘斛斗也。勢弱酒厚者，須減米三斗。勢盛不加，便為失候；勢弱不減，剛強不消。加減之間，必須存意。

現據上述記載製作「秦州春酒釀造工藝圖」（圖 1.4），以清晰展示秦州春酒的製作過程。

圖 1.4：秦州春酒釀造工藝圖

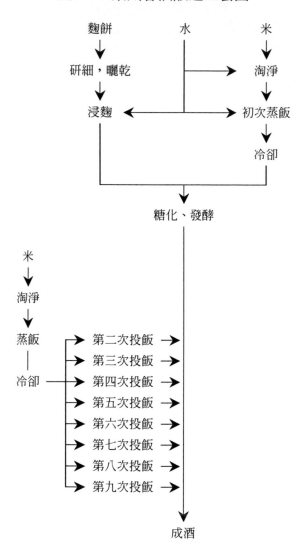

現對秦州春酒釀造工藝分析如下：

（一）釀造秦州春酒的原料比例

關於釀造所用原料比例，《齊民要術》卷七載，「大率一斗麴，殺米七斗，用水四斗，率以此加減之。」酒麴用量為米的 14.3%。可見此種酒麴的糖

化、發酵力要遠遜於神麴。

（二）釀造操作

1. 釀造用水的選擇

《齊民要術》卷七載，「以正月晦日，多收河水；井水若鹹，不堪淘米，下饋亦不得。」表明釀造秦州春酒所用最佳水源爲河水，其次爲井水。鹹水不能用於釀造。

2. 酒麴的處理

《齊民要術》卷七載，「治麴欲淨，剉麴欲細，曝麴欲乾。」可見，當時人們在釀造秦州春酒時對酒麴的處理是非常精細的。所用麴餅要整治乾淨，目的是防止有害菌侵蝕釀造過程。磨製酒麴的程度以酒麴極細爲宜，之後曬乾。因爲釀造秦州春酒是在氣溫較低的冬季，磨製極細的酒麴可以加快寒冷條件下的發酵速度，避免發酵遲緩的現象。

3. 浸麴

關於浸漬酒麴，《齊民要術》卷七載，「浸麴七八日，始發，便下釀。」可知，在氣溫較低的冬季浸漬酒麴的時間是較長的。這是因爲在氣溫較低的季節，微生物的活動受到限制。

4. 蒸飯

關於蒸飯，《齊民要術》卷七載，「浸麴七八日，始發，便下釀。假令甕受十石米者，初下以炊米兩石爲再餾黍。」「以後，間一日輒更酘，皆如初下法。」表明釀造秦州春酒時，是把原料米加工成再餾飯。再餾飯用於酒的釀造，有糖化、酒化完全、酒質清香、出酒率高的優勢。〔註79〕

5. 米飯攤冷

《齊民要術》卷七載，「黍熟，以淨席薄攤令冷，塊大者擘破，然後下之。」反映出當時人們採用攤飯法降溫、冷卻，這可以在較短的時間使米飯快速而均勻地降溫。避免被空氣中的雜菌污染。〔註80〕在攤飯的同時，要搗散米飯團，避免米飯成團。據現代釀酒原理，如果米飯成團就投入釀造，會使米飯

〔註79〕 參看〔北朝〕賈思勰著：《齊民要術》卷七《造神麴並酒第六十四》，繆啓愉、繆桂龍譯注，上海古籍出版社，2009 年版，第 430 頁。

〔註80〕 參看謝廣發：《黃酒釀造技術》第三章《黃酒釀造》，中國輕工業出版社，2010 年版，第 86 頁。

不能被充分糖化、發酵，被有害菌利用使酒生酸。〔註 81〕同時，以成團狀的米飯投入發酵釀造，會影響糖化、發酵的同時進行，也會滋生有害菌。〔註 82〕這些都會最終影響成酒的質量。

6. 投飯時機的掌握──平衡糖化、發酵速度

《齊民要術》卷七載初次投飯之後，「間一日輒更酘。」但是要根據麴勢強弱變化來確定投飯量。具體操作方式爲，「其七酘以前，每欲酘時，酒薄霍霍者，是麴勢盛也，酘時宜加米，與次前酘等──雖勢極盛，亦不得過次前一酘斛斗也。」在完成七次投飯之後，「氣味足者」說明酒已釀造成熟。如果「猶少味者」，還需要根據發酵狀態投入少量米飯，達到糖化與發酵徹底，保障酒的質量。

7. 釀酒成熟的判斷──味覺判斷

判斷秦州春酒釀造是否成熟，《齊民要術》卷七載，品嘗發酵液體的味道，「嘗看之，氣味足者乃罷」，說明釀酒已經完成。如果「猶少味者」，發酵還在進行，還應繼續投放一定數量的米飯，但是以「味足」爲標準。

三、（笨麴）秫米酎酒釀造工藝

早在西漢時期，人們就開始酎酒的釀造。《漢書》卷五《景帝紀》載「高廟酎」引張宴「正月旦作酒，八月成，名曰酎。酎之言純也。」顏師古注「酎，三重釀，醇酒也，味厚，故以薦宗廟。」由此可見，酎酒就是經過長時間的釀造，並且酒味醇釅的酒。但是，漢代的酎酒多用於宗廟祭祀，並沒有成爲人們日常的飲用酒。北朝時期人們繼承了西漢時期的釀製酎酒技術，並使酎酒成爲日常生活中的必備酒類，《齊民要術》卷七《笨麴並酒第六十六》載秫米酎酒，「得者無不傳餉親知以爲樂。」

《齊民要術》卷七《笨麴並酒第六十六》載「秫米酎酒」釀造工藝：

> 秫米酎法：淨治麴如上法。笨麴一斗，殺米六斗；神麴彌勝。用神麴者，隨麴殺多少，以意消息。麴，搗作末，下絹篩。計六斗米，用水一斗。從釀多少，率以此加之。

〔註81〕參看謝廣發：《黃酒釀造技術》第三章《黃酒釀造》，中國輕工業出版社，2010 年版，第 112 頁。

〔註82〕參看俞爲潔：《中國食料史》第四章《魏晉南北朝時期》第五節《食物的加工和貯藏》，上海古籍出版社，2011 年版，第 185 頁。

米必須𥲤，淨淘，水清乃止，即經宿浸置。明旦，碓搗作粉，稍稍
箕簸，取細者如糕粉法。粉訖，以所量水，煮少許穄粉作薄粥，自
餘粉悉於甑中乾蒸，令氣好餾，下之，攤令冷，以麴末和之，極令
調均。粥溫溫如人體時，於甕中和粉，痛抖使均柔，令相著；亦可
椎打，如椎麴法。擘破塊，內著甕中。盆合，泥封。裂則更泥，勿
令漏氣。

正月作，至五月大雨後，夜暫開看，有清中飲，還泥封。至七月，
好熟。接飲，不押。三年停之，亦不動。

現據上述記載製成「穄米酎酒釀造工藝圖」（圖 1.5），以清晰展示穄米酎酒的
釀造過程。

圖1.5：穄米酎酒釀造工藝圖

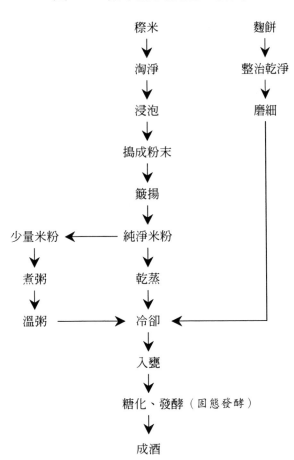

（一）原料比例

關於釀造稰米酊酒所用原料的比例，《齊民要術》卷七載，「笨麴一斗，殺米六斗……計六斗米，用水一斗。從釀多少，率以此加之。」酒麴用量爲米的 16.7%，表明此種酒麴的糖化、發酵力要遠遜於神麴。

（二）釀造操作

1. 對酒麴的加工

《齊民要術》卷七載，「麴，搗作末，下絹篩。」反映出當時人們在寒冷的冬季釀酒時，一般把酒麴加工成粉末狀，目的是加快低溫環境下的發酵速度，避免發酵遲緩的現象。

2. 對原料米的加工

關於釀造稰米酊酒時加工原料米，《齊民要術》卷七載，「米必須師，淨淘，水清乃止，即經宿浸置。明旦，碓搗作粉，稍稍箕簸，取細者如糕粉法。粉訖，以所量水，煮少許稰粉作薄粥，自餘粉悉於甑中乾蒸，令氣好餾，下之，攤令冷，以麴末和之，極令調均。」表明當時釀造稰米酊酒時對原料米的加工明顯不同於前述釀造神麴黍米酒和笨麴秦州春酒的加工原料米方式。首先，稰米經過舂白、淘淨之後，在水裏浸漬一夜。其次，將經過浸漬的原料米在碓裏搗成粉末，之後用簸箕簸揚。第三，將稰米粉放入甑中進行乾蒸，乾蒸的程度以蒸汽餾透爲宜。之後用攤飯法將其冷卻。最後，取少量稰米粉，煮成稀粥。之後進行冷卻，以人的體溫爲標準。

3. 原料混合、入甕

關於釀酒原料的混合、入甕，《齊民要術》卷七載，「粥溫溫如人體時，於甕中和粉，痛抨使均柔，令相著；亦可椎打，如椎麴法。擘破塊，內著甕中。盆合，泥封。裂則更泥，勿令漏氣。」可見，原料的入甕方式爲將經過乾蒸、冷卻的稰米粉與酒麴末混合攪拌均勻，放入酒甕。再將冷卻到人體體溫的稀粥放入酒甕與上述原料混合，之後抨搗，防止黏塊出現。這反映出釀造稰米酊酒時的原料入甕方式與前述神麴黍米酒、笨麴秦州春酒的分批投放米飯方式存在明顯的不同。

宋代《酒經》卷下「用麴」載，「古法先浸麴，發如魚眼湯。淨淘米，炊作飯，令極冷。以絹袋濾去麴滓，取麴汁於甕中，即投飯。近世不然，炊冷，飯同麴搜拌入甕。」表明北朝時期人們所採用的浸麴和投飯方式，多爲《酒

經》所述「古法」。這反映出酒麴和酒飯相混合入甕釀造的方式在北朝時期還沒有普遍。

4. 糖化、發酵釀造

據前述神麴黍米酒、笨麴秦州春酒的釀造工藝，都是先浸麴，待麴中黴菌和酵母菌等微生物處於活躍狀態後，然後根據麴勢多次投飯，進行糖化、發酵。這屬於半固態的發酵釀造。而穄米酎酒的投料則明顯不同。據前引記載可知，穄米酎酒在釀造過程中，採用原料一次入甕的方式，進行長時間的糖化、發酵。

根據釀造所用的原料比例，穄米酎酒的發酵釀造屬於固態釀造方式。由於整個釀造過程是在長時間的密封環境下進行的，這屬於無氧釀造。據現代釀酒原理，無氧環境有利於酒麴中微生物糖化、發酵力的發揮。〔註83〕由於穄米酎酒的釀造時間長達七個月，在這較長的時間內，糖化、發酵完全，酒精的含量自然會逐漸提高。因而造就了此種酒口感醇烈的品質。《齊民要術》卷七《笨麴並酒第六十六》載，「酒色似麻油，甚釅。先能飲好酒一斗者，唯禁得升半。飲三升，大醉。」反映出穄米酎酒的酒精含量遠高於當時的普通糧食酒。據學者研究，穄米酎酒酒精含量高，應和當時人們培育出耐高濃度酒精的微生物菌有關。〔註84〕

四、女麴酒釀造工藝

《齊民要術》卷九《作菹、藏生菜法第八十八》載女麴酒的釀造：

> 釀瓜菹酒法：秫稻米一石，麥麴成剉隆隆二斗，女麴成剉平一斗。
>
> 釀法：須消化，復以五升米酘之；消化，復以五升米酘之。再酘酒
> 熟，則用，不迮出。

據上述記載現製作「女麴酒釀造工藝圖」（圖1.6），以清晰展示女麴酒的釀造過程。

〔註83〕朱寶鏞、章克昌在《中國酒經・酒史篇》第三章《歷代釀酒技術》中分析酎酒的釀造，「由於基本上隔絕了外來氧氣的介入，發酵始終處於厭氧狀態，有利於酒精發酵。」

〔註84〕李亞東在《中國古代釀酒專家賈思勰與釀酒技術》一文中分析，「當酒精達到一定濃度時，就會抑制酵母菌的繁殖，最終停止發酵，因而尋找能在較高酒精濃度下繼續活動的菌種，是一個重要的科研課題。賈思勰記述了一種釀酒法，可以得到比普通酒濃度高得多的酒……這或許反映出當時已培養出可在較高酒精濃度中繼續繁殖的菌種。」

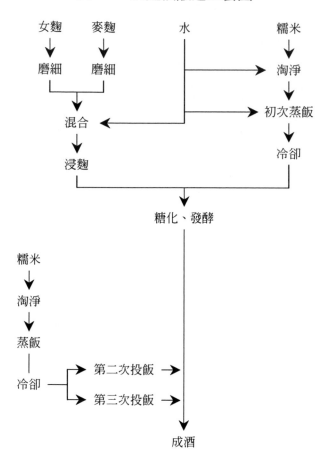

圖 1.6：女麴酒釀造工藝圖

（一）釀造原料比例

《齊民要術》卷九載釀造女麴酒所需原料比例，「秫稻米一石，麥麴成剉
隆隆二斗，女麴成剉平一斗。釀法：須消化，復以五升米酘之；消化，復以
五升米酘之。再酘酒熟。」表明女麴用量為米的 5%。

（二）釀造操作

1. 原料處理

《齊民要術》卷九載對酒麴的處理，「麥麴成剉隆隆二斗，女麴成剉平一
斗。」反映出女麴酒在釀造過程中，是以女麴和麥麴作為糖化、發酵劑。

2. 投飯

《齊民要術》卷九載，「釀法：須消化，復以五升米酘之；消化，復以五

升米酘之。再酘酒熟。」可見釀造女麴酒時的投飯標準是根據麴勢的變化。進行這一操作的目的是爲了更好地調節糖化與發酵的速度。人們在釀造女麴酒時採用定量投飯法，投飯三次之後，酒即可視爲成熟。

第五節　關於北朝時期的高度酒及有無蒸餾酒的探討

製作蒸餾酒，就是利用酒精和水的沸點不同（酒精沸點爲 78.5℃，水沸點爲 100℃），將發酵液體加熱至 78.5℃至 100℃之間，將酒精從發酵液體中蒸餾出。然後蒸酒氣體冷卻成液體。這即可以去除酒中的雜質，又可以蒸發酒中的水分，提高酒精濃度。所以，蒸餾是提高酒精濃度的最佳方式。而北朝時期也出現了酒精度數較高的酒，但是這些酒是否是蒸餾酒，需要深入研究。

一、關於北朝時期的高度酒

北朝時期釀造的酒，多數酒精度數較低。通過當時人們驚人的酒量便可看出。北魏文成帝時期的劉藻，「飲酒至一石不亂」。〔註85〕孝明帝時期的楊元愼，「性嗜酒，飲至一石，神不亂」。〔註86〕北周時期的裴政「能飲酒，至數斗不亂」。〔註87〕飲酒數斗乃至一石不醉，反映出當時多數酒的酒精度數必定較低。但是當時也出現了一些度數較高的酒。《齊民要術》卷七《笨麴並酒第六十六》載穄米酎酒，「酒色似麻油，甚釅。先能飲好酒一斗者，唯禁得升半。飲三升，大醉。三升不澆，必死。」《齊民要術》卷七《笨麴並酒第六十六》載黍米酎酒，「芬香美釅，皆亦相似。」飲用一升半即達到極限，飲用三升就爛醉如泥甚至醉死，像這樣的描述在北朝時期的記載中是很少見的，和當時人們的豪飲形成鮮明對比。這直接說明酒的酒精度數明顯提高后，不宜過量飲高度酒的現實。像穄米酎酒和黍米酎酒度數之高，一方面是因爲當時人們採用了有利於酒精發酵的厭氧發酵技術；另一方面，據學者研究，應和「當時已經培養出可在較高酒精濃度中繼續繁殖的菌種」〔註88〕有關。除穄

〔註85〕　《魏書》卷七〇《劉藻傳》，第 1549 頁。
〔註86〕　參看〔東魏〕楊玄之著：《洛陽伽藍記》卷二《城東》，范祥雍校注，上海古籍出版社，1978 年版，第 120 頁。
〔註87〕　《北史》卷七七《裴政傳》，第 2612 頁。
〔註88〕　參看李亞東：《中國古代釀酒專家賈思勰與釀酒技術》，載《釀酒科技》，1984年第 2 期，第 25 頁。

米酎酒和黍米酎酒之外，當時的高度酒還有白墮酒。《洛陽伽藍記》卷四《城西》載，「河東人劉白墮善能釀酒。季夏六月，時暑赫晞，以甖貯酒，暴於日中，經一旬，其酒不動，飲之香美而醉，經月不醒。」據學者研究，白墮酒酒精度數之高，是由於當時人們採用了日暴法。原理是利用暴曬所產生的高溫，促使成酒中水分的蒸發，提高酒精濃度。〔註89〕

二、關於北朝時期有無蒸餾酒的探討

中國古代已有蒸餾酒，但是，關於中國古代蒸餾酒的起源問題，目前學界有很大的分歧，大體有東漢說、北朝說、唐代說、宋代說、西夏說、金代說和元代說七種結論。（關於學界對中國古代蒸餾酒起源的觀點，見本章附表6）現根據《齊民要術》中的相關記載，同時參考學者的研究成果，就北朝時期有無蒸餾酒的問題進行簡要分析。

孟乃昌持蒸餾酒起源於北朝說。孟乃昌根據其所見的《齊民要術》中穄米酎酒「能飲好酒一斗者，唯禁得半升」這一記載，認爲此種酒具有「20 倍的效力」，所以應爲蒸餾酒。〔註90〕但是筆者所見《叢書集成》本及《齊民要術譯注》、《齊民要術校釋》這兩個整理本中關於穄米酎酒的記載均爲「能飲好酒一斗者，唯禁得升半」。可見，孟乃昌所依據的是錯誤版本的《齊民要術》。所以，其關於穄米酎酒和黍米酎酒爲蒸餾酒的判斷不足信。除此之外，根據人們飲酒量來判斷酒的酒精度數的高低是比較可信的，但是若單純地依據飲酒量來直接判斷是否出現蒸餾酒就顯得牽強附會了。按《說文解字》釋「酎」爲「三重醇酒」。可見，酎酒爲經過長時間發酵釀造的酒精濃度較高的酒。據前面關於北朝時期釀酒的論述可知，經過長時間、多次的糖化與發酵，固然有利於提高發酵液體中酒精的含量，但是，在當時生產技術有限的條件下，大幅度提高酒精含量卻是十分困難的。有學者對孟乃昌認爲北朝時期的酎酒就是蒸餾酒這一觀點提出質疑。臺灣學者劉廣定研究，自漢至宋代的酎酒，酒精含量固然比一般酒較高，但是酒精含量至多「接近百分之十」。〔註91〕因

〔註89〕 參看江玉祥：《唐代劍南道春酒史實考》，載《四川大學學報》（哲學社會科學版），1999 年第 4 期，第 77 頁。

〔註90〕 參看孟乃昌：《中國蒸餾酒年代考》，載《中國科技史料》，1985 年第 6 期，第 35～36 頁。

〔註91〕 參看劉廣定：《元代以前中國蒸餾酒的問題》// 中國科技史論文集編輯小組：《中國科技史論文集》，臺北：聯經出版事業公司，1995 年版，第 211 頁。

此，劉廣定認爲孟乃昌對北朝時期酎酒爲蒸餾酒的判斷並不正確。孟乃昌同時認爲《洛陽伽藍記》中所載「季夏六月，時暑赫晞，以甖貯酒，暴於日中，經一旬，其酒不動，飲之香美而醉，經月不醒」的白墮酒也是蒸餾酒。〔註92〕最終得出「東漢與晉的高濃度酒都只是在煉丹家活動範圍內製備和應用的，和南北朝以及唐作爲商品是不同的」這一結論。〔註93〕依據前面論述可知，白墮酒酒精度數的提高，是由於人們採用日暴法而非蒸餾法。李約瑟根據《齊民要術》所記載的北朝時期釀酒原料比例，認爲當時酒的酒精含量約在6%～13%之間，《洛陽伽藍記》所載的白墮酒「與《齊民要術》中描述的優質酒一樣，酒精含量一定高於11%」。〔註94〕有學者研究認爲，中國古代經過多次糖化、發酵釀造的酒的酒精度數「大致上限無法突破20度」。〔註95〕據此，白墮酒的酒精含量應在11%～19%之間。而酒精含量是否超過20%是現代判斷蒸餾酒的基本技術標準。〔註96〕同時有學者指出，現代「蒸餾提純」這一先進的蒸餾方法，是使酒精含量突破50%的不二法門；〔註97〕蒸餾酒技術發展的元代，第一次蒸餾酒的酒精度數就能達到40度，第二次蒸餾，酒精度數能達到50度以上。〔註98〕這是指多次蒸餾而言。可知，酒精含量是否達到20%，是判斷某種酒是否爲蒸餾酒的可靠標準。所以，《洛陽伽藍記》中所載白墮酒只是酒精度數稍微高於同時期其他普通酒，並非蒸餾酒。

〔註92〕 參看孟乃昌：《中國蒸餾酒年代考》，載《中國科技史料》，1985年第6期，第35頁。

〔註93〕 參看孟乃昌：《中國蒸餾酒年代考》，載《中國科技史料》，1985年第6期，第37頁。

〔註94〕 參看李約瑟，主編：《中國科學技術史》第六卷《生物學及相關技術》第五分冊《發酵與食品科學》第四十章《生物化學技術》，科學出版社、上海古籍出版社，2008年版，第145頁。

〔註95〕 參看〔宋〕竇苹著：《酒譜》內篇《酒之名》編著者注釋，石祥編著，中華書局，2010年版，第24頁。

〔註96〕 章克昌在《酒精與蒸餾酒工藝學》中論述，「凡用水果、乳類、糖類、穀物等原料，經過酵母菌發酵後，蒸餾得到無色、透明的液體，再經過陳釀和調配，製成透明的、含酒精濃度大於20%（V/V）的酒精性飲料，稱做『蒸餾酒』。」由此可見，現代一般蒸餾技術，能使成品酒的酒精含量至少達到20%。如果想要得到更高度數的蒸餾酒，還要採用提純等更先進的蒸餾方法。

〔註97〕 參看〔宋〕竇苹著：《酒譜》內篇《酒之名》編著者注釋，石祥編著，中華書局，2010年版，第24頁。

〔註98〕 參看崔利：《從元代〈縶刺機酒賦〉看中國蒸餾酒起源》，載《釀酒》，2011年第1期，第96頁。

據以上分析可知：

從釀酒技術的發展方面而言。北朝時期高度酒的出現，和當時人們在釀酒過程中採用壓養發酵技術，並培育出可在較高濃度酒精中繁殖的微生物菌種；同時在釀造過程結束後採用日暴法有關。據學者研究，在中國古代「蒸餾酒發明之前」能有效提高酒的酒精含量的方法為「日暴法」和「火燒法」。〔註99〕可見，北朝時期釀酒技術還沒有達到生產蒸餾酒的水平。

從當時酒的酒精度數而論。據前引學者關於北朝時期酒的酒精含量的推測可知，當時多數酒的酒精含量在 10%左右。即使是當時人們認為是高度酒的酎酒和白墮酒，酒精含量也沒有超過 20%。這和「酒精濃度大於 20%」這一判斷蒸餾酒的標準有一定差距。所以，從學者關於北朝時期酒的酒精含量的推測而言，當時還沒有出現蒸餾酒。

除此之外，目前還沒有出土北朝時期蒸餾酒器。所以，據上述分析可知，北朝時期還沒有蒸餾酒的技術。

第六節　綜論北朝時期製麴、釀酒技術的進步

一、製麴技術的進步

北朝時期製酒麴技術的進步，主要表現在以下幾個方面：

首先，製麴所用原料更加廣泛，促進了當時酒麴種類的增多。北朝時期製麴所用原料與漢代相比更加廣泛。漢代揚雄在《方言》中所述漢代的酒麴有，「籹，䴷，䴢，䴺，䴸，䵃，䵄」。東晉郭璞注釋其中的「䴸」、「䵄」為麥麴。〔註100〕另據學者研究，「䴢」、「䴷」也是以麥為原料製成的酒麴。〔註101〕由此可見，漢代製麴以麥為主要原料，酒麴有一大類七種。而到了北朝，據前面有關製麴技術的論述可知，當時人們製麴除了用麥之外，還用穀子、糯米。以穀子製麴的有白墮麴，《齊民要術》卷七《法酒第六十七》載，「大州白墮麴方餅法：穀三石：蒸兩石，生一石，別磑之令細，然後合和之

〔註99〕參看江玉祥：《唐代劍南道春酒史實考》，載《四川大學學報》（哲學社會科學版），1999 年第 4 期，第 77～78 頁。

〔註100〕參看〔漢〕揚雄著：《方言》卷一三，華學誠彙證，中華書局，2006 年版，第 992～993 頁。

〔註101〕參看洪光住：《中國釀酒科技發展史》第一篇《釀造黃酒科技發展史》第五章《釀造黃酒工藝發展史》，中國輕工業出版社，2001 年版，第 102 頁。

也。」以糯米製麴的有女麴，《齊民要術》卷九《作菹、藏生菜法第八十八》
載，「女麴：秫稻米三斗，淨淅，炊爲飯——軟炊。停令極冷，以麴範中用手
餅之。以青蒿上下奄之，置牀上，如作麥麴法。」北朝時期製麴所用原料的
廣泛促進了酒麴種類的增多，這一時期酒麴有三大類十種。反映出北朝時期
酒麴種類明顯多於漢代。當時釀酒形成了以應用麥麴爲主，穀物麴和糯米麴
爲輔的格局。

其次，當時確立了科學的酒麴分類原則。自揚雄在《方言》中詳細記載
漢代酒麴種類，到宋代朱肱在《酒經》中以酒麴製作方法〔註102〕爲標準對宋
代酒麴種類進行系統研究這一段時間，對種類繁多的酒麴確立科學的分類原
則、進行系統的對比研究，只有北朝時期的賈思勰。賈思勰在《齊民要術》
中根據酒麴糖化與發酵力的強與弱，把酒麴分爲神麴、白醪麴、笨麴、白墮
麴和女麴五大種類。《齊民要術》卷七《造神麴並酒第六十四》載，「又造神
麴法」，「此麴一斗，殺米三石；笨麴一斗，殺米六斗。」明確指出當時以酒
麴發酵力的不同來劃分酒麴。

第三，北朝時期的製麴技術與漢代相比，有了很大提高。體現在對製麴
原料的加工和酒麴培養方面。

對製麴原料的加工。關於漢代製麴，《四民月令》載，「（六月）是月二十
日，可擇小麥磑之；至二十八日溲，寢臥之；至七月七日，當以作麴。」「七
月。四日，命治麴室，具簿、梓、槌，取淨艾。六日，饌治五穀、磨具。七日，
遂作麴。」表明漢代只是單一採用生料製麴。而北朝時期人們製麴時，對原
料的加工與漢代相比則大不相同。據前述製麴技術可知，北朝時期人們製麴
採用生、熟原料相混合的方式。採用生、熟原料相拌的方式製麴，有利於促
進多種微生物菌的繁殖。〔註103〕最終有利於酒麴質量的提高。顯然，只採用
單一原料製成的酒麴，微生物菌的繁殖旺盛程度必然不如經過生熟原料混合
這一方式製成的酒麴。由此可見，北朝時期人們製麴時所採用的加工原料方
式是遠超越於漢代的。

〔註102〕《酒經》卷中載，「頓遞祠祭麴、香泉麴、香桂麴、杏仁麴，已上罨麴。」「瑤
　　　　泉麴、金波麴、滑臺麴、豆花麴，已上風麴。」「玉友麴、白醪麴、小酒麴、
　　　　眞一麴、蓮子麴，已上曝麴。」可見，朱肱以酒麴的培養方式爲標準，將宋
　　　　代酒麴分爲罨麴、風麴和曝麴三大類。
〔註103〕參看洪光住：《中國釀酒科技發展史》第一篇《釀造黃酒科技發展史》第四章
　　　　《製黃酒麴藥科技發展史》，中國輕工業出版社，2001年版，第75頁。

酒麴培養方面。據《四民月令》中記載可知，漢代人們在酒麴培養過程中並沒有採取多次翻置酒麴這一步驟。〔註104〕而北朝時期人們在酒麴培養過程中，每隔一定時間，就要對酒麴進行翻置。這有利於酒麴中水分和熱量均勻的散發，微生物菌均勻、旺盛繁殖，最終促進酒麴質量的提高。這表明，北朝時期人們培養酒麴的方式是優於漢代的。

第四，由於北朝時期的製麴技術超越於漢代，所以，當時酒麴質量與漢代相比，有了顯著的提高。釀酒過程中酒麴的使用量呈現出逐漸減少的趨勢，是當時酒麴質量提高的顯著表現。《齊民要術》卷七《造神麴並酒第六十四》載第二種神麴，「此麴一斗，殺米三石；笨麴一斗，殺米六斗：省費懸絕如此。」同時據附表1可知，當時各種神麴用量為原料的2%～5.8%，即使是糖化與發酵力遠遜色於神麴的笨麴，使用量一般也僅為原料的10%～16.7%。而兩漢時期釀酒中酒麴的使用量則要遠大於此。《漢書》卷二四《食貨志》載，「一釀用粗米二斛，麴一斛，得成酒六斛六斗。」懸泉漢簡中《元康五年懸泉置過長羅侯費用冊》載懸泉地區釀酒情況，「出麴三石，以治酒六釀」。〔註105〕表明兩漢時期釀酒中，用麴量為原料的50%。由此可知，北朝時期酒麴的質量要高於漢代。

第五，當時人們對酒麴在保溫、育菌過程中的微生物生長繁殖規律已有了精確的掌握，並將微生物繁殖狀態與酒麴成熟的標準緊密聯繫起來。當時人們所掌握的製作酒麴中的微生物繁殖經驗還對後代製麴產生影響。這是北朝時期製麴技術進步的核心。

關於酒麴在保溫、育菌過程中的微生物繁殖規律，《齊民要術》卷七《造神麴並酒第六十四》載第一種神麴，「其房欲得板戶，密泥塗之，勿令風入。至七日開，當處翻之，還令泥戶。至二七日，聚麴，還令塗戶，莫使風入。至三七日，出之，盛著甕中，塗頭。至四七日，穿孔，繩貫，日中曝，欲得使乾，然後內之。」《齊民要術》卷七《造神麴並酒第六十四》載第二種神麴，「淨掃東向開戶屋，布麴餅於地，閉塞窗戶，密泥縫隙，勿令通風。滿七日翻之，二七日聚之，皆還密泥。三七日出外，日中曝令燥，麴成矣。」由此可知，當時人們以「三七日」作為酒麴保溫、育菌過程的一般標準。據現代

〔註104〕參看〔東漢〕崔寔著：《四民月令》，繆啟愉輯釋，農業出版社，1981年版，第76頁。

〔註105〕參看郝樹聲、張德芳：《懸泉漢簡研究》第七章《冊書彙釋》，甘肅文化出版社，2009年版，第261頁。

酒麴保溫、育菌原理過程，這三個「七日」分別是酵母菌等微生物的細胞出芽、發育與成熟階段。〔註106〕而當時人們對酒麴保溫、育菌種的操作，與現代酒麴保溫育菌原理、過程大體相符，這反映出當時人們對微生物菌的繁殖規律已有了精確的掌握。

關於微生物菌繁殖狀態與酒麴成熟之間的關係，《齊民要術》卷七《笨麴並酒第六十六》載秦州春酒麴的培養，「三七日麴成。打破，看餅內乾燥，五色衣成，便出曝之；如餅中未燥，五色衣未成，更停三五日，然後出。」《齊民要術》卷九《作菹、藏生菜法第八十八》載女麴的培養，「以青蒿上下奄之，置牀上，如作麥麴法。三七二十一日，開看，遍有黃衣則止。三七日無衣，乃停，要須衣遍乃止。出，日中曝之。燥則用。」「五色衣」、「黃衣」主要指「黴菌分生孢子和酵母菌、細菌菌落色素顏色」。〔註107〕以此作為判斷酒麴成熟、酒麴質量的標準，表明當時人們已認識到微生物菌狀態與酒麴性狀之間的緊密聯繫。後代人仍然用這個標準來判斷酒麴培養是否成熟，宋代人朱肱在《酒經》中描述，「心內黃白或上面有花衣，乃是好麴」。〔註108〕可見北朝時期製麴技術對後代的影響。

二、釀酒技術進步的表現

北朝時期釀酒技術的進步，首先表現在當時日常飲用酒種類與漢代相比，明顯增多。

以釀酒原料而論，漢代日常飲用酒，有糧食酒、植物酒、水果酒和馬奶酒四大類十八種。〔註109〕而北朝時期酒的種類則遠多於漢代。

據前面關於北朝時期酒的種類的論述，這一時期的日常飲用酒共有糧食酒、植物調製酒和水果酒三大類四十六種。雖然北朝時期未見有馬奶酒的記載，但是糧食酒、植物調製酒和水果酒的品種要多於漢代。如糧食酒就有黍

〔註106〕參看楊勇：《試論〈齊民要術〉中的我國古代製麴、釀酒發酵技術》，載《西北農學院學報》（自然科學版），1985年第4期，第58頁。

〔註107〕參看楊勇：《試論〈齊民要術〉中的我國古代製麴、釀酒發酵技術》，載《西北農學院學報》（自然科學版），1985年第4期，第59頁。

〔註108〕參看〔宋〕朱肱著：《酒經》，宋一明、李豔譯注，上海古籍出版社，2010年版，第20頁。

〔註109〕參看徐海榮主編：《中國飲食史》第二卷第六編《秦漢時期的飲食》第一章《秦漢時期食物的基本構成》，華夏出版社，1999年版，第466～469頁。
余華青、張廷皓：《漢代釀酒業探討》，載《歷史研究》，1980年第5期，第102～103頁。

米酒、秫米酒、稻米酒、粟米酒、穄米酒和粱米酒六類四十一個品種，比漢代多出近三十個品種。

以釀酒所用酒麴而論，據前引《四民月令》、《方言》，及學者關於漢代酒的研究可知，漢代人們只是以麥麴釀酒，當時人們對酒麴的發酵力並沒有深入的認識，沒有根據酒麴的發酵力對酒麴進行分類。所以，漢代的酒只是單一的麥麴酒。

據前面關於北朝時期酒麴種類的論述，這一時期有麥麴、穀物麴和糯米麴三類酒麴，所以，若以釀酒所用酒麴種類而論，當時的酒有麥麴酒、穀物麴酒和糯米麴酒三大類。北朝時期人們還根據酒麴發酵力的不同對酒麴分類，若以釀酒所用不同發酵力的酒麴而言，當時的酒有神麴酒、白醪麴酒、笨麴酒、白墮麴酒和女麴酒五大類。

以酒味而言，北朝時期的酒有醇釅、清香、甘甜型之分。其中以醇釅型酒最爲貴重，最受人們歡迎。最具代表的有粱米酒，「薑辛、桂辣、蜜甜、膽苦，悉在其中，芬芳酷烈」。〔註110〕穄米酎酒，「酒色似麻油，甚釅」。〔註111〕清香型酒有用第一種神麴釀造的黍米酒，「酒味輕香」。〔註112〕甘甜型酒以「酒甘如乳」〔註113〕的白醪酒爲代表。據《齊民要術》所載，這一時期的酒以清香、甘甜型爲主，醇釅型酒則較爲稀少。正因爲口感醇釅的酒釀造時間長、產量少、工藝複雜，所以，此種酒才堪稱是當時佳釀，受到眾人歡迎。而漢代酒的口感，據《漢書》、《後漢書》記載及學者研究，〔註114〕以清香、甘甜爲主，尚未出現醇釅型口感的酒。

綜上可見，無論是從釀酒所用原料、酒麴而言，還是以酒味而論，北朝時期酒的種類是遠多於漢代的。而北朝時期酒的種類的豐富，正是當時製麴、釀酒技術發展的直接體現。

〔註110〕參看〔北朝〕賈思勰著：《齊民要術》卷七《笨麴並酒第六十六》，繆啓愉、繆桂龍譯注，上海古籍出版社，2009 年版，第 442 頁。

〔註111〕參看〔北朝〕賈思勰著：《齊民要術》卷七《笨麴並酒第六十六》，繆啓愉、繆桂龍譯注，上海古籍出版社，2009 年版，第 443 頁。

〔註112〕參看〔北朝〕賈思勰著：《齊民要術》卷七《造神麴並酒第六十四》，繆啓愉、繆桂龍譯注，上海古籍出版社，2009 年版，第 419 頁。

〔註113〕參看〔北朝〕賈思勰著：《齊民要術》卷七《笨麴並酒第六十六》，繆啓愉、繆桂龍譯注，上海古籍出版社，2009 年版，第 449 頁。

〔註114〕參看余華青、張廷皓：《漢代釀酒業探討》，載《歷史研究》，1980 年第 5 期，第 103～104 頁。

　　第二，當時人們對釀酒所用原料的比例，既有較爲精確的量化標準，又有靈活的掌握。《齊民要術》卷七《造神麴並酒第六十四》載用第三種神麴釀造粳米醪，「春月釀之。燥麴一斗，用水七斗，粳米兩石四斗。」同書卷七《造神麴並酒第六十四》載用第四種神麴釀造黍米酒，「大率麴一斗，春用水八斗，秋用水七斗；秋殺米三石，春殺米四石。」同書卷七《笨麴並酒第六十六》載釀造河東頤白酒，「麴一斗，熟水三斗，黍米七斗。麴殺多少，各隨門法。」由此可見，當時人們不僅較爲精確地掌握了釀酒所用原料比例，而且，根據季節的變化靈活掌握釀酒原料比例。這反映出當時人們注意到隨季節的變化而變化的溫度對酒麴發酵的影響。

　　第三，當時人們對釀酒過程中出現的現象，有合理的認識和應對措施。《齊民要術》卷七《造神麴並酒第六十四》載第二種神麴黍米酒，「味足沸定爲熟。氣味雖正，沸未息者，麴勢未盡，宜更酘之；不酘則酒味苦、薄矣。」第四種神麴黍米酒，「酒冷沸止，米有不消者，便是麴勢盡。」據前述釀酒原理，在酒精生成的同時，還有二氧化碳氣體的產生和熱量的釋放。所以，發酵液體表面有氣泡冒出，呈現沸騰的狀態，同時發酵液體帶有溫度。當不再有二氧化碳氣體產生和熱量的釋放，發酵過程完成。當時人們認爲發酵液體表面無「沸騰」狀態、發酵液體無熱量是酒已釀造成熟的表現，反之酒還沒有成熟，還需繼續投入適量的米飯。這種認識完全符合現代釀酒原理。

　　第四，北朝時期雖然繼承了漢代釀酒中的連續、分批投飯法。但是在投飯時間及投飯的數量與次數方面，與漢代相比，則體現出明顯的靈活性。而且，當時人們對投飯時機的掌握與酒的質量之間關係的認識還影響到後代。

　　《齊民要術》卷七《笨麴並酒第六十六》載漢代釀酒中的投飯，「魏武帝上九醞酒法，奏曰：『臣縣故令九醞春酒法：用麴三十斤，流水五石，臘月二日漬麴。正月凍解，用好稻米，漉去麴滓便釀。法引曰：『譬諸蟲，雖久多完。』三日一釀，滿九石米止。臣得法，釀之常善。其上清，滓亦可飲。若以九醞苦，難飲，增爲十釀，易飲不病。」反映出漢代人們釀酒採用分批、等量投放米飯的方式。據前述關於分批投飯可知，分批投放米飯可以使糖化、發酵漸進進行，有利於控制發酵過程中的溫度，保障發酵的順利進行。如果根據酒麴發酵力的變化分批投放數量不同的米飯，會充分利用酒麴、促進酒的質量的提高。所以，有學者認爲，漢代釀酒中分批等量投放米飯，只

是使發酵液體「保持一定濃度的糖份，造成酵母菌充分發酵的有利條件」，
〔註 115〕只能使酒具有一定醇厚氣味，並不能最終保障成酒的質量。北朝時期
人們在釀酒中投飯的數量、次數則是依據酒麴發酵力的變化而定。《齊民要
術》卷七《造神麴並酒第六十四》載第四種神麴黍米酒，「初下釀，用黍米四
斗……一宿、再宿，候米消，更酘六斗。第三酘用米或七八斗。第四、第
五、第六酘，用米多少，皆候麴勢強弱加減之，亦無定法。或再宿一酘，三
宿一酘，無定準，惟須消化乃酘之。」同書卷七《造神麴並酒第六十四》載
河東神麴黍米酒，「初下釀，止用米一石……次酘八斗，次酘七斗，皆須候麴
蘗強弱增減耳，亦無定數。」明確表明北朝時期人們在投飯時機、投飯的數
量與次數的掌握上，要遠超越於漢代。依據酒麴發酵力的變化來決定投飯的
時機、數量、次數，可以避免酒麴的浪費、投飯過早或者過晚所引起的酒
甜、酒酸的問題。

北朝時期人們認為投飯時機與酒的質量之間的關係，「以漸待米消既酘，
無令勢不相及。味足沸定為熟。氣味雖正，沸未息者，麴勢未盡，宜更酘
之；不酘則酒味苦、薄矣。得所者，酒味輕香，實勝凡麴」。〔註 116〕也就是
說，根據酒麴發酵力的變化靈活掌握投飯時機、投飯次數與數量，是提高成
酒酒精含量與酒質的重要因素。這一認識對後代的釀酒投飯產生重要影響。
在宋代《酒經》所論述的釀酒過程中，根據酒麴發酵力的變化而靈活掌握投
飯時機就佔有重要地位。「投醹最要廝應，不可過，不可不及。腳熱發緊，不
分摘開，發過無力方投，非特酒味薄，不醇美，兼麴末少，咬甜蘗不住，頭
腳不廝應，多致味酸。若腳嫩力小，酘早，甜蘗冷不能發脫，折斷多致涎
慢，酒人謂之『攧了』」。〔註 117〕由此可見，宋代人對投飯時機與酒的質量之
間關係的認識，當承襲於北朝時期。

第五，當時最早應用酸漿技術和微生物連續接種技術。前面已經論述過
酸漿技術，這裏主要分析微生物接種技術。《齊民要術》卷七《笨麴並酒第六十
六》載，「作粟米爐酒法」，「大率米一石，殺，麴末一斗，春酒糟末一斗，粟

〔註 115〕參看余華青、張廷皓：《漢代釀酒業探討》，載《歷史研究》，1980 年第 4 期，
第 101 頁。
〔註 116〕參看〔北朝〕賈思勰著：《齊民要術》卷七《造神麴並酒第六十四》，繆啓愉、
繆桂龍譯注，上海古籍出版社，2009 年版，第 418～419 頁。
〔註 117〕參看〔宋〕朱肱著：《酒經》卷下，宋一明、李豔譯注，上海古籍出版社，2010
年版，第 70 頁。

米飯五斗。」有學者研究，「春酒糟末」應是接種微生物的「乾酵」。〔註118〕

　　第六，高度酒的出現，也是當時釀酒技術進步的表現。關於當時出現高度酒的原因，前面有詳細論述，這裏不再贅言。

　　總之，酒麴品種的增加、酒麴質量的提高、人們對酒麴培養中微生物繁殖規律的認識、酒的種類的增多、高度酒的出現、人們對釀酒所用原料精確而靈活的掌握、對釀酒中出現的現象的合理認識、最早使用酸漿和微生物接種技術，是當時製麴、釀酒技術進步的鮮明體現。

附表 1：《齊民要術》所載北朝時期糧食酒種類表

酒的名稱	釀造所用酒麴	酒麴與原料米比例	水與原料米的比例	釀造所用輔料	釀造時間	投飯次數	成酒特點
秫米酒	第一種神麴	0.048:1				4 次	
黍米酒		0.048:1				4 次	
糯　米		0.056:1				3 次	
黍米酒	第二種神麴	0.033:1	0.3:1			4 次以上	「得所者，酒味輕香，實勝凡麴」。
黍米酒	第三種神麴	0.05:1	0.4:1			3 次以上	
粳米醪		0.042:1	0.269:1～0.292:1		春季	3～4 次	
春釀酒	第四種神麴	0.025:1	0.2:1		春季	6 次以上	
秋釀酒		0.033:1	0.233:1		秋季	6 次以上	
黍米酒	河東神麴	0.1:1（？）根據《齊民要術》記載，應為 0.02:1			十月釀造是上好時令，正月釀造是中等時令	春釀，8～9 次。秋釀，6～7 次。	
白醪酒	白醪麴	0.1:1	0.6:1	酸漿	四月至七月	3 次	
春　酒	秦州春酒麴	0.143:1	0.571:1		春季	7 次以上	
頤　酒	頤麴	0.143:1	0.571:1		秋季	7 次以上	

〔註118〕參看〔北朝〕賈思勰著：《齊民要術》卷七《笨麴並酒第六十六》，繆啓愉、繆桂龍譯注，上海古籍出版社，2009 年版，第 445 頁。

河東頤白酒		0.143:1	0.429:1		六月至七月	2 次	「酒氣香美，乃勝桑落時作者」。
笨麴桑落酒	笨麴	0.167:1			九月	6 次	「香美勢力，倍勝常酒」。
		0.143:1				7 次	
笨麴白醪酒	笨麴						
酴 酒	笨麴				正月至二月	1 次	「甘、辛、滑如甜酒味，不能醉人」。
梁米酒	笨麴	0.167:1	0.3:1	稀粥	春夏秋冬四季	3 次	「酒色漂漂與銀光一體，薑辛、桂辣、蜜甜、膽苦，悉在其中，芬芳酷烈，輕儁遒爽，超然獨異，非黍、秫之儔也」。
秫米酎酒	笨麴	0.167:1	0.167:1	稀粥	正月釀造	1 次	「酒色似麻油，甚釅」。
黍米酎酒	笨麴	0.167:1			正月釀造	1 次	「芬芳美釀，皆亦相似」。
粟米酒（一）	笨麴	0.1:1	0.8:1		正月釀造	4 次	「氣味香美，不減黍米酒」。
粟米酒（二）	笨麴						
粟米爐酒	笨麴	0.1:1（？）			五月至七月釀造		
九醞酒	笨麴	30 斤麴：9 石米			正月釀造		
十醞酒	笨麴	30 斤麴：10 石米			正月釀造		
浸藥用酒	春酒麴，頤麴						
胡椒酒					乾薑、胡椒、石榴。		
《食經》白醪酒（一）	笨麴	2 斤麴：1 石秫米（？）			正月至九月半之間釀造	1 次	「酒甘如乳」。

酒名	麴					次數	
《食經》白醪酒（二）	笨麴					4次	
《食經》冬米鳴酒	笨麴	16斤麴：4斗稻米（？）					
《食經》夏米鳴酒	笨麴	3斤麴：1石秫米（？）				4次	
《食經》郎陵何公夏封清酒	笨麴					1次	
治癒瘡疾酒法	笨麴	1斤麴：1石米		酸漿	四月釀造	1次	
酈酒〔註119〕	笨麴	7斤麴：1石6斗秫米	0.625:1		九月釀造	1次	
夏天雞鳴酒	笨麴	2斤麴：2斗秫米	2.5:1			1次	
橘酒	笨麴			橘葉、橘花。	四月釀造	2次	
柯柂酒	笨麴				三月釀造	1次	
黍米法酒	春酒麴	3斤3兩麴：1石4斗8升黍米	0.223:1		三月釀造	3次以上	
當梁法酒		0.180:1	0.180:1		三月釀造	3次以上	
粳米法酒		0.067:1	0.067:1		三月釀造	4次	
《食經》七月七日法酒(一)					七月釀造		
《食經》七月七日法酒(二)					二月釀造	14次	

〔註119〕酈酒出現於漢代以後的南方地區。《通典》卷一八三《州郡十三·古荊州》載，「衡陽。漢酈縣地。有酈水湖，釀酒醇美，所謂酈酒。晉武帝平吳，始薦酈酒於太廟，謂此。」但從北朝時期北方地區釀造酈酒所用的原料可見，當時北方地區的酈酒當是仿南方酈酒而釀造。李亞東在《中國古代釀酒專家賈思勰與釀酒技術》中認為，「酈酒本是湖南衡陽附近所出的古代名酒，因用酈湖之水釀成而得名。賈思勰提到的酈酒，卻並不是用酈湖水釀製的，似乎說明北朝人所謂的酈酒，實際上是一種仿製的名酒。」

三九法酒					三月釀造	8次	
白墮酒	大州白墮方餅麴				六月	3次	「經一旬，其酒不動，飲之香美而醉，經月不醒」。
釀瓜菹酒	女麴	0.3:1				3次	

附表2：《龍門石刻藥方》所載藥酒一覽表

藥酒名稱	藥酒種類	使用方式	藥酒使用量	治癒疾病
燕糞酒	勾兌類藥酒	外用	「令患人兩手捧碗，當鼻下取氣，勿飲，神良。」	「療瘖。」
蜀漆酒	勾兌類藥酒	內服	「蜀漆末，方寸匕，發前，和酒服。」	「療瘧。」
黃連酒	勾兌類藥酒	內服	「三指撮和酒服。」	「療瘧。」
蝟皮酒	勾兌類藥酒	內服	「或酒……半升合一匕（蝟皮灰）服。」	「療胃反。」（治療胃寒型反胃）
桑皮酒	煎煮類藥酒	內服	「酒五升，合煮三沸，去渣，分再服。」	「療上氣咳嗽腹滿體腫。」
當歸酒	勾兌類藥酒	內服	「方寸匕，和酒服。」	「療心痛。」
丁香酒	勾兌類藥酒	內服	「丁香七枚，頭髮灰一棗大並末，和酒服。」	「療心痛。」
蚰蜒糞酒	勾兌類藥酒	內服	「蚰蜒糞，燒令赤，搗末之，酒服。」	「蛔心痛。」
牛角鰓酒	勾兌類藥酒	內服	「牛角鰓燒末，和酒服方寸匕，日三。」	「療五痔。」
雄黑豆酒	勾兌類藥酒	內服	「烏豆三升，熬令黑，酒三升，納鐺中，急攪，以絹濾，頓服取汗，不過三劑。」	「療被風入身角弓反張及婦人中風。」
鹽　酒	勾兌類藥酒	內服	「取鹽如雞子，布裹燒赤，末，酒服。」	「療惡挂入心欲死。」
皂莢酒	浸泡類藥酒	內服	「皂莢三梃，炙去皮、子，酒五升，浸一宿去渣，分三服。」	「療中蠱毒。」
白楊枝酒	浸泡類藥酒	內服	「（白楊枝、護風，細切，五升），熬令黃，酒五升淋訖……每服一合，日三。」	「療腹滿癖堅如石積年不損。」
蠟　酒	勾兌類藥酒	內服	「溫酒二升，蠟如彈丸，著酒中消服。」	「療霍亂。」

生薑酒	煎煮類藥酒	內服	「以酒一升，煮三沸，頓服。」	「療霍亂。」
草繩灰酒	勾兌類藥酒	內服	「燒薦經繩灰三指撮，酒服。」	「療腳轉筋及入腹。」
薤白豆豉酒	煎煮類藥酒	內服	「薤兩手握、細切，豉一升，酒三升，煮取一升，去渣頓服。」	「疳痢積年。」
蜜酥生薑酒	勾兌類藥酒	內服	「蜜、蘇、生薑汁各一升，合，微火煎五六沸，每取一匙納酒中溫服。」	「療噎。」
大麻子酒	勾兌類藥酒	內服	「大麻子搗，以酒和絞取汁，溫服。」	「療卒疾。」
黑胡麻酒	浸泡類藥酒	內服	「黑胡麻搗末，酒漬服。」	「療卒疾。」

附表3：《集驗方》所載藥酒一覽表

藥酒名稱	藥酒種類	使用方式	藥酒使用量	防治疾病	使用藥酒期間的禁忌
治傷寒鼻衄酒	勾兌類藥酒	內服	「酒服方寸匕，先食，日三、四。」	「傷寒鼻衄。」	
苦參酒	煎煮類藥酒	外用	「酒煮苦參以漬之。」	「治毒熱攻手足，腫疼欲脫。」	
治鼻衄酒	勾兌類藥酒	內服	「左顧牡蠣（十分，熬），石膏五分……搗末，酒服方寸匕，日二、四。」	「治傷寒大病差後，小勞便鼻衄。」	
金牙酒	勾兌類藥酒	內服	「右三十二味，等分，下篩，酒服五分匕，日三。」	「主邪魅，心腹刺痛。」	「忌豬肉、冷水、生菜、生血肉、大醋、蘆筍。」
治中惡酒	勾兌類藥酒	內服	「大豆二十七枚，以雞子中黃，白酒半升合和，頓服之。」	「治中惡。」	
治心痛酒	勾兌類藥酒	內服	「桂心，末，溫酒服方寸匕，須臾六、七服。」	「治心痛。」	「忌生蔥。」
吳茱萸酒	煎煮類藥酒	內服	「凡八物……以清酒五升，水三升，煮取三升，絞去滓，適寒溫飲一升，日三。」	「治久寒胸脅逆滿不能食。」	
葛氏酒	勾兌類藥酒	內服	「桂末三匕，酒服。」	「治卒腹痛。」	「忌生蔥。」
桂心酒	煎煮類藥酒	內服	「右三味，切，以酒一大升，煎至三合，去滓，分溫三服。」	「治寒疝，氣來往沖，心腹痛。」	「忌生蔥。」

鼠李子酒	炮炙類藥酒	內服	「酒浸服三合，日兩服。」	「治疝瘕冷氣。」	
小黃耆酒	浸泡類藥酒	內服	「右十八物……以絹袋中盛，清酒二斗漬之，春夏五日，秋冬七日，可先食服一合，不知可至四、五合，日三服。」	「大治風虛冷癖，四肢偏枯，兩腳弱，手不能上頭，或小腹縮痛，脅下攣急，心下有伏水，脅下有積飲，夜喜夢，悲愁不樂，恍惚善忘。」「久坐腰痛，耳聾卒起，眼眩頭重，或舉體流膿疼痺，飲食惡冷，濇濇惡寒，胸中痰滿，心下寒疝。」「婦人產後餘病，風虛積冷。」	
蟬蛻蜂房酒	勾兌類藥酒	內服	「蜂房炙過，蟬蛻等分為末，酒調一錢匕，日二、三服。」	「治風氣客於皮膚，瘙癢不已。」	
蟬蛻薄荷酒	勾兌類藥酒	內服	「蟬蛻、薄荷葉等分為末，酒調一錢匕，日三服。」	「治風氣客於皮膚，瘙癢不已。」	
營實根酒	勾兌類藥酒	內服	「搗為散，酒下方寸匕，日三服。」	「治噎塞不通。」	
蜜酥薑汁酒	勾兌類藥酒	內服	「合和，微火煎五、六大沸，取大如棗二枚，內酒中飲之，直抄服之亦好。」	「治氣噎。」	
半夏酒	煎煮類藥酒	內服	「右十味……以酒五升，水一升……合煮取三升，分三服。」	「主飲食輒噎。」	
治胃反酒	煎煮類藥酒	內服	「右八物，切，以酒二升，水三升，煮取一升七合，分再服。」	「治胃反。」	「忌生蔥、海藻、菘菜等物。」
治胃反吐食酒	勾兌類藥酒	內服	「好麴十斤，粗地黃二斤，二味搗，日乾，酒服，若飲三方寸匕，日三服。」	「治胃反吐食。」	
牛膝酒	浸泡類藥酒	內服	「牛膝三兩，搗碎，以酒一升漬經宿，每服一兩杯，日二、三服。」	「凡病下，應先下白後下赤，若先下赤後下白，為腸蟲方。」	
黃連蠟膠酒	煎煮類藥酒	內服	「先以酒半升令沸，下膠、蠟合烊，乃內黃連末，頓服之。」	「治卒注下，並痢血，一日夕數十行。」	

幹姜酒	勾兌類藥酒	內服	「乾薑爲末，熱酒調半錢服。」	「治咳嗽冷氣，結服。兼治頭旋眼眩。」	
牛膝根酒	浸泡類藥酒	內服	「右一味，酒一斗漬之……先服食五、六合至一升，以意量多少。」	「治卒暴症，腹中有物堅如石，痛如刺，晝夜啼呼。」	
茱萸酒	煎煮類藥酒	外用	「茱萸三升碎之，以酒和煮熟，布裹熨症上，冷更炒，更番用之，症移走逐熨之，候消乃止也。」	「治熨症。」	
治膀胱石水酒	煎煮類藥酒	內服	「右七味，切，以水八斗，酒二升，煎取五升，分五服，日再夜一。餘煎明日服之。」	「治膀胱石水，四肢瘦，腹腫。」	
獨活酒	煎煮類藥酒	內服	「煎取三升，分三服。」	「治風濕客於腰，令人腰痛。」	「忌海藻、生蔥、菘菜、蕪荑。」
杜仲酒	浸泡類藥酒	內服	「右五味，切，以酒一斗，浸五宿，隨多少飲之。」	「治腰卒然痛。」	「忌生蔥、生菜。」
秦芁酒	勾兌類藥酒	內服	「右十五味，搗篩爲散，以酒服方寸匕，日再服。」	「治風冷虛勞，腰腳疼痛諸病。」	「忌桃李、雀肉、生蔥、豬肉、冷水。」
牛膝莖葉酒	浸泡類藥酒	內服	「以酒三升，浸一宿，分三服。」	「治諸瘧。」	
宣州黃連酒	勾兌類藥酒	內服	「右一味，搗篩末，以濃酒一盞，調三錢，空心頓服，相次更服三錢，更飲三、兩盞酒，任意醉，卻睡，候過時方得食。」	「治溫瘧、痰瘧，久不差。」	
豬脂酒	煎煮類藥酒	內服	「豬脂如雞子，著一杯酒中，煮之令沸，頓服。」	「治久不得大、小便。」	
韭子酒	勾兌類藥酒	內服	「酒子一升熬……搗篩，酒服方寸匕，日再。」	「治夢失精。」	
治胃蟯蟲酒	煎煮類藥酒	內服	「右三味，合銅器中，微火上煎之……宿勿食，空腹溫酒下，蟲不下，再服之。」	「治蟯蟲在胃中，漸漸嬴人。」	
桔梗酒	勾兌類藥酒	內服	「桔梗搗下篩，以酒服方寸匕，日三。」	「治卒中蠱，下血如雞肝者，晝夜去石餘血，四髒悉壞，唯心未毀，或乃鼻破待死。」	

鮫魚皮酒	勾兌類藥酒	內服	「十三味，搗篩爲散，空心酒服一錢匕，日三服。」	「治鬼泣、蟲泣、毒氣變化無常。」	
水萍散酒	勾兌類藥酒	內服	「取水萍曝乾，以酒服方寸匕，差止。」	「治中水毒。」	
排膿內補酒	勾兌類藥酒	內服	「右十五味，冶，合篩，未食溫酒服方寸匕，日三夜一。」	「治癰瘡，膿血不止，瘡中空虛，疼痛。」	
第一種治白癩酒	釀造類藥酒	內服	「先食一飲一雞子，日三，稍稍增之，以差爲度。」	「治白癩。」	
第二種治白癩酒	釀造類藥酒	內服	「飲之令醺醺。」	「治白癩。」	
治瘻酒	釀造類藥酒	內服	「（柳樹根三十斤）以水一斛，煮得五斗，同米三斗釀之，酒成，先食服一升，日三。」	「治瘻。」	
楊樹酒	釀造類藥酒	內服	「河邊水所注楊樹根三十斤，熟洗細挫，以水一石，煮取五斗，用米三斗，面三斤，釀之，酒成服一升。」	「治瘤瘻。」	
第一種治寒熱瘰癧酒	勾兌類藥酒	內服	「右十六味，搗下篩爲散，以酒服一錢匕，日再。」	「治寒熱瘰癧。」	「忌豬肉、冷水、海藻、菘菜。」
第二種治寒熱瘰癧酒	勾兌類藥酒	內服	「右九味，搗下篩，酒服五分匕，日三。」	「治寒熱瘰癧。」	「忌豬肉、冷水。」
第三種治寒熱瘰癧酒	勾兌類藥酒	內服	「右七味，爲散，食後溫酒下五分匕，日三。」	「治寒熱瘰癧。」	
治痔疾酒	勾兌類藥酒	內服	「以玩月砂不限多少，慢火熬，令黃色爲末，每二錢如乳香半錢，空心溫酒服下，日三、四服差。」	「治痔疾下血，疼痛不止。」	
烏雌雞酒	煎煮類藥酒	內服	「右十，切，以水一斗二升……內酒三升……取三升，去滓，溫服一升，日三服。」	「妊娠一月，陰陽新合爲胎，寒多爲痛，熱多卒驚，舉重腰痛腹滿胞急，卒有所下，當欲安之。」	
丹參艾葉酒	煎煮類藥酒	內服	「右九味，以酒三升，水一斗，內藥煮減半，去滓內膠，煎取三升，分溫三服。」	「治妊娠二月，始陰陽距經，有寒多壞不成，有熱即萎，辛中風寒，有所動搖，心」	「忌海藻、菘菜。」

				滿臍下懸急，腰背強痛，卒有所下，乍寒乍熱。」	
雄雞酒	煎煮類藥酒	內服	「右十一味，以水一斗五升煮雞減半，內藥煮取半，內清酒三升並膠再煎，取三升分三服。」	「治妊娠三月，為定形，有寒大便青，有熱小便難，不赤即黃，卒驚恐憂愁嗔恚喜頓僕，動於經脈，腹滿繞臍苦痛，腰背痛。」	「忌海藻、菘菜、酢物、桃李、雀肉等。」
菊花麥門冬酒	煎煮類藥酒	內服	「右十味，切，以水八升煮，減半，內清酒三升，並阿膠煎，取三升，分三服。」	「治妊娠四月，為離經。有寒心下溫溫欲嘔，胸膈滿，不欲食。有熱小便難數，數如淋狀，臍下苦急。卒風寒，頸項強痛，寒熱。或驚動身軀，腰背腹痛，往來有時，胎上迫胸，心煩不得安。」	「忌羊肉、海藻、菘菜、餳等。」
阿膠人參酒	煎煮類藥酒	內服	「右十味，切，以水九升，煎煮半，內清酒三升並膠，微火煎，取三升半，分四服，日三服夜一，先食。再服便愈，不差更服。」	「治妊娠五月，毛髮初生，有熱苦頭眩，心亂嘔吐，有寒苦腹滿痛，小便痛，卒有恐怖，四肢疼痛，寒熱，胎動無常處，腹痛悶頓欲僕。」	「忌海藻、菘菜。」
甘草芍藥酒	煎煮類藥酒	內服	「右十二味，切，以水七升，清酒五升，煮取三升半，分四服，日三夜一。七日復服一劑。」	「治傷五月胎。」	「忌菘菜、海藻、蕪荑。」
麥門冬甘草酒	煎煮類藥酒	內服	「右八味，切，以水七升，煮減半，內清酒二升並膠，煎取三升，分三服，每服如人行三、四里，中間進糜粥。」	「治妊娠六月，卒動有所不安，寒熱往來，腹內脹滿，身體腫，驚怖，忽有所下，腹痛如欲產，手足煩疼。」	「忌海藻、菘菜、蕪荑。」
蔥白半夏酒	煎煮類藥酒	內服	「右十一味，切，以水八升，煮減半，內清酒三升並膠，煎取四升，溫服一升，日三夜一，溫臥當汗出，若不出者加麻黃二兩煮，服如前法。」	「治妊娠七月，忽驚恐，搖動，腹痛，卒有所下，手足厥冷，脈若傷寒，煩熱腹滿，短氣，常苦頸項腰背強。」	「忌羊肉、餳、海藻、菘菜等。」

芍藥 人參酒	煎煮類藥酒	內服	「右八味，切，以水五升，酒四升合煮，取三升，分三服，日再夜一。」	「治妊娠八月，中風寒有所犯觸，身體盡痛，乍寒乍熱，胎動不安，常苦頭眩痛，繞臍下寒，時時小便，白如米汁，或青或黃，或使寒慄，腰背苦冷痛，而目視茫茫。」	「忌海藻、菘菜、桃李、雀肉等。」
艾葉酒	煎煮類藥酒	內服	「以好酒五升，煮取四升，取滓，更煎取一升一服。」	「治任身胎動，晝夜叫呼，口禁唇寒，及下利不息。」	
阿膠 艾葉酒	煎煮類藥酒	內服	「右七味，切，以水五升，好酒三升，合煮，取三升，去滓內膠，更上火令膠烊，分三服，日三，不差更作。」	「治妊娠二、三月，上至七、八月，頓僕失踞，胎動不安，傷損腰腹，痛欲死，若有所見，及胎奔上搶心，短氣。」	「忌海藻、菘菜、蕪荑。」
生地 黃汁酒	煎煮類藥酒	內服	「生地黃汁一升，酒四合，合煮三、四沸，頓服之，不止頻服。」	「治妊娠血下不止。」	
生地黃酒	煎煮類藥酒	內服	「以清酒二升煮三沸，絞去滓，服之無時，能多服佳。」	「治妊娠血下不止。」	
丹參酒	煎煮類藥酒	內服	「右一味，切，以酒五升，煮取三升，分三服。」	「治妊娠胎墮下血不止方。」	
豬膏 白蜜酒	煎煮類藥酒	內服	「合煎，取三升，分五服。」	「治產難，或半生，或胎不下，或子死腹中，或著脊及在草數日不產，血氣上蕩心，女面無色，氣欲絕。」	
當歸酒	煎煮類藥酒	內服	「當歸一斤切，酒一斗，煮取七升，以大豆四升熬，酒洗熱豆，去滓，隨多少服，日二。」	「治產後腹痛。」	
栝樓根酒	煎煮類藥酒	內服	「取栝樓根切一升，酒四升，煮三沸，去滓，服半升，日三。」	「治乳無汁。」	
治黑面酒	煎煮類藥酒	外用	「牡羊膽、牛膽、淳酒三升，合煮三沸，以塗面。」	「治面黑。」	

附表4：散見於《齊民要術》、正史文獻的藥酒一覽表

藥酒名稱	所用藥材	藥酒種類	使用方式	功　能	資料來源
五加皮酒	五加皮	浸泡類藥酒	內服	「飲之治風痹四肢攣急。」	《齊民要術》卷七；《圖經本草》卷十《木部上品》
治瘡疾酒		釀造類藥酒	內服	治癒瘡疾。	《齊民要術》卷七
橘　酒	橘　葉	釀造類藥酒	內服		《齊民要術》卷七
混合酒	胡椒六十顆，乾薑一分，雞舌香一分，蓽拔六顆（都搗成粉末），一升蜜。	浸泡類藥酒	內服	祛風、除濕、止咳、清新口氣。	《齊民要術》卷七；《圖經本草》卷十《木部上品》
菊花酒	菊　花		內服	「治風頭頭眩，腫痛，目欲脫，淚出，皮膚死肌，惡風，濕痹。久服利血氣，輕身，耐老延年。」	《庾子山集注》卷四；《神農本草經輯注》卷二《上藥·草部》
黑鹽酒	黑　鹽	勾兌類藥酒	內服	「治腹脹氣滿。」	《魏書》卷五三《李孝伯傳》

附表5：《齊民要術》所載北朝時期酒麴種類表

酒麴名稱	製麴所用原料及比例	原料的加工	加入的中藥	酒麴體積	製麴時間
第一種神麴	蒸、炒和生的小麥各一石。	將三種小麥分別磨細，然後混合。		「其麴餅，手團二寸半，厚九分。」	七月第二個寅日
第二種神麴	蒸、炒和生的小麥各一石。	將三種小麥混合，然後磨細。		「餅用圓鐵範，令徑五寸，厚一寸五分。」	七月第一個寅日
第三種神麴	蒸和炒的小麥各一石，生的小麥一石一斗升。	將三種小麥分別磨細，然後混合。		「使童男小兒餅之，廣三寸，厚二寸。」	七月第一個寅日
第四種神麴	蒸（曬乾）、炒和生的小麥各一石。	將三種小麥混合，然後磨細。	胡葉	「以手團之，大小厚薄如蒸餅劑。」	七月中旬以前
河東神麴	炒的小麥六斗，蒸的小麥三斗，生的小麥一斗。	將三種小麥分別磨細，然後混合。	桑葉、苔耳葉、艾草、茱萸（或者	「餅如凡餅，方範作之。」	七月初七日製麴。如果七月初七日來不及

			野蔘），比例 爲 5：1：1： 1		製麴，七月二 十日以前的任 何一日都可以 製麴。
白醪麴	蒸、炒和生的小 麥各一石。	將三種小麥混合， 然後磨細。	胡葉	「踏作餅：圓鐵 作範，徑五寸， 厚一寸餘。」	七月
秦州 春酒麴	小麥。	以緩火微微地炒小 麥，以小麥發黃有 香氣爲標準。然後 磨小麥，要粗細適 中。		「作木範之：令 餅方一寸，厚二 寸。」	節氣早，七月 十五日以前。 節氣晚，七月 十五日以後。
頤　麴	小麥。	以緩火微微地炒小 麥，以小麥發黃有 香氣爲標準。然後 磨小麥，要粗細適 中。		「作木範之：令 餅方一寸，厚二 寸。」	七月至九月
大州白 墮方餅麴	蒸熟的穀子兩 石，生的穀子一 石。	將兩種穀子分別磨 細，然後混合。	桑葉、蒘耳 葉、艾葉， 等比例。		
女　麴	糯米三斗。	淘洗乾淨，炊成熟 飯。			

附表6：學界關於中國古代蒸餾酒起源說一覽表

蒸餾酒 起源說	持此觀點 的學者	內　　　　　　　　容
漢代說	吳德鐸	吳德鐸認爲上海博物館所藏的一件東漢時期的青銅蒸餾器爲蒸餾酒器。 （吳德鐸：《阿剌吉與蒸餾酒》，載《輝煌的世界酒文化論文集》，成都出 版社，1993年。）（轉引自楊印民：《帝國尚飲：元代酒業與社會》） 吳德鐸在《燒酒問題初探》一文中認爲，「中國可能早在公元紀元初便有 了用於蒸餾酒的青銅蒸餾器。」（載《史林》，1988年第1期，第143頁。）
	周嘉華	周嘉華通過對出土的東漢時期帶有釀酒圖象的畫像磚的分析，認爲「東漢 已有蒸餾酒。」（周嘉華、曾敬民、王揚宗：《中國古代化學史略》，河北 科學技術出版社，1992年，第162～163頁。）
	禹明先	禹明先認爲，「我國在西漢時已產生了葡萄蒸餾酒。」（禹明先：《中國釀 酒科技史之探討》∥周立平主編：《94國際酒文化學術研討會論文集》，浙 江大學出版社，1994年，第203頁。）
	趙建華、 宋書玉	趙建華、宋書玉認爲，「液態法蒸餾酒起源於漢代。」「固態法蒸餾酒產生 於唐代。」「中國白酒傳統的大麴發酵、甑桶蒸餾技術發展成熟於宋元時 期。」（趙建華、宋書玉：《蒸餾酒的起源》，載《釀酒科技》，2007年第 11期，第74頁。）

	謝文逸	謝文逸認為，「我國出土的漢代和金代青銅蒸餾器都屬於（上、下釜）類蒸酒器。漢代蒸酒器由於結構複雜，蒸餾損失大，和我國古代醴酒一樣，逐漸消亡。」（謝文逸：《論我國古代蒸餾酒的起源和蒸餾工藝的發展》，載《釀酒科技》，2001 年第 3 期，第 78 頁。）
	王有鵬	王有鵬認為，「東漢晚期我國已經開始釀製蒸餾酒。」（王有鵬：《試論我國蒸餾酒之起源》，載《四川文物》，1989 年第 4 期，第 30 頁。）
北朝說	孟乃昌	孟乃昌根據一錯誤版本的《齊民要術》，認為北朝時期的酎酒就是蒸餾酒。（孟乃昌：《中國蒸餾酒年代考》，載《中國科技史料》，1985 年第 6 期，第 35～36 頁。）
唐代說	崔　利	崔利認為，「中國蒸餾酒起源於唐，改進於宋，定型於金，批量生產於元。」（崔利：《從元代朱德潤〈紮刺機酒賦〉看中國蒸餾酒起源》，載《釀酒》，2011 年第 1 期，第 94～97 頁。）
	祝亞平	祝亞平分析，「晚唐時期中國南方已經出現了蒸餾酒，燒酒製作過程中的『滴淋』法是蒸餾酒出現的標誌，而南宋的『釣藤酒』則表明當時已大量製取蒸餾酒。所以我國蒸餾酒的起始年代應是從晚唐到南宋這數百年間。」（祝亞平：《從「滴淋法」到「釣藤酒」——蒸餾酒始於唐宋新談》，載《中國科技史料》，1995 年第 1 期，第 23 頁。）
	李華瑞	李華瑞認為，「中國燒酒在其初創的唐宋時期，還處在偶發階段，或見於某個地區，或見於皇室宮廷。」（李華瑞：《中國燒酒起始探微》，載《歷史研究》，1993 年第 5 期，第 51 頁。）
宋代說	林榮貴	林榮貴認為「蒸餾酒產生於宋代」，「到了金代，蒸餾酒雖未能達到取代傳統水酒的地步，但在民間正在發展著，為元代的廣泛生產創造條件。元代開始，蒸餾酒的方法，才公開廣行於社會。」（林榮貴：《金代蒸餾器考略》，載《考古》，1980 年第 5 期，第 470～471、405 頁。）
	曹元宇	曹元宇認為，「酒的蒸餾，看來晚在南宋或者更上推到北宋……在南宋時燒酒已經是常見的東西了。」（曹元宇：《燒酒史料的搜集和分析》，載《化學通報》，1979 年第 2 期，第 70 頁。）
	方心芳	方心芳認為，「南宋時的燒酒確為蒸餾酒。」（方心芳：《關於中國蒸酒器的起源》，載《自然科學史研究》，1987 年第 2 期，第 131 頁。）
西夏說	李約瑟	李約瑟認為甘肅安西萬佛峽榆林窟的一幅西夏時期的壁畫反映的是西夏時期人們蒸餾酒的場面。（李約瑟：《中國科學技術史》第六卷《生物學及相關技術》第五分冊《發酵與食品科技》，科學出版社、上海古籍出版社，2008 年，第 170 頁。）
金代說	郭長海	郭長海認為，「蒸餾酒創自金上京。」（郭長海：《中國蒸餾酒史探源》，載《釀酒》，1998 年第 4 期，第 85 頁。）
元代說	劉廣定	劉廣定經過分析、研究認為，「元代以前的『蒸』可指水蒸氣蒸餾或蒸汽加熱但非普通的蒸餾。」「十三世紀中國始知蒸餾酒方法。」（劉廣定：《元代以前中國蒸餾酒的問題》// 中國科技史論文集編輯小組：《中國科技史論文集》，臺北：聯經出版事業公司，1995 年版，第 212～213 頁。）

洪光住	洪光住認為，「中國元朝以前沒有制蒸餾酒技術」，蒸餾酒法始自元代。（洪光住：《中國釀酒科技發展史》第三篇《釀造白酒科技發展史》，中國輕工業出版社，2001 年，第 201 頁。）
黃時鑒	黃時鑒認為，「燒酒在中國確實始於元代。」（黃時鑒，《阿剌吉與中國燒酒的起始》，載《文史》第 31 輯，第 159 頁。）
羅志騰	羅志騰認為，「蒸餾器的出現，還是暫以元朝為記，似乎更為恰當些。」（羅志騰：《我國古代的釀酒發酵》，載《化學通報》，1978 年第 5 期，第 53 頁。）
郭保章	郭保章認為將中國古代以蒸餾器蒸餾酒的時間確定為元代更為恰當。（郭保章：《中國化學史》，江西教育出版社，2006 年，第 274～275 頁。）
王賽時	王賽時認為，「『燒酒』一詞從元代開始專指蒸餾酒……中國蒸餾酒的起始還應以元朝為確。」（王賽時：《中國燒酒名實考辨》，載《歷史研究》，1994 年第 6 期，第 85 頁。）
丁玉玲	丁玉玲認為我國蒸餾酒起源於元代，「我國蒸餾製白酒的技術既受外來技術的影響，也受傳統的蒸餾取藥、取花露、取汞煉丹的技術影響。」（丁玉玲：《白酒起源於宋、元諸說的圖書文獻考辨》，載《釀酒科技》，2011 年第 7 期，第 120 頁。）
李映發	李映發認為，「蒸餾酒自元代發明。」（李映發：《蒸餾酒的起源與發展》，載《自然辯證法通訊》，1993 年第 6 期，第 59 頁。）

以上學者關於中國古代蒸餾酒起源的論述及著作，是本文作者直接所見，所以列於上表。

本文作者未能直接見到一些學者關於中國古代蒸餾酒起源的論述及著作，轉引自如下：

袁翰青認為，「我國在元朝方有蒸餾酒之說是不可信的，蒸餾酒的製造不可能晚於第 8 世紀的唐朝。」（原始出處：袁翰青：《中國化學史論文集》，北京：三聯書店，1956 年，第 96 頁。）此條轉引自洪光住：《中國釀酒科技發展史》第三篇《釀造白酒科技發展史》，北京：中國輕工業出版社，2001 年，第 190 頁。

馬承源認為上海博物館所藏的一件漢代青銅蒸餾器為蒸餾酒器。（原始出處：馬承源：《漢代青銅蒸餾器的考古考察和實驗》，載《上海博物館集刊》，1992 年第 6 期。）此條轉引自楊印民：《帝國尚飲：元代酒業與社會》，天津：天津古籍出版社，2009 年，第 8 頁。

日本學者花井四郎認為宋代已有蒸餾酒。（原始出處：花井四郎：《黃上に生まれた酒》，東京都：東方社，1992 年，第 182 頁。）此條轉引自洪光住：

《中國釀酒科技發展史》第三篇《釀造白酒科技發展史》，北京：中國輕工業出版社，2001 年，第 196～197 頁。

　　日本學者蟹江松雄、岡崎信一認爲宋代已有蒸餾酒。（原始出處：蟹江松雄、岡崎信一：《薩摩における燒酎造り五百年の步み》，自刊本，1986年。）此條轉引自劉廣定：《元代以前中國蒸餾酒的問題》// 中國科技史論文集編輯小組：《中國科技史論文集》，臺北：聯經出版事業公司，1995 年，第196 頁。

　　魏喦壽認爲唐代已有蒸餾酒。（原始出處：魏喦壽：《高粱酒》，臺北：臺灣商務印書館，1972 年。）此條轉引自：劉廣定：《元代以前中國蒸餾酒的問題》// 中國科技史論文集編輯小組：《中國科技史論文集》，臺北：聯經出版事業公司，1995 年，第 196 頁。

第二章 酒的生產與國家對酒業的管理

北朝時期的釀酒業，呈現出官營與民間釀造並行發展的局面。由於釀酒業需要消耗大量的糧食，而酒的生產和銷售又能帶來豐厚的利潤，所以，北朝國家制定了相關政策來對酒業進行管理。

第一節 酒的生產

北朝時期酒的生產有官營釀酒業和民間釀酒業之分。

一、官營釀酒業

官營釀酒業是指國家設置專門機構進行酒的釀造，其所釀造之酒專供宮廷消費，並不投放於市場中。

首先，北朝時期宮廷中均設有專門職官，掌管釀酒事務。《魏書》卷一三《皇后傳》載北魏後宮女官的設置，「高祖改定內官……後置女職，以典內事……春衣、女酒、女饗、女食、奚官女奴視五品」。〔註 1〕由此可知，女酒專門掌管北魏後宮中的釀酒事務。除此之外，北齊國家在東宮職官中還設有「酒局丞」，《通典》卷三○《職官十二・東宮官・太子家令》載，「食官署令、丞……北齊有食官令、丞，又別領器局、酒局二丞。」可見，東宮酒的釀造與供應便由酒局丞負責。其次，北朝時期都城之中也有專門掌管釀酒事務的官署。《隋書》卷二七《百官志中》關於北齊時期首都鄴城中專掌釀酒事務的

〔註 1〕 《魏書》卷一三《皇后傳》，第 321～322 頁。

清漳署的記載，「光祿寺……清漳（署），主酒，歲二萬石。春秋中半。」說明官營釀酒機構的規模和產量。由於官營釀酒機構具有雄厚的物質和技術優勢，所以官營釀酒機構釀造之酒在數量和質量上都是一般民間釀酒作坊所不能比擬的。此外，北朝時期在地方上也有掌管釀酒事務的官署。《周書》卷三一《韋敻傳》載北周明帝「禮敬（韋敻）逾厚……敕有司日給河東酒一斗」。《隋書》卷三〇《地理志中》載「河東。舊曰蒲阪縣，置河東郡。開皇初郡廢……有酒官。」北周在河東地區亦設有酒官來掌管官營釀酒事務，這一地區官營釀酒業所產之酒主要供應皇室消費所需。這表明，北周至隋代，河東郡地區官營釀酒業的發展一直受到國家的重視。由此可見，北朝時期的各個政權均設置了為統治階層飲酒所需而服務的專門機構，這不僅保障了統治階層的飲酒需求，還為尚飲風氣在這一階層的盛行提供了制度保障。

雖然官營釀酒機構所釀造之酒專供宮廷消費，但是，統治者有時也將其用於賞賜朝臣。《北齊書》卷一一《文襄六王·河南康舒王孝瑜傳》載，「（武成）帝在晉陽，手敕之曰：『吾飲汾清二盃，勸汝於鄴酌兩盃。』其親愛如此。」《周書》卷三一《韋敻傳》載北周明帝「禮敬（韋敻）逾厚……敕有司日給河東酒一斗。」反映出統治者賞賜官員官營酒的目的是出於對官員的恩寵之意。

《隋書》卷二四《食貨志》載隋初的酒政措施，「先是尚依周末之弊，官置酒坊收利，鹽池鹽井，皆禁百姓採用。（開皇三年）至是罷酒坊，通鹽池鹽井與百姓共之。遠近大悅。」這表明，北周後期，國家官營釀酒機構還壟斷了民間釀酒業的釀酒活動。

二、民間釀酒業

當時民間酒業經營者經營著不同規模的釀酒作坊。其產品直接投放到市場中，是社會中酒類消費的主要來源。《洛陽伽藍記》卷四《城西》載，「（洛陽大）市西有退酤、治觴二里。里內之人多醞酒為業。」北魏首都洛陽的眾多民間釀酒作坊集中於洛陽大市，採取個體釀造方式進行生產，滿足洛陽城眾多人口的酒類消費需求。

除民間釀酒作坊之外，當時民間釀酒業的另一重要部分就是家庭釀造。北朝時期，由於釀酒技術的發展和普及，一般家庭也能掌握簡單的釀酒技術來進行酒的釀造。《魏書》卷九二《列女·胡長命妻張氏傳》所載「樂部郎胡長命妻張氏，事姑王氏甚謹。太安中，京師禁酒，張以姑老且患，私為醞之」

反映的便是當時家庭自釀酒的情況。家庭釀酒，一方面供個體家庭日常消費所需；另一方面，由於一些家庭世代傳承了家族先進的釀酒技術，釀造出享譽天下的佳釀，使家庭釀造酒成為商品酒在市場中出售，受到眾人的歡迎。《洛陽伽藍記》卷四《城西》載，「河東人劉白墮善能釀酒。季夏六月，時暑赫晞，以罌貯酒，暴於日中，經一旬，其酒不動，飲之香美而醉，經月不醒。京師朝貴多出郡登藩，遠相餉饋，踰於千里，以其遠至，號曰『鶴觴』。亦名『騎驢酒』。」

當時一些官僚之家也從事酒的釀造。由於官僚家庭具有雄厚的經濟實力，往往在釀酒技術上較為注重，所釀造酒的質量也是較高的。但是所釀造的酒主要供家庭消費。《齊民要術》卷七《造神麴並酒第六十四》載用第一種神麴釀造糯米酒就是「元僕射家法」。同書卷七《白醪麴第六十五》所載「作白醪麴」、「釀白醪法」為「皇甫吏部家法」。官僚之家在注重釀酒技術的同時，在釀酒規模方面往往追求規模化，以滿足眾多家族成員日常所需。山西大同沙嶺發掘的北魏壁畫墓 M7 中南壁壁畫圖西北角部分有眾人進行生產的場面，〔註 2〕據學者研究，應為鮮卑貴族破多羅氏家族進行大規模釀酒活動。〔註 3〕可見，當時官僚家庭自行釀酒是較為普遍的。

在民間釀酒業中，值得注意的現象是眾多女子參與其中。這主要是由於「夫婦人之事，存於織紝組紃、酒漿醯醢而已」〔註 4〕這一傳統觀念對女子的影響。這說明，精通酒食成為古代女子必須掌握的技藝。〔註 5〕前引《魏書》卷九二《列女傳》所載民女張氏私釀酒反映的便是平民女子掌握簡單的釀酒技術的情況。

擅長酒食之藝更是貴族女子必須具備的婦功，當時眾多的世家大族之女均精通這一技藝。北魏時期，清河崔氏的貴族之女子就擅長酒食之藝，「（崔）浩著《食經敘》曰：『余自少及長，耳目聞見，諸母諸姑所修婦功，無不蘊智

〔註 2〕參看大同市考古研究所：《山西大同沙嶺北魏壁畫墓發掘簡報》，載《文物》，2006 年第 10 期，第 20 頁。

〔註 3〕參看張慶捷：《民族彙聚與文明互動——北朝社會的考古學觀察》，商務印書館，2010 年版，第 299 頁。

〔註 4〕《魏書》卷九二《烈女傳》，第 1977 頁。

〔註 5〕《禮記》卷七《曲禮下第二》，「納女……於國君曰『備酒漿』」條，孔穎達，注疏「酒漿是婦人之職也，故送女而持此為辭。」可見，古代對於嫁人尤其是嫁入高門的女子，對其掌握「酒漿」之藝是較為重視的。北朝時期女子嫻熟於「酒漿」之藝多見於社會上層女子的記載，便是上述觀念的反映。

酒食。朝夕養舅姑，四時祭祀，雖有功力，不任僮使，常手自親焉。昔遭喪亂，飢饉仍臻，饘蔬糊口，不能具其物用，十餘年間不復備設。先妣慮久廢忘，後生無知見，而少不習業書，乃占授爲九篇，文辭約舉，婉而成章，聰辯強記，皆此類也。』」〔註6〕崔浩所撰寫的《食經》，爲其家族婦人世代承襲的酒食廚藝的記載。東魏時期，博陵元公李夫人，閒於「絲繭組紃之功，蘋蘩醴酏之品」。〔註7〕北齊時期，青州鼎族崔敬侯之孫女修娥，「組織必盡其工，酒醴兼造其極」。〔註8〕

甚至，出身皇室的公主也有擅長酒食之藝者，北魏「昭成皇帝之曾孫，常山康王之長孫，司空文獻公之元女」元氏，「專奉內事，酒醴自躬，組紃由己，飲膳之味，在調必珍，文繡裁縫，逞手則麗」。〔註9〕

第二節　國家對酒業的管理

北朝時期，國家對酒業的管理，主要是指當時國家對酒的釀造、買賣、人們的飲酒活動所實施的管理措施。其職能是對社會中的釀酒、酤酒、飲酒活動進行干預與調節。當時國家對酒業的管理，主要包括酒禁、榷酒和稅酒三個方面。北朝時期的統治者通過實行適合時宜的酒業管理措施，以有利於自己統治的鞏固。

一、酒禁

北朝時期酒禁的內容主要包括禁釀、禁酤、禁飲等嚴格限制社會中與酒有關的活動。因此，酒禁的實施，使當時酒的生產與消費明顯地體現出國家意志干預的色彩。

（一）酒禁的實施

據《齊民要術》中有關北朝時期釀酒的記載可知，當時大多數酒是以糧食作爲主要的生產原料，釀酒業是以大量消耗糧食作爲存在的前提。可以說

〔註 6〕　《魏書》卷三五《崔浩傳》，第 827 頁。
〔註 7〕　《魏博陵元公故李豔華夫人墓誌》，參看趙超：《漢魏南北朝墓誌彙編》，天津古籍出版社，2008 年版，第 348 頁。
〔註 8〕　《夫人諱修娥墓誌》，參看趙超：《漢魏南北朝墓誌彙編》，天津古籍出版社，2008 年版，第 432 頁。
〔註 9〕　《魏直閤將軍輔國將軍長樂馮邕之妻元氏墓誌》，參看趙超：《漢魏南北朝墓誌彙編》，天津古籍出版社，2008 年版，第 129 頁。

酒的釀造是與民爭奪生存資源的行爲。即「酒有喉脣之利，而非飱餌所資」。
〔註 10〕關於釀酒對糧食消耗的情況，《魏書》卷一一〇《食貨志》載，「正光後……國用不足，預折天下六年租調而徵之。百姓怨苦……有司奏斷百官常給之酒，計一歲所省合米五萬三千五十四斛九升，糵穀六千九百六十斛，麯三十萬五百九十九斤。」可見釀酒業對糧食的消耗之大。在農業歉收的背景下，釀酒業與平民爭奪生存資源的矛盾便會立刻凸顯出來。所以，國家會實施酒禁政策對社會中的釀酒業進行干預，以節約糧食、減少資源的消耗，緩解緊張的民生矛盾。這成爲當時國家實施酒禁的首要原因。

農業歉收，直接影響到糧食供應與消費能否保持平衡。而糧食供應能否滿足人們的生活所需，不僅影響到民生問題，而且，還直接影響到社會形勢、國家政治統治的穩定。因爲平民的溫飽是否得到保障，關係到民心的穩定。所以，當時以穀物爲主要釀造原料的酒類生產，與農業生產環境有著較爲密切的關係。即糧食的豐歉與否，往往成爲酒禁是否實施的關鍵因素。在自然災害發生、農業歉收之際，統治者會權宜實施酒禁之制，以此作爲調節糧食消費方向、減少糧食消耗的重要措施，以保障人們維持日常生活所需，維護社會秩序的穩定。北齊河清四年三月，武成帝以「年穀不登」而「禁酤酒」。
〔註 11〕由此可知，此次禁酤酒因糧食減產而起，所以限製酒的消費，自然會進一步限製酒類生產，進而減少釀酒所帶來的糧食耗費，最終有利於節約糧食以賑濟饑民、安撫民心、穩定基層社會秩序。北齊天統五年，在「河北諸州無雨」、「境內偏旱」的形勢下，後主「詔禁造酒。」〔註 12〕北周保定二年二月，北周武帝以「久不雨」而下令「京城三十里內禁酒。」〔註 13〕北周武帝實施酒禁具有明確的區域限制，就是「京城三十里內」，這無疑有利於緩解因旱情所產生的京畿地區糧食供應不足的問題。

促進農業生產、增加糧食產量，也是執政者實施酒禁的原因。北魏太武帝太平眞君四年，太子拓跋晃，「及監國，命有司使百姓有牛家以人牛相貿，又禁飲酒雜戲棄本沽販者，於是墾田大增」。〔註 14〕表明拓跋晃實施的此次酒禁，收到了明顯的效果。

〔註 10〕　《宋書》卷一〇〇《自序》，第 2450 頁。
〔註 11〕　《北齊書》卷四《武成帝紀》，第 94 頁。
〔註 12〕　《北齊書》卷八《後主紀》，第 102 頁。
〔註 13〕　《周書》卷五《武帝紀上》，第 66 頁。
〔註 14〕　《北史》卷二《魏景穆帝紀》，第 64 頁。

統治者除了爲減少釀酒對社會糧食資源的消耗、增加與穩定糧食資源以安撫民生而厲行酒禁之外，在面對由酗酒而引起的基層社會秩序不穩局面時也會實行嚴厲的酒禁政策。《魏書》卷一一一《刑罰志》，文成帝在太安四年，「始設酒禁」，這是因爲，「是時年穀屢登，士民多因酒致酗訟，或議主政。（文成）帝惡其若此，故一切禁之，釀、沽飲皆斬之，吉凶賓親，則開禁，有日程。」反映出當時社會平民中酗酒成風。北魏文成帝在糧食豐收的背景之下實施酒禁，與北朝多數統治者實施酒禁的動因相比，則大不相同。文成帝是考慮到飲酒、酗酒對社會局勢穩定的影響。因爲人們若飲酒過量，便不能很好地控制自己的行爲，進而恣意妄爲，因此會帶來衆多的糾紛，造成了基層社會秩序的不穩定。這主要從整個社會秩序著眼。而因飲酒不能控制言行，妄議國政，在統治者看來是對自己權威的威脅。這是對統治者自身而言。但是應該看到，北魏文成帝禁酒，並不是對酒的使用全部予以禁止。凡是當時社會生活所需，「吉凶賓親」，就不在禁止之列。作爲主要被禁止對象的是由酗酒等引起不穩定因素的用酒行爲。

（二）對違禁的懲罰

爲保障酒禁的實施，當時的統治者制定了從重懲罰的規定。前引《魏書》卷一一一《刑罰志》載北魏文成帝在實施酒禁期間，不僅規定「釀、沽飲皆斬之」，而且還「增置內外候官，伺察諸曹外部州鎮，至有微服雜亂於府寺間，以求百官疵失。」秘密監察地方的內外候官，其職責也應包括對地方上違反酒禁情況的彈劾。

統治者會在酒禁實行中適時地採取變通的措施，這使實施中的酒禁政策具有靈活性的特點。北魏文成帝實施嚴厲的酒禁時，規定在「吉凶賓親」期間，人們的釀酒、用酒是不受限制的。前引《魏書》卷九二《列女・胡長命妻張氏傳》所載民女張氏爲治癒親屬疾病而違反酒禁私自釀酒確得到文成帝特赦，便是此種情況。這說明，統治者在實施酒禁期間所體現出來的靈活性，就是對民間實際用酒情況給予特殊的考慮而作出的臨時性變通。也就是說，北魏文成帝正是考慮到酒禁很難全面限制社會中與酒有關的活動。所以，會在實施嚴厲的酒禁時採取變通的措施。文成帝的上述措施，是顯示恩德、藉此籠絡人心意圖的表現，與其「養威布德，懷緝中外」〔註 15〕的統治策略具

〔註 15〕《魏書》卷五《文成帝紀》，第 123 頁。

有密切的關係。

（三）酒禁政策的特點

首先，當時的統治者多出於緩解饑荒的目的而實施酒禁。〔註16〕所以，當時的酒禁多為國家為緩解由自然災害引起的糧食短缺、供應不足問題而採取的應急性政策。北齊河清四年三月，武成帝以「年穀不登」而「禁酤酒」。〔註17〕北齊天統五年，在「河北諸州無雨」、「境內偏旱」的形勢下，後主「詔禁造酒。」〔註18〕北周保定二年二月，北周武帝以「久不雨」而下令「京城三十里內禁酒。」〔註19〕北齊武成帝、后主，北周武帝，都是在發生自然災害的情況下，通過限製酒的生產、消費來減少糧食的消耗，旨在節約糧食以保障解決凸現的民生矛盾。這就使酒禁政策具有了應急與緩解饑荒的特點。

其次，酒禁政策持續時間較短。酒是當時各個社會階層日常生活中所需的飲品。當時釀酒業處於繁榮狀態、北方的飲酒之風又是相沿成習，並且愈演愈烈。況且，來自酒業經營的酒稅還是當時國家財政收入的一個重要組成部分。這些因素決定了當時的酒禁只是國家所採取的臨時性政策，酒禁在持續時間上並不是很長的。東魏天平四年九月，京師局勢不穩，為防治人們酗酒滋事，孝靜帝「禁京師酤酒」，局勢逐漸穩定之後，時隔半年，即元象元年，「開酒禁」。〔註20〕北齊天統五年，後主「詔禁造酒」，五年後，即武平六年，後主「開酒禁」。〔註21〕

第三，當時酒禁在實施過程中所涉及的區域範圍存在差別，體現出明顯的區域性。這主要是因為不同地區的農業生產和糧食豐歉的程度存在不同。

京畿地區是統治者統治的重心，為保障政治重心地區的穩定，統治者會首先在這一地區實施酒禁。北周保定二年二月，武帝以「久不雨」而下令「京城三十里內禁酒。」〔註22〕

〔註16〕　本文對北朝時期酒禁政策特點的分析，受到楊印民在其著作《帝國尚飲：元代酒業與社會》中關於元代酒禁特點論述的影響。
〔註17〕　《北齊書》卷四《武成帝紀》，第 94 頁。
〔註18〕　《北齊書》卷八《後主紀》，第 102 頁。
〔註19〕　《周書》卷五《武帝紀上》，第 66 頁。
〔註20〕　《魏書》卷一二《孝靜帝紀》，第 301～302 頁。
〔註21〕　《北齊書》卷八《後主紀》，第 102、108 頁。
〔註22〕　《周書》卷五《武帝紀上》，第 66 頁。

　　統治者會在發生自然災害、農業生產歉收地區重點實施酒禁。天統五年，在「河北諸州無雨」、「境內偏旱」的形勢下，北齊後主「詔禁造酒。」〔註23〕

　　第四，酒禁並非針對所有社會階層。儘管當時的統治者一方面制定嚴厲的酒禁政策，另一方面輔以嚴刑峻法以助其實行。但是，酒禁政策所涉及的社會階層存在著明顯的差別，部分社會階層享有不受酒禁限制的特權。北魏時期，「（太安）四年春正月丙午朔，（文成帝）初設酒禁」。〔註24〕為保障酒禁的實施，文成帝規定「釀、沽飲皆斬之」。〔註25〕可見酒禁的嚴酷。但是以文成帝為代表的皇室及官僚卻宴飲如常，「（太安四年）二月丙子，登碣石山，觀滄海，大饗群臣於山下」。〔註26〕這說明，並不能因為北魏國家實施嚴酷的酒禁，就認為酒禁實施的很徹底，即酒禁對所有社會階層而設。至少可以說，當時的皇室擁有不受酒禁限制的特權。北齊河清四年三月，武成帝以「年穀不登」而「禁酤酒」。〔註27〕天統五年，在「河北諸州無雨」、「境內偏旱」的形勢下，北齊後主「詔禁造酒。」〔註28〕但是北齊後主自己卻「甘酒嗜音」。〔註29〕而且，當時國家專門負責皇室用酒的釀酒機構仍在進行酒的生產，「清漳（署），主酒，歲二萬石。春秋中牟」。〔註30〕如此看來，酒禁政策並沒有干預到皇室等社會上層飲酒的利益。所以，在遵守酒禁政策上，社會上層與下層明顯區別開來。

（四）酒禁的解除

　　酒禁政策最終有利於緩解糧食供應緊張的形勢。同時，還具有穩定基層社會秩序的作用。因此，酒禁政策有實施的必要性的一面。

　　但是，酒禁政策的實施又給當時社會生活帶來了消極的影響。一方面是限制了人們日常生活正常的用酒需求。另一方面，禁釀、酤、飲這種全面酒禁政策的實施，必然會對國家財政收入產生影響。因為釀酒受到限制，那麼

〔註23〕《北齊書》卷八《後主紀》，第 102 頁。
〔註24〕《魏書》卷五《文成帝紀》，第 116 頁。
〔註25〕《魏書》卷一一一《刑罰志》，第 2875 頁。
〔註26〕《魏書》卷五《文成帝紀》，第 116 頁。
〔註27〕《北齊書》卷四《武成帝紀》，第 94 頁。
〔註28〕《北齊書》卷八《後主紀》，第 102 頁。
〔註29〕《北齊書》卷八《後主紀》，第 116 頁。
〔註30〕《隋書》卷二七《百官志中》，第 755 頁。

勢必會制約酒的買賣，酒的消費會最終受到限制。進而由酒的釀、酤所帶來的酒稅收入就會減少，國家的財政因此受到影響。所以，酒禁與國家財政之間存在著矛盾的一面。而後者又成爲統治者解除酒禁的重要動因。因爲來自於酒業經營的稅收收入是古代國家財政的重要組成部分，是國家財政支出所依賴的一個重要的經濟基礎。因此，統治者在國家財政緊張之時，會解除酒禁，恢復酒稅的徵收，以補充財政的不足。北齊後主在天統年間實施兩次酒禁，在統治後期，面對與北周進行軍事作戰而軍費不足的情況，後主下令解除酒禁。《北齊書》卷八《後主紀》載，「（武平六年）以軍國資用不足，稅關市、舟車、山澤、鹽鐵、店肆，輕重各有差，開酒禁。」北齊國家對關市、店肆征稅，以及開放酒禁諸措施的實施俱在國家財政收入不足的時期，可見，北齊國家開放酒禁與對關市、店肆征稅之間應具有前後相承的關係，「開酒禁」必然是作爲「稅關市」的輔助、後續政策。而由北齊國家在對市場經營征稅、同時下詔著重強調「開酒禁」，更能清晰地看出酒稅收入在當時國家財政中佔據著重要的地位。

二、榷酒

關於「榷酒」，《漢書》卷六《武帝紀》「（天漢三年春二月）初榷酒酤」條，「應劭曰：『縣官自酤榷賣酒，小民不復得酤也。』韋昭曰：『……謂禁民酤釀，獨官開置，如道路設木爲榷，獨取利也。』師古曰：『榷者，步渡橋，《爾雅》謂之石杠，今之略約是也。禁閉其事，總利入官，而下無由以得，有若渡水之榷，因立名焉。』」由此可見，榷酒就是由國家對酒類的銷售實行專賣，禁止民間進行酒的買賣，國家旨在藉此獨享專利。〔註31〕北齊時期，就有榷酒制度的實行，「（天保八年八月）辛巳，制榷酤」。〔註32〕北周後期也實行酒類專賣政策。《隋書》卷二四《食貨志》載，「先是尚依周末之弊，官置酒坊收利，鹽池鹽井，皆禁百姓採用。（開皇三年）至是罷酒坊，通鹽池鹽井與百姓共之。遠近大悅。」北周國家不僅對酒的銷售實行壟斷，而且，還壟斷酒的生產。從隋文帝「罷酒坊」、「遠近大悅」可以看出，一方面，北周國家實施壟斷酒類生產、銷售政策是非常嚴酷的，對違反這一政策的行爲要

〔註31〕關於榷酤制度在國家統治中所起的作用，宋人周輝在《清波雜志》卷六「榷酤」條論述，「榷酤創始於漢，至今賴以佐國用。」由此可見，來自於榷酤制度的收入在支持國家統治運轉方面佔有較爲重要的地位。

〔註32〕《北史》卷七《齊文宣帝紀》，第 254 頁。

予以嚴懲。另一方面，由於榷酒的實施，若從國家方面而言，其效果是較為顯著和積極的，北周國家從中獲得了巨大的利潤收入。但從民生方面而論，則帶來了消極的影響，平民在日常生活中的釀酒、飲酒受到限制。也可以說，榷酒政策在實施過程中存在著一個基本矛盾，即隨著榷酒的實行，國家可以在短時間內實現財富的迅速集中，但同時由於榷酒政策中存在國家隨意制定價格的因素，由此限制了社會民眾的長久消費力。所以，榷酒不僅給民眾的生活帶來不便，最終還會影響到國家從榷酒中所獲得的利潤收入的持續增加。

三、稅酒

稅酒，是指國家對酒業經營實行征稅的政策，這種政策在增加國家財政收入方面佔有重要的地位。所以，稅酒是國家的一項重要財政政策。

關於北朝前期是否實行徵收酒稅的政策，文獻中沒有明確記載。但是通過對相關記載的分析，可以肯定酒稅在當時是存在的。《魏書》卷一一《前廢帝紀》載，「詔曰：『朕以寡薄，撫臨萬邦，思與億兆同茲慶泰。可大赦天下，以魏為大魏，改建明二年為普泰元年。其稅市及稅鹽之官，可悉廢之。』」根據《洛陽伽藍記》所載，北魏首都洛陽的市場中就有「退酤」與「治觴」二里，進行酒的釀造與買賣。其他地區的市場中，也有不同規模酒業經營的存在。所以，稅市之官所管轄的市場範圍，自然包括酒業經營在內。也就是說，在市場內進行酒業經營者必須納稅。《魏書》卷九《孝明帝紀》又載，「（孝昌二年）閏月，稅市人出入者各一錢，店舍為五等。」〔註33〕這表明，北魏遷都洛陽後，至少從孝明帝時期開始，就實行稅酒的政策。〔註34〕

北齊、西魏、北周繼承北魏制度，對酒業經營征稅。北齊後主時期，「（武平六年）以軍國資用不足，稅關市、舟車、山澤、鹽鐵、店肆，輕重各有差，

〔註33〕《通典》卷一一《食貨十一·雜稅》載，「後魏明帝孝昌二年，稅市入者，人一錢。其店舍又為五等，收稅有差。」這說明包括酒業經營者在內的商戶需要交納一錢作為取得進入市場中進行商業經營資格的憑證。稅市之官再根據酒業經營者經營規模，徵收不同的酒稅。據此，北魏國家從酒稅中獲得了豐厚的收入。

〔註34〕關於北朝前期商業稅的問題，李劍農先生在《中國古代經濟史稿》第二卷《魏晉南北朝隋唐部分》第五章《商業·南北商業稅發展之差異》中認為北朝初期市場中的經營者無須納稅，「北部（北朝）則非但關津之稅未能繼續，即市租亦廢不復存，至北魏將季，始有入市稅之產生。」

開酒禁。」〔註 35〕北齊國家解除酒禁，恢復酒業活動，並對店肆進行征稅，自然應包括酒業經營在內。

西魏、北周也實行徵收酒稅的政策。《通典》卷一一《食貨十一・雜稅》載，「後周閔帝初，除市門稅。及宣帝即位，復興入市之稅，每人一錢。」〔註 36〕「入市之稅」自然包括對酒業經營征稅在內。這項制度當承襲於北魏。據《周書》卷七《宣帝紀》記載，「復興入市之稅」當在大象二年初實行。但是此制實行的時間不是很長的。《周書》卷八《靜帝紀》載大象二年夏五月，靜帝即位之前，北周國家「罷入市稅錢。」可見北周國家實行徵收酒稅政策的時間不到半年。這與北周國家實行榷酒政策有關。

由以上分析可知，北朝時期對酒業經營徵收的並不是專門的酒稅，而是與市場上其他商品一起徵收的市稅。但是應當注意，酒為當時人們的日常生活所需，進而成為市場交易中的大宗商品，而不論對酒徵收專門稅，還是市稅，都可以在較短的時間內實現一定財富的迅速集中。

第三節　主管酒務的官員

當時國家在制定相關酒政的同時，為了使其順利實施，設置了相關職官來對有關酒的事務進行管理。

首先是管理酒業市場的官員。《通典》卷二六《職官八・太府卿》載，「諸市署：周官有司市下大夫，掌市之理……後魏有京邑市令。北齊則司州牧領東西市令、丞。後周司市下大夫。」表明北魏、北齊的諸市令、丞，北周的司市下大大掌管當時市場中酒的買賣事務。《魏書》卷一一○《食貨志》載，「（武定）六年，文襄王以錢文五銖，名須稱實，宜稱錢一文重五銖者，聽入市用……其京邑二市、天下州鎮郡縣之市，各置二稱，懸於市門，私民所用

〔註 35〕《北齊書》卷八《後主紀》，第 108 頁。

〔註 36〕《資治通鑒》卷一七五《陳紀九》「宣帝太建十三年條」載，「初，蘇綽在西魏，以國用不足，制征稅法頗重，既而歎曰：『今所為者，譬如張弓，非平世法也。後之君子，誰能弛之！』（蘇）威聞其言，每以為己任。至是，奏減賦役，務從輕簡，隋主（文帝）悉從之。」胡三省注「後周太祖作相……又有市門之稅。自今觀之，亦不為重矣，而蘇綽猶望後之人馳之，可謂有志於民矣。」可見北周時期的市門稅當承襲西魏制度。上述記載同時反映出，西魏時期徵收酒稅的稅率並不是很高的。當時國家實行征稅政策時，國富與民樂業是當政者的注重點。

之稱，皆準市稱以定輕重。」一方面，按行政區劃劃分，當時國家對徵收酒稅事務的管理應分為中央京師所屬和地方州郡縣所屬兩個級別。另一方面，國家並未設置專職管理酒業經營事務，而是讓市令等官員兼領。

其次是管理酒價的官員。《通典》卷二六《職官八・太府卿》，「平準署：周官有質人中士、下士，主平定物價……北齊平準屬司農。後周曰平準中士、下士。」〔註 37〕由此可知，北齊的平準令、北周的平準中士與下士，掌管市場中的酒價。

第三是掌管有關酒政的官員。《魏書》卷一一一《前廢帝紀》載，「詔曰：……其稅市及稅鹽之官，可悉廢之。』」北魏後期的稅市官，負責徵收市場中的酒稅。可見，北魏並沒有設置專職掌管酒稅的官員，只是使有關官員兼管酒稅事務。《通典》卷二五《職官七・光祿卿》，「良醞署令、丞：……《周官》有酒正中士、下士，掌酒之政令……後周如古周之制。」表明北周時期實行的稅酒、榷酤政策，已有專職官員來掌管。《通典》卷二六《職官八・太府卿》載，「《周官》有太府下大夫，掌貢賦之貳，受其貨賄之入，頒其貨賄於受藏之府。歷代不置，然其職在司農、少府……後魏太和中，改少府為太府卿，兼有少卿，掌財物庫藏。北齊曰太府寺，亦有卿、少卿各一人，又兼掌造器物。後周有太府中大夫，掌貢賦貨賄，以供國用，屬大冢宰。」明確指出，北朝時期掌管徵收酒稅的權力，隸屬於太府機構。

通過對北朝時期官員對酒業管理的分析，可以看出，北朝前期，國家並沒有設置專門職官來掌管有關酒的買賣、稅收等。到了北周時代，國家才有專門的官員來管理市場中的酒業經營及酒政事務。

〔註37〕《唐六典》卷二〇《太府寺・平準署》載，「《周禮》有質人中士、下士，主平定物價也……後魏闕文。北齊司農寺統平準令、丞。後周有平準中士、下士。」《通典》卷一一《食貨十一》載，「後魏明帝孝昌二年，稅市入者，人一錢。其店舍又為五等，收稅有差。」李劍農先生在《中國古代經濟史稿》第二卷《魏晉南北朝隋唐》第五章《商業・南北商業稅發展之差異》中認為北朝初期市場中的經營者無須納稅，「北部（北朝）則非但關津之稅未能繼續，即市租亦廢不復存，至北魏將季，始有入市稅之產生。」由此可見，北魏最初制定對酒業經營的管理政策，僅限於管理市場中酒的釀酤、徵收酒稅，除此之外，並沒有制定其他的管理酒業活動的方針。但是，酒價的高低，不僅關係到酒業經營者的利潤收入，而且還影響到人們的購買力、乃至國家最終從其中所得的酒稅收入。因為北魏制定酒稅政策時在即將改朝換代之際，不久北魏分裂。所以，進一步制定國家直接調控酒價這一細緻管理政策，則是之後的北齊、北周的事情。

　　綜上所論，北朝時期的酒業生產呈現出官府釀造與民間釀造並行發展、繁榮的局面。而民間酒業生產的運行是當時社會酒類消費需求的重要保障。同時，國家對酒業的管理政策是影響酒業生產、經營的不可忽視的因素。酒禁的實質是國家嚴格禁止社會中與酒有關的釀造、經營、飲用；榷酒的實質是由國家壟斷社會中酒的釀造和經營，所以，這兩種酒業管理政策限制了酒業生產、經營的發展。當時國家實施上述酒業管理政策的時間是較短的，而實施稅酒政策的時間是較長的，所以，稅酒與禁酒和榷酒相比，是這一時期通行的酒業管理政策。況且，當時國家實行的是輕稅的政策。這給當時社會中酒業生產、經營的發展提供了一個良好的政策環境保障。

第三章　北朝時期飲酒的特點

　　北朝時期，人們尚飲形成風氣。當時人不僅採用多種飲酒方式暢飲佳釀，而且，人們對飲酒器具是非常講究的。當時人在日常飲食生活、節日都會暢飲，除此之外，統治者還經常舉行賜酒宴的活動，這構成了當時飲酒活動頻繁的特徵。

第一節　尚飲形成風氣

一、飲酒的社會階層廣泛

　　北朝時期，由於國家實施較為寬鬆的酒業管理政策，再加上這一時期釀酒技術的進步促進了酒的種類的增多與產量的增加，所以，當時酒的消費呈現出迅猛發展的趨勢。這體現在北朝時期飲酒的社會階層日益廣泛。這一時期，飲酒風氣影響所至的社會群體，即有社會上層貴族，又有社會下層平民，甚至還不乏僧侶階層成員，這使當時社會中存在規模龐大的飲酒群體。進而使飲酒風氣成為當時社會的鮮明標誌。

（一）皇帝

　　尚飲風氣在北朝時期的統治者中表現得最為濃厚。

　　首先，統治者經常賜酒宴於群臣、與群臣共飲，是尚飲之風在統治者中盛行的鮮明標誌。登國七年春正月，北魏道武帝「幸木根山，遂次黑鹽池。饗宴群臣，觀諸國貢使」。同年三月，道武帝「宴群臣於水濱，還幸河南

宮」。〔註1〕永興四年，北魏明元帝「宴群臣於西宮」。〔註2〕北魏太武帝在位期間，經常「大饗」百僚，〔註3〕與官員共飲。北魏孝文帝也是頻繁「大饗群臣」。〔註4〕北齊文宣帝時常「朝讌群臣」，〔註5〕與群臣暢飲同樂。北周武帝經常「置酒」〔註6〕賞賜功臣、宴請官員。從北魏到北周五朝，當時各個朝代的統治者頻繁舉行不同類型與規模的賜酒宴活動。《魏書》、《北齊書》、《周書》和《北史》中明確記載統治者賜酒宴共有 140 次之多。（關於北朝時期皇帝賜酒宴，見本章後附表 7 至附表 11）

其次，當時的一些統治者不僅喜飲，而且還有縱酒、嗜酒瘋狂者。所以，縱酒、嗜酒成爲尚飲風氣在統治者中盛行的另一標誌。

北魏時期，大臣崔光面對宣武帝的縱酒，曾上書進行勸諫，「伏願陛下追殷二宗感變之意，側躬聳誠，惟新聖道，節夜飲之忻，強朝御之膳，養方富之年，保金玉之性，則魏祚可以永隆，皇壽等於山岳」。〔註7〕崔光進諫除對宣武帝的縱酒行爲對身體健康所帶來的負面影響表示擔心之外，更多的是對由君主不能自覺節制飲酒而引起的政權穩定問題表示關切。

北齊皇帝普遍尚飲成風，從北齊開國皇帝文宣帝開始，及後繼統治者中，沉溺於酒者不乏其人。嗜酒瘋狂成爲北齊皇室的顯著特徵。北齊統治者的嗜酒瘋狂，其中當首推文宣帝。北齊文宣帝在統治後期，「縱酒肆欲，事極猖狂，昏邪殘暴，近世未有。饗國弗永，實由斯疾，胤嗣殄絕，固亦餘殃者也」。〔註8〕說明文宣帝統治後期，國政混亂、政權逐漸趨於不穩，與其「縱酒肆欲」有著密切的聯繫。當時朝臣中「朝亦飲酒醉，暮亦飲酒醉。日日飲酒醉，國計無取次」〔註9〕的感慨，反映的就是上述情況。文宣帝最終縱酒身亡，「暨于末年，不能進食，唯數飲酒，麴蘗成災，因而致斃」。〔註10〕可見，統治者嗜酒不僅影響到自己的身體健康，而且還導致了當時國家政治形

〔註1〕　《魏書》卷二《道武帝紀》，第 25 頁。
〔註2〕　《魏書》卷三《明元帝紀》，第 51 頁。
〔註3〕　《魏書》卷四下《太武帝紀下》，第 103 頁。
〔註4〕　《魏書》卷七下《孝文帝紀下》，第 171 頁。
〔註5〕　《北齊書》卷四《文宣帝紀》，第 65 頁。
〔註6〕　《周書》卷六《武帝紀下》，第 101 頁。
〔註7〕　《魏書》卷六七《崔光傳》，第 1490 頁。
〔註8〕　《北齊書》卷四《文宣帝紀》，第 69 頁。
〔註9〕　參看逯欽立輯校：《先秦漢魏晉南北朝詩·北齊詩》卷一，中華書局，1988
　　　　年版，第 2257 頁。
〔註10〕　《北齊書》卷四《文宣帝紀》，第 68 頁。

勢的不穩。所以，面對文宣帝嗜酒及由此而引起的朝政紊亂，一些耿直的大臣直言進諫，「顯祖末年，縱酒酣醉，所爲不法，（高）德政屢進忠言」。〔註11〕「頗爲文宣所知」的王紘，也曾警示文宣帝，「長夜荒飲，不悟國破，是謂大苦」。〔註12〕面對群臣的直言極諫，文宣帝顯然沒有充分意識到縱飲無度危害的嚴重程度。仍然我行我素、酣飲無度，「（文宣）帝謂左右曰：『崔暹諫我飲酒過多，然我飲何所妨？』」〔註13〕

北齊武成帝也是繼承了其兄長文宣帝縱酒嗜飲的餘風，武成帝「酒色過度，恍惚不恒，曾病發，自云初見空中有五色物，稍近，變成一美婦人，去地數丈，亭亭而立。食頃，變爲觀世音」。〔註14〕「（武成）帝先患氣疾，因飲酒輒大發動，（和）士開每諫不從」。〔註15〕反映出武成帝的身體健康問題也是由縱酒嗜欲所致。即「勿飲酒令至醉，即終身百病不除。久飲酒者，腐腸爛胃，潰髓蒸筋，傷神損壽」。〔註16〕北齊後主更是「甘酒嗜音」。〔註17〕對後主的縱酒，民間也作諺語以示諷刺，「先是童謠曰：『黃花勢欲落，清觴滿盃酌。』言黃花不久也，後主自立穆后以後，昏飲無度，故云清觴滿盃酌」。〔註18〕由於北齊統治者多縱酒，這導致他們壽命大多不長，「饗國弗永」，〔註19〕從文宣帝建立北齊政權，到北齊爲北周所滅，在不到三十年時間裏，北齊更換了六位統治者，除北齊後主、幼主客死北周，孝昭帝正常死亡外，其餘統治者的英年早逝均和縱酒有關。正如史家所說北齊多數統治者「饗國不永，實由斯疾」。〔註20〕北齊朝政紊亂，與統治者的沉湎於酒色、荒於政事，具有密切的關係。

北周時期，出身於鮮卑族宇文氏的統治者也不乏嗜酒之人。「（宣）帝之在東宮也……性既嗜酒，高祖遂禁醪醴不許至東宮」。〔註21〕北周武帝甚至

〔註11〕《北齊書》卷三〇《高德政傳》，第 409 頁。
〔註12〕《北史》卷五五《王紘傳》，第 1998 頁。
〔註13〕《北齊書》卷三〇《崔暹傳》，第 406 頁。
〔註14〕《北齊書》卷三三《徐之才傳》，第 446 頁。
〔註15〕《北齊書》卷五〇《恩倖·和士開傳》，第 687 頁。
〔註16〕（佚名）《太清道林攝生論》//張繼禹主編：《中華道藏·四輔眞經》第二十三
　　　　冊《太清攝養經》，華夏出版社，2004 年版，第 634 頁。
〔註17〕《北齊書》卷八《後主紀》，第 116 頁。
〔註18〕《北齊書》卷九《穆后傳》，第 128 頁。
〔註19〕《北齊書》卷四《文宣帝紀》，第 69 頁。
〔註20〕《北齊書》卷六《孝昭帝紀》，第 86 頁。
〔註21〕《周書》卷七《宣帝紀》，第 124 頁。

因太子的嗜酒而考慮到太子的廢立，後在太子的矯情掩飾之下而打消廢太子的意圖。可是，宣帝即位後，仍然酣飲如前。「（宣）帝既酣飲過度，常中飲」。〔註 22〕

綜上可見，北朝時期的統治者，尚飲之風尤以北齊最爲明顯。其他朝代的統治者在尚酒方面與北齊統治者相比則要遠遜一些。但這並不是說他們不飲酒，而是自身對酒有一定的認識，進而對飲酒有一定的節制、從不沉湎於其中。北魏孝文帝經常舉行酒宴活動，但是孝文帝卻從不縱酒，而且還把朝臣所上「酒訓」「常置左右」，〔註 23〕以「商辛耽酒，殷道以之亡」〔註 24〕作爲前車之鑒時刻提醒自己，以「公旦陳誥，周德以之昌」〔註 25〕來激勵自己。據此，對於節制飲酒和縱酒的君主來說，酒是「可節之物」，只是「嗜者不能立志裁割」〔註 26〕而已。

（二）官僚

飲酒風氣在朝廷官員中的盛行，表現在官員中充斥著眾多好酒喜飲者。北魏宣武帝時期，時任「司州牧」、「衛大將軍、尚書令」的宗室廣陽王元嘉，「好飲酒，或沉醉」。〔註 27〕宣武帝時期，時任平南將軍、豫州刺史的夏侯道遷，「好言宴，務口實」，甚至以其「國秩歲入三千餘匹」專供「酒饌」。並經常「誦孔融詩曰：『坐上客恒滿，樽中酒不空。』餘非吾事也」。夏侯道遷因其縱酒、放誕的行爲使「識者多之」。〔註 28〕反映出官員的縱酒造成了財富的極大浪費。「歷員外通直散騎常侍、鎮東將軍、光祿卿」的宣武帝寵臣趙修，「能劇飲，至於逼勸觴爵，雖北海王詳、廣陽王嘉等皆亦不免，必致困亂」。〔註 29〕北齊開國功臣、歷任軍政要職的高季式，「豪率好酒……黃門郎司馬消難，左僕射子如之子，又是高祖之壻，勢盛當時。因退食暇，尋季式與之酣飲……酒至，不肯飲。季式云：『我留君盡興，君是何人，不爲我痛飲。』命左右索車輪括消難頸，又索一輪自括頸，仍命酒引滿相勸。消難不得已，欣

〔註 22〕《隋書》卷二五《刑法志》，第 710 頁。
〔註 23〕《魏書》卷四八《高允傳》，第 1088 頁。
〔註 24〕《魏書》卷四八《高允傳》，第 1087 頁。
〔註 25〕《魏書》卷四八《高允傳》，第 1087 頁。
〔註 26〕《宋書》卷六一《武三王·衡陽王義季傳》，第 1654 頁。
〔註 27〕《魏書》卷一八《太武五王·廣陽王建傳附元嘉傳》，第 429 頁。
〔註 28〕《魏書》卷七一《夏侯道遷傳》，第 1583 頁。
〔註 29〕《魏書》卷九三《恩倖·趙修傳》，第 1998 頁。

笑而從之」。〔註30〕表明一些官員不僅自己縱酒，而且，還令他人強飲。北齊時期，歷任黃門侍郎、輔佐北齊數代皇帝的高伏護，「性嗜酒，每多醉失，末路逾劇，乃至連日不食，專事酣酒，神識恍惚，遂以卒」。〔註31〕北周時期，歷任中央與地方軍政要職的李遷哲，平時喜好「縱酒飲醼」。〔註32〕

當時官員甚至因縱酒、醉酒而耽誤政務者也屢見不鮮。北魏孝明帝時期，時任「兼尚書右僕射、西道行臺、行秦州事，為諸軍節度」的宗室元修義，「性好酒，每飲連日，遂遇風病，神明昏喪，雖至長安，竟無部分之益」。〔註33〕孝莊帝時期，「南趙郡太守」李元忠「以好酒無政績」。〔註34〕官員縱酒昏醉，自然無法處理政務。由此，官員的縱酒、嗜酒行為在北朝時期可謂是司空見慣。

（三）平民

當時平民中，飲酒之風更是盛行。北魏太武帝時期，「（拓跋晃）及監國，命有司使百姓有牛家以人牛相貿，又禁飲酒雜戲棄本沽飯者，於是墾田大增」。〔註35〕這表明，民間的縱飲之風在一定程度上干擾了農業生產的正常進行。甚至有人因醉酒、酣酒滋事，影響了社會秩序的穩定，「太安四年，始設酒禁。是時年穀屢登，士民多因酒致酗訟，或議主政。（文成）帝惡其若此，故一切禁之。」〔註36〕說明當時平民之中酣酒之風的愈演愈烈之勢。

當時酒業市場的繁榮，也從側面反映出民間的尚酒之風。《洛陽伽藍記》卷四《城西》載洛陽大市中酒業市場的規模，「（洛陽大）市西有退酤、治觴二里。里內之人多釀酒為業」。北周王褒《日出東南隅行》載北周邊疆地區的酒肆場面，「採桑三市路，賣酒七條衢。」〔註37〕這些規模巨大的酒業市場，必然要以民間龐大的消費市場作為存在的基礎。

〔註30〕《北齊書》卷二一《高乾傳附高季式傳》，第297～298頁。
〔註31〕《北齊書》卷一四《高靈山傳附高伏護傳》，第189頁。
〔註32〕《周書》卷四四《李遷哲傳》，第793頁。
〔註33〕《魏書》卷一九上《景穆十二王·汝陰王天賜傳附元修義傳》，第451頁。
〔註34〕《北齊書》卷二二《李元忠傳》，第314頁。
〔註35〕《北史》卷二《魏景穆帝紀》，第64頁。
〔註36〕《魏書》卷一一一《刑罰志》，第2875頁。
〔註37〕參看遼欽立輯校：《先秦漢魏晉南北朝詩·北周詩》卷一，中華書局，1983年版，第2335頁。

（四）僧侶

佛教僧侶，本應謹遵「佛道以酒肉爲上誡」〔註38〕這一飲食清規，斷除世俗物質欲望而潛心修行，以示對佛教信仰的虔誠之意。但是，當時的僧侶階層仍然不乏嗜酒之徒，這一時期的一些僧侶並沒有因爲宗教信仰而在飲食方面謹遵佛教中戒酒肉的清規。西魏時期，僧人釋檀特，「身雖剃染，率略無檢制。飲酒啖肉……居於武威，肆意狂逸」。〔註39〕同一時期的長安，「有賈人持金二十斤，詣京師交易，寄人停止……緘閉不異而失之……（柳）慶聞而歎之，乃召問賈人曰：『卿鑰恒置何處？』……『與人同飲乎？』（賈人）曰：『日者曾與一沙門再度酣宴，醉而晝寢。』慶曰：『……彼沙門乃眞盜耳。』」〔註40〕由此可見，在日常生活中違反佛教五戒的僧人還是不少的。甚至，一些僧人在嚴肅的宗教場合也是醉酒熏熏。在北齊文宣帝舉行的佛教、道教辯難的法會上，僧人釋曇顯，「酒醉酣盛，扶舉登座」，正因爲其不檢點的行爲，才會有「眾皆憚焉」的反映。〔註41〕一些僧人在參加統治者的賜宴時，也是葷素不忌，北齊時期，「（文宣）帝曾命酒並蒸肫，敕置（釋道）豐前，令遣食之。（釋道）豐聊無辭讓，極意飽啖」。〔註42〕這明確反映出一些僧人並沒有因宗教信仰而自覺嚴格約束自己的物質欲望，進而使自己在飲食方面與世俗社會無異。也就是說，一些形骸放浪的僧侶視佛教飲食戒律如虛設。

在日常飲食生活中，違背「佛道以酒肉爲上誡」〔註43〕這一飲食清規的僧人，必然不見容於世俗。所以，他們飲酒食肉這一放浪不羈的行爲是要受到人們的指責。北周時期，僧人釋童進，因「不局禮度，唯樂飲酒……來去酣醉，遺尿臭穢」這一不檢點的行爲而受到「眾共非之」。〔註44〕人們對飲酒

〔註38〕釋僧祐：《弘明集》卷一 //《大正新修大藏經・史傳部四》，臺北：財團法人佛陀教育基金會出版部，1990 年版，第 6 頁。

〔註39〕通慧、贊寧：《宋高僧傳》卷一八《感通篇第六之一》//《大正新修大藏經・史傳部二》，臺北：財團法人佛陀教育基金會出版部，1990 年版，第 820 頁。

〔註40〕《周書》卷二二《柳慶傳》，第 370～371 頁。

〔註41〕釋道宣：《續高僧傳》卷二三《護法上》//《大正新修大藏經・史傳部二》，臺北：財團法人佛陀教育基金會出版部，1990 年版，第 625 頁。

〔註42〕釋道宣：《續高僧傳》卷二五《感通上》//《大正新修大藏經・史傳部二》，臺北：財團法人佛陀教育基金會出版部，1990 年版，第 647 頁。

〔註43〕釋僧祐：《弘明集》卷一 //《大正新修大藏經・史傳部四》，臺北：財團法人佛陀教育基金會出版部，1990 年版，第 6 頁。

〔註44〕釋道宣：《續高僧傳》卷二三《護法上》//《大正新修大藏經・史傳部二》，臺

食肉的僧人持非議的態度，反映出不飲酒食肉是僧人必須遵守的佛教戒律。

二、豪飲風氣盛行

　　當時上至社會上層，下至平民，乃至僧侶階層，好酒、嗜酒者大量存在，構成了龐大的飲酒群體。這是北朝社會尚飲形成風氣的重要標誌。在當時好酒者中，還出現了眾多的豪飲者。其中，明顯的表現就是當時人們動輒以斗，甚至以石來衡量豪飲者的酒量之大。所以，豪飲風氣盛行成爲當時尚飲風氣的另一重要標誌。

　　北魏文成帝時期，官居南部主書的劉藻，「飲酒至一石不亂」。〔註 45〕孝明帝時期，歷任中散的楊元愼，「性嗜酒，飲至一石，神不亂。常慷慨歎不得與阮籍同時生」。〔註 46〕可見當時一些嗜酒者的酒量之大。

　　當時更普遍的是以斗來衡量飲酒者的日常飲酒量。北魏孝明帝時期，在宗室臨淮王元彧舉行的酒宴中，裴子明因對詩不工而被罰酒，「唯河東裴子明爲詩不工，罰酒一石。子明八斗而醉眠，時人譬之山濤」。〔註 47〕北齊時期，外戚胡長仁，「性好歌舞，飲酒至數斗不亂」。〔註 48〕北周時期，「明習故事，又參定周律」的裴政「能飲酒，至數斗不亂」。〔註 49〕飲酒數斗而不醉，酒量也可謂不小。

　　北齊宗室隴西王高紹廉，「能飲酒，一舉數升」。〔註 50〕高紹廉雖然不能飲酒至一石，但一口氣能飲數升，其酒量也可謂不小。

三、尚飲之風形成的原因

　　北朝時期的尚飲之風，並不是單獨存在的社會現象，而是與當時的社會背景有著密切的聯繫。

　　首先是受到游牧民族飲食風俗的影響。作爲統治民族的鮮卑族，在入主北方後，其自身的飲食風俗如嗜酒之風也隨之傳入北方社會，毋庸置疑，這

　　　　北：財團法人佛陀教育基金會出版部，1990 年版，第 659 頁。
〔註 45〕《魏書》卷七〇《劉藻傳》，第 1549 頁。
〔註 46〕參看〔東魏〕楊玄之著：《洛陽伽藍記》卷二《城東》，范祥雍校注，上海古籍出版社，1978 年版，第 120 頁。
〔註 47〕參看〔東魏〕楊玄之著：《洛陽伽藍記》卷四《城西》，范祥雍校注，上海古籍出版社，1978 年版，第 202 頁。
〔註 48〕《北史》卷八〇《外戚・胡長仁傳》，第 2694～2695 頁。
〔註 49〕《北史》卷七七《裴政傳》，第 2612 頁。
〔註 50〕《北齊書》卷一二《文宣四王・隴西王紹廉傳》，第 157 頁。

種風氣必然要對當時北方社會的飲食生活產生影響。由南朝投奔到北魏、在北方長期生活的魯爽，「幼染殊俗，無復華風。粗中使酒」。〔註51〕反映出遊牧民族的飲酒之風對漢族社會的影響。對由南朝投奔到北方的人影響如此之甚，那麼對於原本就有酗酒風氣的北方社會來說，這兩股風氣合流，自然會發展成熾烈的尚飲風氣。

其次，北朝時期尚飲之風的盛行，與當時農業生產發展、酒業市場繁榮緊密相連。

尚飲之風的形成、盛行與當時農業生產的發展是極為密切的。當時北方廣袤農業區的生產技術日益進步，農業生產獲得了較快的發展，糧食產量由此提高。統治者還實行「均田制」來保障與促進農業生產。《魏書》卷一一〇《食貨志》載，「諸男夫十五以上，受露田四十畝」。「一夫之田，歲責六十斛」。可見當時北方地區的糧食產量之大。尤其是在風調雨順、農業豐收的時期，人們維持日常生活的糧食需求和糧食生產量之間並不存在尖銳矛盾的情況下，農業生產技術的進步及由此帶動的糧食產量的提高，為釀酒活動提供了充足的原料保障。這是當時尚飲之風得以存在的重要物質基礎。

北方地區有著悠久的釀酒傳統。當時北方地區的釀酒技術，既有對前代釀酒技術的傳承，同時又有發展。這使當時酒的種類日益豐富、酒的產量和質量有了顯著的提高，保障了不同社會階層的消費需求。所以，釀酒技術的發展是當時尚飲風氣盛行的技術基礎。

由於釀酒技術的進步所帶來的酒產量的提高，促進了酒業經營活動的活躍。在當時北方的通都大邑、甚至是偏遠山村出現了規模不同的市場。使人們酤酒極為方便。當時尚飲之風的形成、盛行，正是以這一時期酒業市場的發展為外部環境基礎的。《洛陽伽藍記》卷四《城西》載，「（洛陽大）市西有退酤、治觴二里。里內之人多醞酒為業」。除像首都這樣規模龐大的市場，當時北方各地也有市場的分佈。王褒《日出東南隅行》載北周邊疆地區的酒肆場面，「採桑三市路，賣酒七條衢。」〔註52〕甚至當時鄉間山村也有酒店的分佈，庾信《山齋詩》載，「石影橫臨水，山雲半繞峰。遙想山中店，懸知春酒濃。」〔註53〕酒業市場的林立，為人們買酒、飲酒提供了便利。這必然會推

〔註51〕《宋書》卷七四《魯爽傳》，第 1922 頁。

〔註52〕 參看逯欽立輯校：《先秦漢魏晉南北朝詩・北周詩》卷一，中華書局，1983 年版，第 2335 頁。

〔註53〕 參看逯欽立輯校：《先秦漢魏晉南北朝詩・北周詩》卷四，中華書局，1983

動尚飲之風的發展。

第三，當時氣候的變化，對飲酒風氣也有一定的影響。據竺可楨研究，自兩晉時期，中國古代氣候開始逐漸進入寒冷期，當時年平均氣溫在-1℃至-2℃之間波動。〔註54〕秦冬梅認為，「魏晉南北朝時期又進入一個相對的寒冷期……最主要的表現為寒冷事件發生數量的增多和極端寒冷發生頻率的增高」。〔註55〕當時文獻中有大量記載。《魏書》卷一一二上《靈徵志上》載，「（太平）真君八年五月，北鎮寒雪，人畜凍死。」「（太和九年）六月，洛、肆、相三州及司州靈丘、廣昌鎮賈霜。」「（正始二年）五月壬申，恒、汾二州賈霜殺稼。」「肅宗熙平元年七月，河南、北十一州霜。」《北齊書》卷七《武成帝紀》載，「（河清二年）冬十二月……是時，大雨雪連月，南北千餘里平地數尺，霜晝下。」春夏之季下雪、降霜，反映出當時氣候處於寒冷期。在天氣寒冷的氣候條件下，飲酒可以加快全身血液循環，增加身體熱量，起到禦寒的作用。所以，北朝時期寒冷的氣候，是影響當時飲酒風氣盛行的不可忽視的自然環境因素。〔註56〕

第二節　飲酒方式的多樣化

一、壓榨之後飲用

北朝時期的大多數酒，是由穀物中的澱粉經過酒麴糖化、發酵釀造而成。但大數酒的釀造時間較短，糖化、發酵尚未完全，所以成酒之後，酒糟與酒液混合，酒液渾濁。因此，只有經過壓榨，才能得到清澄的酒液。《齊民要術》卷七《造神麴並酒第六十四》載河東神麴黍米酒的壓榨，「但合醅停須臾便押

年版，第 2404 頁。

〔註54〕參看竺可楨：《中國近五千年來氣候變遷的初步研究》，載《考古學報》，1972年第 1 期，第 15～38 頁。

〔註55〕參看秦冬梅：《試論魏晉南北朝時期的氣候異常與農業生產》，載《中國農史》，2003 年第 2 期，第 61 頁。

〔註56〕張慶捷先生在《北魏平城墓葬繪畫中的宴飲圖》一文中分析鮮卑人酷愛飲酒即與寒冷氣候有密切的關係，「鮮卑拓跋喜愛飲酒，其原因即與游牧民族放牧狩獵，遷徙奔波，生性豪爽，熱情慷慨，喜歡借酒表達感情有關；也與其地處塞北，冬長夏短，寒冷異常，需要酒來抵禦寒風有關。」更確切的說，寒冷的氣候，是促使包括鮮卑人在內的整個北方地區人們酷愛飲酒的不可忽視的因素。

出。」關於酒的具體壓榨過程，可從當時醋的壓榨中得知，《齊民要術》卷八《作酢法第七十一》記載有關作醋壓榨的過程「前件三種酢，例清少澱多。至十月中，如壓酒法，毛袋壓出，則貯之。」可知當時人在壓榨酒時，就是用毛袋對汁渣混合的酒液進行壓榨，使酒液從毛袋的細孔中流出，過濾出酒糟，然後得到清澈的酒液來飲用。《齊民要術》卷六《養羊第五十七》載黑羊羊毛的用途，「毛堪酒袋，兼繩索之利。」表明當時用來壓榨與澄清濁酒的毛袋以優質黑羊羊毛爲製作原料。

二、飲用濁酒

當時的一些酒，不需要過濾，成酒酒液和酒糟可以直接飲用。《齊民要術》卷七《造神麴並酒第六十四》載用第三種神麴釀造的粳米醪，「此酒合醅飲之可也。」據學者研究，粳米米質較硬，糖化、發酵率較低，因而出酒率低而出糟率較高，酒液渾濁，汁渣不易分離，壓榨困難。〔註57〕所以，粳米酒在成酒之後適宜直接飲用。

直接飲用濁酒在當時是非常流行的。北魏文成帝時期，胡叟曾設酒宴招待來訪的同僚，「高閭曾造其家，值叟短褐曳柴，從田歸舍，爲閭設濁酒蔬食，皆手自辦集」。〔註58〕北魏後期，在戰亂之際，李元忠借濁酒向高歡陳述縱橫之計，深爲高歡賞識，「乘露車，載素箏濁酒以見高祖，因進縱橫之策，備陳誠款，深見嘉納」。〔註59〕在歲時節日，也盛行飲用濁酒，北周庾信《春賦》，「移戚里之家富，入新豐而酒美。石榴聊泛，蒲桃醱醅。芙蓉玉碗，蓮子金杯」。〔註60〕「蒲桃醱醅」，就是指汁渣混合的蒲桃濁酒。庾信《正旦蒙趙王賚酒》，「流星向椀落，浮蟻對春開」。《釋名》卷一三《釋飲食》「泛齊」條載，「泛齊，浮蟻在上泛泛然也」。反映出北朝時期人們飲用濁酒是非常普遍的。

《齊民要術》卷七載飲用濁酒的另一方式，就是在成酒之後，「笮飲之」，因爲，「醋出者，歇而不美」。〔註61〕《玉篇》釋「醋」爲「以孔下酒也。」

〔註57〕參看〔北朝〕賈思勰著：《齊民要術》卷七《造神麴並酒第六十四》，繆啓愉、繆桂龍譯注，上海古籍出版社，2009年版，第421頁。
〔註58〕《魏書》卷五二《胡叟傳》，第1151頁。
〔註59〕《北齊書》卷二二《李元忠傳》，第314頁。
〔註60〕《藝文類聚》卷三《歲時上・春》引周庾信《春賦》，第45頁。
〔註61〕參看〔北朝〕賈思勰著：《齊民要術》卷七《笨麴並酒第六十六》，繆啓愉、繆桂龍譯注，上海古籍出版社，2009年版，第444頁。

這說明，「筒飲之」就是將管子插入甕中，通過吸吮品嘗到成酒。

三、加熱飲用

酒在經過加熱後飲用，即可以增加酒的醇香口感，又可以去除酒中冷氣對人體的不利影響。所以，熱飲也成爲當時重要的飲酒方式。《齊民要術》中所記的胡椒酒，「亦可冷飲，亦可熱飲之」。庾信《衛王贈桑落酒奉答》，「愁人坐狹邪，喜得送流霞。跂窗催酒熟，停杯待菊花」。清代學者注釋「催酒熟」爲「煮之，更待酌也」。〔註62〕

北朝社會上層貴族中就流行熱飲酒的方式。北魏太武帝時期，官居尙書、大將軍的破多羅氏，其家族成員在日常酒宴中便使用溫酒酒樽對酒進行加熱，然後飲用。〔註63〕北魏後期，「（孟信）從孝武帝入關，封東州子，趙平太守。政尙寬和，權豪無犯。山中老人曾以犼酒餽之，信和顏接引，慇懃勞問。乃自出酒，以鐵鐺溫之，素木盤盛蕪菁菹，唯此而已」。〔註64〕表明民間也盛行熱飲酒的方式。

第三節　飲酒器具的考究

北朝時期的飲酒器具，形制多樣各異、考究，有杯、碗、壺、卮、叵羅、耆、缽等。以所用材質而言，有名貴酒具與古樸酒具之別。名貴酒具取材於金、銀、銅、琉璃（玻璃）、玉、瓷等，並裝飾以人物、動物、植物等紋飾，作工精緻、造型獨特、精美絕倫。古樸酒具，主要取材於動物、植物的外殼，經過簡單加工，盡顯古樸典雅。總體來說，當時飲酒器具向精緻考究的方向發展、演變。反映出當時社會上層在飲酒之時，對飲酒器具是非常講究的。本節以器具的形制爲分類標準來對當時的飲酒器具進行考察。

一、酒杯

酒杯在當時是爲人們普遍使用的飲酒器具。從當時的歷史文獻記載和詩詞中便可以看出。《北齊書》卷一六《段榮傳附段韶傳》載，「（段韶）其

〔註62〕 參看〔北周〕庾信撰：《庾子山集》卷四，〔清〕倪璠注，許逸民校點，中華書局，1980 年版，第 344 頁。

〔註63〕 參看大同市考古研究所：《大同沙嶺北魏壁畫墓發掘簡報》，載《文物》，2006年第 10 期，第 20 頁。

〔註64〕 《北史》卷七○《孟信傳》，第 2433 頁。

子深尚公主，並省承郎在家佐事十餘日，事畢辭還，人唯賜一盃酒。」庾信《衛王贈桑落酒奉答》，「愁人坐狹邪，喜得送流霞。跂窗催酒熟，停杯待菊花。」

以北朝時期製作酒杯所使用的材料和酒杯的形制而論，當時酒杯的種類有耳杯、高足杯、漆杯、長杯、來通杯、曲口海棠杯、青瓷杯、竹杯等。

（一）耳杯

耳杯，又名羽觴。當時的耳杯有銀質和漆質之分。

大同市小站村花圪塔臺北魏墓出土銀耳杯一件（圖 3.1）「形如元寶，兩端上翹，近似漢式耳杯。杯長 12.9、寬 7.2、兩端高 4.3、中部高 3.6 釐米。杯底有橢圓形圈足……耳邊有雙排聯珠紋」。〔註66〕

圖 3.1：大同市小站村花圪塔臺北魏墓出土的銀耳杯 〔註65〕

山西大同南郊北魏墓群 M135 出土漆器中，有漆案一件，「圓形，潛弧壁，大平底。髹黑色。直徑日 26 釐米」。其中放置有漆耳杯兩件「橢圓形，內壁髹紅色。外壁髹黑色。長徑日 17 釐米，短徑日 10 釐米」。〔註67〕表明漆耳杯和漆案爲配套飲酒用具。

《洛陽伽藍記》卷四《城西》載北魏宗室元彧與朝臣宴飲，「僚案成群，俊民滿席，絲桐發響，羽觴流行。」以上反映出當時作爲飲酒器的羽觴（耳杯），主要流行於社會上層。

（二）高足杯

當時的高足杯有金質、銀質、銅質之分。

西安北周安伽墓圍屏石榻正面屏風第 3 幅圖「居家宴飲圖」（圖 3.2）反

〔註65〕轉引自馬玉基：《大同市小站村花圪塔臺北魏墓清理簡報》，載《文物》，1983年第 8 期，圖版一(2)。

〔註66〕參看馬玉基：《大同市小站村花圪塔臺北魏墓清理簡報》，載《文物》，1983年第 8 期，第 2 頁。

〔註67〕參看山西大學歷史文化學院、山西省考古研究所、大同市博物館：《大同南郊北魏墓群》第二章《墓葬形制與出土遺物》，科學出版社，2006 年版，第 76 頁。

映的是安伽夫婦日常生活中手持高足金杯飲酒的場面。〔註68〕

　　山西大同南郊北魏墓群 M109 出土鎏金鏨花高足銀杯 1 件。（圖 3.3）其形制為，「敞口，圓腹，圜底，高圈足。口沿下端稍內收，口沿下及上腹部各有聯珠紋一周⋯⋯腹部有四組伸展出的『阿堪突斯』葉紋⋯⋯器身無紋身之處均鎏金」。〔註69〕足見鎏金高足金杯堪稱當時酒具中的珍品。

　　北齊庫狄迴洛出土高足銅杯一件。其形制，「有蓋。深腹細柄，喇叭狀座足。在腹外壁和座上各飾一道三線陰刻弦紋。蓋作灰帽式，錐形紐。通高 10.8、口徑 5.6 釐米」。〔註70〕

圖 3.2：居家宴飲圖〔註71〕

圖 3.3：大同南郊北魏墓群 M109 出土的
鎏金鏨花高足銀杯〔註72〕

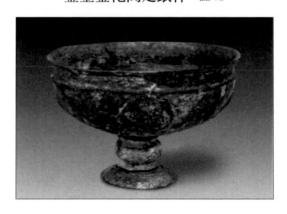

〔註68〕參看陝西省考古研究所：《西安北周安伽墓》第三章《出土遺物》，文物出版社，2003 年版，第 29 頁。

〔註69〕參看山西大學歷史文化學院、山西省考古研究所、大同市博物館：《大同南郊北魏墓群》第二章《墓葬形制與出土遺物》，科學出版社，2006 年版，第 240 頁。

〔註70〕參看王克林：《北齊庫狄迴洛墓》，載《考古學報》，1979 年第 3 期，第 387 頁。

〔註71〕轉引自陝西省考古研究所：《西安北周安伽墓》第三章《出土遺物》，文物出版社，2003 年版，第 30 頁。

〔註72〕轉引自山西大學歷史文化學院、山西省考古研究所、大同市博物館：《大同南郊北魏墓群》，彩版一二(1)，科學出版社，2006 年版。

（三）托杯

北齊東安王婁睿墓出土托杯
兩件。此種酒具為釉陶質地，有
蓮瓣紋和素麵紋托杯兩種器形。
根據出土實物，此種酒具為分體
製作、合體使用。「上部為高足
杯，下部為托盤，盤中央有插孔，
足插孔間，合為一體」。〔註74〕

圖3.4：北齊東安王婁睿墓出土的
釉陶蓮瓣紋托杯〔註73〕

其中釉陶蓮瓣紋托杯形制，
（圖3.4）「高12.7、杯徑8.2、盤
徑13.5釐米。杯敞口薄唇外侈。
腹部有陰刻蓮瓣兩層，柄上有弦
紋三道。盤薄唇直沿，潛托盤，
沿外弦紋一道。喇叭形高圈足，上有三個支釘。火候較高，質堅硬。通體施
黃綠釉，釉厚，有細小冰裂紋」。〔註75〕

（四）漆杯

太原北齊徐顯秀墓墓室北壁壁畫描寫墓主人夫婦宴飲的場景，男女主人
各手持漆杯坐於牀榻之上，旁邊各有一侍女，各自手捧圓盤，盤內分別放置
五個漆杯。〔註76〕表明圓盤、漆杯為酒宴中的配套酒具。

（五）長杯、來通杯

西安北周史君石槨墓北壁壁畫 N4 描寫的是史氏夫婦與眾人飲酒的情
景。其中有四個男子分別持長杯、酒杯、來通杯和長杯飲酒。〔註77〕

〔註73〕轉引自山西省考古研究所、太原市文物考古研究所：《北齊東安王婁睿墓》，
　　　　彩版一四四(5)，文物出版社，2006年版。

〔註74〕參看山西省考古研究所、太原市文物考古研究所：《北齊東安王婁睿墓》第四
　　　　章《隨葬器物》，文物出版社，2006年版，第143～144頁。

〔註75〕參看山西省考古研究所、太原市文物考古研究所：《北齊東安王婁睿墓》第四
　　　　章《隨葬器物》，文物出版社，2006年版，第144頁。

〔註76〕參看山西省考古研究所、太原市文物考古研究所：《太原北齊徐顯秀墓發掘簡
　　　　報》，載《文物》，2003年第10期，第35頁。

〔註77〕參看西安市文物保護考古所：《西安市北周史君石槨墓》，載《考古》，2004
　　　　年第7期，第43頁。

（六）銀杯

河北贊皇東魏李希宗墓出土銀杯一件（圖 3.5）。其形制，「淺腹，圈足……裝飾花紋是在口沿內飾聯珠紋一周，杯底高雕六瓣仰蓮，仰蓮周圍又飾以聯珠紋兩周」。〔註78〕出土的這件銀杯是與其他器具配套放置，「在直徑 49 釐米的大銅盤內，中央放置鎏金銅鐎斗，周圍放置鎏金銅壺一件，銀杯一件和瓷碗五件」。（圖 3.6）〔註79〕反映出上述器具是配套使用的酒具。其中，鎏金銅鐎斗是溫酒器，〔註80〕鎏金銅壺屬於盛酒具，銀杯屬於飲酒具。表明墓主人生前有熱飲酒的習慣。

圖 3.5：河北贊皇東魏李希宗墓
出土的銀杯〔註81〕

圖 3.6：河北贊皇東魏李希宗墓出土
的銅盤、銅鐎斗、銀杯等器物〔註82〕

（七）曲口海棠杯

山西朔州水泉梁北齊壁畫墓墓壁北壁壁畫「夫婦宴飲圖」有女主人手持曲口海棠杯飲酒的場景。〔註83〕

〔註78〕 參看石家莊地區革委會文化局文物發掘組：《河北贊皇東魏李希宗墓》，載《考古》，1977 年第 6 期，第 387 頁。

〔註79〕 參看石家莊地區革委會文化局文物發掘組：《河北贊皇東魏李希宗墓》，載《考古》，1977 年第 6 期，第 387 頁。

〔註80〕 北朝時期墓葬出土用於加熱的銅鐎斗，正如孫機先生在《漢代物質文化資料圖說‧飲食器‧鐎斗》中所說，「鐎斗的使用期限更要長些，到南北朝時期還相當盛行。」

〔註81〕 轉引自石家莊地區革委會文化局文物發掘組：《河北贊皇東魏李希宗墓》，載《考古》，1977 年第 6 期，圖版五(4)。

〔註82〕 轉引自石家莊地區革委會文化局文物發掘組：《河北贊皇東魏李希宗墓》，載《考古》，1977 年第 6 期，圖版五(1)。

〔註83〕 參看山西省考古研究所、山西博物院、朔州市文物局、崇福寺文物管理所：

（八）瓷杯

北魏洛陽廓城內出土青綠釉瓷杯（圖 3.7）、淡青釉瓷杯（圖 3.8）、黑釉瓷杯（圖 3.9）各一件。其中青綠釉瓷杯「胎壁較厚……釉色青綠……口徑 9.2、底徑 4.4、高 5.8 釐米」。淡青釉瓷杯，「直口，深腹，下附圓餅狀足，足底微凹……釉色淡青，略成乳白色……口徑 8、底徑 3.2、高 6.2 釐米」。〔註 84〕黑釉瓷杯，「侈口，斜腹，下腹折收，底附圓餅狀實足，足底內凹」。〔註 85〕

圖 3.7：　　　　　　圖 3.8：　　　　　　圖 3.9：
北魏洛陽城出土的　　北魏洛陽城出土的　　北魏洛陽城出土的
青綠釉瓷杯〔註 86〕　　淡青釉瓷杯〔註 87〕　　黑釉瓷杯〔註 88〕

（九）瑪瑙杯

北魏河間王元琛平時收藏和使用瑪瑙杯等名貴酒具，《洛陽伽藍記》卷四《城西》，「自餘酒器，有水晶鉢、瑪瑙盃、琉璃碗、赤玉巵數十枚，做工奇妙，中土所無，皆從西域而來。」

《山西朔州水泉梁北齊壁畫墓發掘簡報》，載《文物》2010 年第 12 期，第 39～40 頁。

〔註 84〕 參看中國社會科學院考古研究所洛陽漢魏城隊：《北魏洛陽城內出土的瓷器與釉陶器》，載《考古》，1991 年第 12 期，第 1091 頁。

〔註 85〕 參看中國社會科學院考古研究所洛陽漢魏城隊：《北魏洛陽城內出土的瓷器與釉陶器》，載《考古》，1991 年第 12 期，第 1092 頁。

〔註 86〕 轉引自中國社會科學院考古研究所洛陽漢魏城隊：《北魏洛陽城內出土的瓷器與釉陶器》，載《考古》，1991 年第 12 期，圖版三(3)。

〔註 87〕 轉引自中國社會科學院考古研究所洛陽漢魏城隊：《北魏洛陽城內出土的瓷器與釉陶器》，載《考古》，1991 年第 12 期，圖版三(1)。

〔註 88〕 轉引自中國社會科學院考古研究所洛陽漢魏城隊：《北魏洛陽城內出土的瓷器與釉陶器》，載《考古》，1991 年第 12 期，圖版三(5)。

二、酒碗

當時的酒碗主要有銀質、玻璃質和玉質三大類。

（一）銀碗

在已發現的銀碗中，有鎏金鏨花銀碗和素面銀碗兩種類型。

大同南郊北魏墓群 M107 出土鎏金鏨花銀碗一件（圖 3.10）。「敞口，圓腹，圜底。口沿之下微微內收，口沿下及上腹部各有聯珠紋一周……腹部伸展出四組『阿堪突斯』葉紋……器身無紋飾之處均鎏金。口徑 10.2 釐米，高4.6 釐米」。〔註 89〕

大同南郊北魏墓群 M109 出土素面銀碗一件（圖 3.11）。「直口，圓唇，弧壁，平底，素面。外壁口沿下、腹部各有一組凸弦紋……口徑 11.4 釐米，殘高 4.6 釐米」。〔註 90〕

圖 3.10：大同南郊北魏墓群 M107　　圖 3.11：大同南郊北魏墓群 M109
　　出土的鎏金鏨花銀碗〔註 91〕　　　　　　出土的素面銀碗〔註 92〕

〔註 89〕參看山西大學歷史文化學院、山西省考古研究所、大同市博物館：《大同南郊北魏墓群》第二章《墓葬形制與出土遺物》，科學出版社，2006 年版，第 228～229 頁。

〔註 90〕參看山西大學歷史文化學院、山西省考古研究所、大同市博物館：《大同南郊北魏墓群》第二章《墓葬形制與出土遺物》，科學出版社，2006 年版，第 240～242 頁。

〔註 91〕轉引自山西大學歷史文化學院、山西省考古研究所、大同市博物館：《大同南郊北魏墓群》，彩版一一(1)，科學出版社，2006 年版。

〔註 92〕轉引自山西大學歷史文化學院、山西省考古研究所、大同市博物館：《大同南郊北魏墓群》，彩版一二(2)，科學出版社，2006 年版。

（二）玻璃碗

玻璃碗也是上層社會鍾愛的酒具。《洛陽伽藍記》卷四《城西》載北魏河間王元琛所收藏與使用的酒具，「自餘酒器，有水晶鉢、瑪瑙盃、琉璃碗、赤玉卮數十枚，做工奇妙，中土所無，皆從西域而來。」

大同南郊北魏墓群 M107 出土黃綠色磨花玻璃碗一件（圖 3.12）。「淡黃綠色透明體，口微

圖 3.12：大同南郊北魏墓群 M107 出土的磨花玻璃碗〔註93〕

侈，圓唇，寬沿，頸略收，球形腹，凹圜底……口徑 10.3 釐米，服徑 11.4 釐米，高 7.5 釐米」。〔註94〕山西大同七里村北魏墓群 M6 出土天青色玻璃碗一件，「圓唇，直壁下收，圈足，上腹部飾凸弦紋一周。口徑 13 釐米、底徑 7.7 釐米、高 5.9 釐米」。〔註95〕

（三）玉碗

北周庾信在《春賦》中描寫官僚在立春日酒宴活動中所使用的酒具，「芙蓉玉碗，蓮子金杯」。〔註96〕

三、酒壺

酒壺在北朝時期是常用的盛酒器具。北魏時期，「燉煌氾潛家善釀酒，每節送一壺與（胡）叟」。〔註97〕北齊時期，「豪率好酒」的高季式，「在濟州夜飲，憶（李）元忠，開城門，令左右乘驛持一壺酒往光州勸（李）元忠」。〔註98〕北周庾信《答王司空餉酒》，「開君一壺酒，細酌對春風」。〔註99〕

〔註93〕轉引自山西大學歷史文化學院、山西省考古研究所、大同市博物館：《大同南郊北魏墓群》，彩版一一(2)，科學出版社，2006 年版。

〔註94〕參看山西大學歷史文化學院、山西省考古研究所、大同市博物館：《大同南郊北魏墓群》，科學出版社，2006 年版，第 230 頁。

〔註95〕參看大同市考古研究所：《山西大同七里村北魏墓群發掘簡報》，載《文物》，2006 年第 10 期，第 42 頁。

〔註96〕《藝文類聚》卷三《歲時上‧春》引北周庾信《春賦》，第 45 頁。

〔註97〕《北史》卷三四《胡叟傳》，第 1263 頁。

〔註98〕《北齊書》卷二一《高乾傳附高季式傳》，第 297 頁。

　　根據考古資料，北朝時期的酒壺主要有各種形質的雞首壺、瓷扁壺和銅壺。

（一）雞首壺

　　北齊東安王婁睿墓出土青綠釉螭柄雞首壺兩件。其中螭柄雞首壺 II 式（圖 3.13）「高 51、腹頸 24 釐米。螭柄雞首壺盤口，圓唇微敞，細長頸，平折肩，鼓腹，下腹部內收成小平底。肩的前部有一個實心的雞首，後部爲並列兩根細高螭頸柄，螭口銜壺口沿，螭頸頂部有鬚。肩兩側各有一對花瓣狀三角性圓孔繫。壺高頸，上面飾有四道弦紋。螭柄，雞首間有蓮瓣形二紐，四個繫紐下垂忍冬，螭柄，雞首下貼鋪首。腹部起棱，並用劃紋將爪腹上部分爲段，頗顯立體感。棱下貼四隻鳳鳥。下腹部內收，平底。通體黃綠釉，釉色較厚，晶瑩得體。」〔註100〕足見雞首壺做工的精緻。

圖 3.13：北齊東安王婁睿墓出土的　　北齊東安王婁睿墓出土的 II 式
II 式釉陶螭柄雞首壺正面〔註101〕　釉陶螭柄雞首壺側面〔註102〕

〔註99〕參看〔北周〕庾信撰：《庾子山集》卷四，〔清〕倪璠注，許逸民校點，中華書局，1980 年版，第 347 頁。

〔註100〕參看山西省考古研究所、太原市文物考古研究所：《北齊東安王婁睿墓》第四章《隨葬器物》，文物出版社，2006 年版，第 137～138 頁。

〔註101〕轉引自山西省考古研究所、太原市文物考古研究所：《北齊東安王婁睿墓》，彩版一四一(1)，文物出版社，2006 年版。

〔註102〕轉引自山西省考古研究所、太原市文物考古研究所：《北齊東安王婁睿墓》，彩版一四一(2)，文物出版社，2006 年版。

除此之外，山西太原東太堡出土北魏時期青釉龍柄雞首壺一件，〔註103〕河南偃師北魏墓（聯體磚廠二號墓）出土青瓷雞首壺一件，〔註104〕西安北魏韋氏紀年墓出土青瓷雞首壺一件，〔註105〕太原北魏辛祥墓出土青釉龍鳳壺一件，〔註106〕山西祈縣白圭北齊韓裔墓出土青綠釉瓷龍鳳壺三件，〔註107〕河北磁縣北齊高潤墓出土青黃釉瓷雞首壺一件，〔註108〕太原南郊北齊壁畫墓出土黃綠釉瓷雞首壺一件，〔註109〕太原北齊徐顯秀墓出土黃綠釉瓷雞首壺七件，〔註110〕西安南郊北魏北周墓 M4、M5 分別出土青瓷雞首壺一件，〔註111〕河南沁陽北朝墓出土青瓷雞首壺一件。〔註112〕由此可見，雞首壺是當時上層社會中廣為流行的酒具。

（二）瓷扁壺

河南安陽北齊范粹墓出土黃釉瓷扁壺四件。（圖 3.14）「形體扁圓，上窄下寬，敞口短頸，頸與間連接處，施聯珠一周。兩肩各有一孔作穿帶用。壺身全施菊黃色釉，底部並有凝脂狀醬色釉珠，釉色不均勻」。〔註113〕從其形制看，具有便於攜帶的特點。山西太原玉門溝出土青釉胡人獅子扁壺一件。「壺

〔註103〕參看山西省博物館：《山西省博物館館藏文物精華·陶瓷》，山西人民出版社，1999 年版，第 99 頁。

〔註104〕參看偃師商城博物館：《河南偃師兩座北魏墓發掘簡報》，載《考古》，1993 年第 5 期，第 424 頁。

〔註105〕參看魏女：《西安北魏韋氏紀年墓出土瓷器及相關問題探討》，載《考古與文物》，2010 年第 3 期，第 93 頁。

〔註106〕參看代尊德：《太原北魏辛祥墓》，載《考古學集刊》第 1 集，1981 年，第 197～198 頁。

〔註107〕參看陶正剛：《山西祈縣白圭北齊韓裔墓》，載《文物》，1975 年第 4 期，第 67～68 頁。

〔註108〕參看磁縣文化館：《河北磁縣北齊高潤墓》，載《考古》，1979 年第 5 期，第 241 頁。

〔註109〕參看山西省考古研究所、太原市文物管理委員會：《太原南郊北齊壁畫墓》，載《文物》，1990 年第 12 期，第 5 頁。

〔註110〕參看山西考古研究所、太原市文物考古研究所：《太原北齊徐顯秀墓發掘簡報》，載《文物》，2003 年第 10 期，第 14 頁。

〔註111〕參看西安市文物保護考古所：《西安南郊北魏北周墓發掘簡報》，載《文物》，2009 年第 3 期，第 46～47 頁。

〔註112〕參看鄧宏里、蔡全法：《沁陽縣西向發現北朝墓及畫像石棺床》，載《中原文物》，1983 年第 4 期，第 4 頁。

〔註113〕參看河南省博物館：《河南安陽北齊范粹墓發掘簡報》，載《文物》，1972 年第 1 期，第 49 頁。

呈扁形，橢圓形口，細長頸，梨形腹，高圈足。淺黃色釉。壺正背兩面紋飾相同，係模製。口沿下飾聯珠紋兩周，間爲蓮瓣紋，頸飾覆狀蓮瓣紋，底飾聯珠紋、蓮瓣紋。壺兩側浮雕象頭，長鼻下垂至底，鼻內側各垂聯珠紋至底與左右相連接。構成壺囊主紋的邊框，壺腹爲胡人。獅子組成結構嚴謹的圖案……這件扁壺，從其形制及表現手法上具有具有西域風格，是中西文化交流的見證」。〔註114〕上述北齊時期的瓷扁壺壺囊圖案形式，明顯地反映出中原與西域文化相互融合的時代特徵。

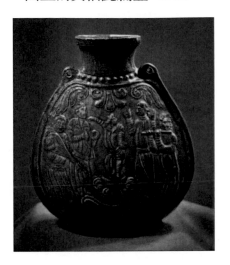

圖 3.14：河南安陽北齊范粹墓出土的黃釉瓷扁壺〔註 115〕

（三）鎏金銅壺

河北贊皇東魏李希宗墓出土鎏金銅壺一件。「盤口，細頸，瓶底，有蓋，蓋上有寶珠形鈕，高 13 釐米」。〔註116〕

四、其他酒具

北朝時期的酒具除上述之外，見於歷史文獻記載和考古資料的，還有以下諸種。

（一）酒鍾

酒鍾，在這一時期的社會上層酒宴中較爲流行。北魏孝文帝在與群臣的宴飲中，曾出雅謎，並對猜中者以金鍾相贈，「（孝文帝）舉酒曰：『三三橫，兩兩縱，誰能辨之賜金鍾。』」〔註117〕北齊天統四年，文宣帝「封（慕容儼）猗氏縣公，並賜金銀酒鍾各一枚、胡馬一匹」。〔註118〕北周時期，北周武帝爲

〔註114〕參看山西省博物館：《山西省博物館館藏文物精華·陶瓷》，山西人民出版社，1999 年版，第 100 頁。

〔註115〕轉引自河南省博物館：《河南安陽北齊范粹墓發掘簡報》，載《文物》，1972 年第 1 期，圖版七。

〔註116〕參看石家莊地區革委會文化局文物發掘組：《河北贊皇東魏李希宗墓》，載《考古》，1977 年第 6 期，第 387 頁。

〔註117〕參看〔東魏〕楊衒之著：《洛陽伽藍記》卷三《城南》，范祥雍校注，上海古籍出版社，1978 年版，第 147 頁。

〔註118〕《北齊書》卷二○《慕容儼傳》，第 282 頁。

招降北齊將領傅伏，「以金馬磁二酒鍾爲信」。〔註119〕反映出當時酒鍾的材質爲名貴金屬和玉，因此，此種飲酒用具屬於名貴酒器，並不是一般平民所能擁有與使用的，而是屬於上層社會的專用酒具。正由於其珍貴，還可以被用來作爲信物。

（二）酒巵

此種酒器爲當時統治階層成員日常所用酒器。北魏時期，宗室河間王元琛日常的飲酒用具，「自餘酒器，有水晶鉢、瑪瑙杯、琉璃碗、赤玉巵數十枚，作工奇妙，中土所無，皆從西域而來」。〔註120〕元琛所用的赤玉巵作工精細之可見。北周武帝曾賞賜大臣金酒巵，「賜（傅）伏金酒巵」。〔註121〕北周庾信在《北園新齋成應趙王教》中有「玉節調笙管，金船代酒巵」的描寫。〔註122〕說明當時的酒巵多用名貴金屬和玉質材料製成。這些以不同名貴材料製成的酒巵同樣爲社會上層酒宴中所用酒器，而非一般平民所能擁有。

（三）樽

樽是當時的盛酒器。根據出土壁畫可知，三足樽是當時酒樽的主要器形。大同智家堡出土的北魏墓棺板畫中的圖一三，記載了當時官僚宴飲場面，其中有容量大、用於盛酒的大型三足酒樽，樽置於曲足案上，樽中放置長柄勺，供人盛酒之用。〔註123〕可見，三足樽、曲足案和長柄勺爲配套飲酒用具。此類宴飲圖還見於大同富喬垃圾發電廠北魏墓群 M9、大同沙嶺北魏壁畫墓。〔註124〕表明上述配套酒器是當時社會上層酒宴中常用、高級的酒具。除三足樽之外，當時還有陽燧樽。「滑稽，酒器也。轉注吐酒，終日不已。若今之陽燧樽」。〔註125〕據此可知，陽燧樽屬於盛酒與注酒酒器，器形結構較爲

〔註119〕《北齊書》卷四一《傅伏傳》，第 546 頁。

〔註120〕參看〔東魏〕楊玄之著：《洛陽伽藍記》卷四《城西》，范祥雍校注，上海古籍出版社，1978 年版，第 207 頁。

〔註121〕《北齊書》卷四一《傅伏傳》，第 546 頁。

〔註122〕參看〔北周〕庾信撰：《庾子山集》卷三，〔清〕倪璠注，許逸民校點，中華書局，1980 年版，第 271 頁。

〔註123〕參看劉俊喜、高峰：《大同智家堡北魏墓棺板畫》，載《文物》2004 年第 12 期，第 45 頁。

〔註124〕參看張慶捷：《北魏平城墓葬繪畫中的宴飲圖》，載《中國魏晉南北朝史學會第十屆年會暨國際學術研討會論文集》，中國魏晉南北朝史學會、山西大學歷史文化學院編印，2011 年，第 458～459 頁。

〔註125〕《太平御覽》卷七六一《器物部六・樽》引崔浩《漢記音義》，第 3380 頁。

複雜。除此之外，當時還有被稱爲卣的中型酒樽。西魏時期，爲獎賞作戰有功的于謹，西魏文帝賞賜于謹「秬鬯一卣，珪瓚副焉」。〔註126〕東魏孝靜帝爲北齊文宣帝所加九錫禮，「（武定八年）夏五月辛亥，（文宣）帝如鄴。甲寅，進相國，總百揆……加九錫，殊禮，齊王如故。魏帝遣兼太尉彭城王（元）韶、司空潘相樂冊命曰：『……王孝悌之至，通於神明，率民興行，感達區宇，是用錫王秬鬯一卣，珪瓚副焉。』」〔註127〕《隋書》卷一《高祖紀上》載北周靜帝給宰輔之臣隋王楊堅所加「九錫禮」，「秬鬯一卣，珪瓚副焉。」由此可見，卣是專門用來盛放鬯酒的專用酒器，主要用作禮器。其使用範圍，除統治者專用外，僅限於統治者賞賜朝臣、爲權臣所加的「九錫禮」。

（四）爵

東漢許慎在《說文解字》釋「爵」，「禮器也，象爵之形，中有鬯酒，又持之也。所以飲器象爵者取其鳴節。」可見，爵主要用做禮器。「（北魏孝文帝）養三老五更於明堂，國老庶老於階下。高祖再拜三老，親袒割牲，執爵而饋」。〔註128〕「（北齊）皇太子冠……太子又入室更衣。設席中楹之西，使者揖就席，南面。光祿卿洗爵酌醴，使者詣席前，北面祝。太子拜受醴，即席坐，祭之，啐之，奠爵，降階，複本位，西面」。〔註129〕以上表明，酒爵多在北朝時期國家重要的禮儀活動中使用。

（五）巹

古代婚禮酒宴中所使用的飲酒器。「後齊皇帝納后之禮……皇后先拜後起，皇帝後拜先起。帝升自西階，詣同牢坐，與皇后俱坐。各三飯訖，又各酳二爵一巹」。〔註130〕

（六）叵羅

叵羅是當時人們在酒宴中使用的飲酒器具。東魏時期，齊神武王高歡曾宴請百官，「神武宴僚屬，於坐失金叵羅，竇太后令飲酒者皆脫帽，於（祖）珽髻上得之，神武不能罪也」。〔註131〕由此可見，叵羅當爲形體較小的飲酒器

〔註126〕《北史》卷二三《于栗磾傳附于謹傳》，第847頁。
〔註127〕《北齊書》卷四《文宣帝紀》，第45～47頁。
〔註128〕《魏書》卷五〇《尉元傳》，第1114頁。
〔註129〕《隋書》卷九《禮儀志四》，第176頁。
〔註130〕《隋書》卷九《禮儀志四》，第177～178頁。
〔註131〕《北齊書》卷三九《祖珽傳》，第514頁。

具。叵羅，爲當時西域地區的飲酒器。在當時北方地區的酒宴中也出現這一飲酒器具，說明在北方與周邊各民族相互交流的情況下，當時北方地區的飲酒器具增加了新種類，西域在飲食器具方面影響著北方地區。

（七）瓶

北周李賢墓出土一隻帶有鮮明中亞風格色彩的鎏金銀瓶。（圖 3.15）其形制，「銀瓶通高 37 釐米，細長頸，鴨嘴流狀，腹部圓鼓，環形單把，高圈足，銀質地表面鎏金。」〔註 133〕據此，鎏金銀瓶爲兼具盛酒與注酒用途的酒具。鎏金銀瓶腹部圖案具有鮮明的中亞薩珊藝術風格。據學者研究，此種鎏金銀瓶是來自於中亞薩珊的手工藝品。〔註 134〕

圖 3.15：北周李賢墓出土鎏金銀瓶〔註 132〕

（八）鐺

鐵鐺，在當時主要作爲溫酒酒具。「（孟信）從孝武帝入關，封東州子，趙平太守。政尚寬和，權豪無犯。山中老人曾以犰酒饋之，信和顏接引，慇懃勞問。乃自出酒，以鐵鐺溫之，素木盤盛蕪菁葅，唯此而已」。〔註 135〕

（九）榼

北魏文成帝時期，「春秋當祭之前，（胡叟）則先求旨酒美膳，將其所知廣寧常順陽、馮翊田文宗、上谷侯法儁，攜壺執榼，至郭外空靜處，設坐奠拜，盡孝思之敬」。〔註 136〕北齊時期，「魏室奇寶，多隨後入（元）韶家……馬瑙榼容三升，玉縫之」。〔註 137〕表明當時酒榼是容量較大的酒器。

〔註 132〕轉引自羅豐：《胡漢之間——「絲綢之路」與西北歷史考古》二《北周李賢墓中亞風格的鎏金銀瓶》，文物出版社，2004 年版，第 80 頁。

〔註 133〕參看羅豐：《胡漢之間——「絲綢之路」與西北歷史考古》二《北周李賢墓中亞風格的鎏金銀瓶》，文物出版社，2004 年版，第 85 頁。

〔註 134〕參看寧夏回族自治區博物館、寧夏固原博物館：《寧夏固原北周李賢夫婦墓發掘簡報》，載《文物》，1985 年第 11 期，第 12 頁。

〔註 135〕《北史》卷七〇《孟信傳》，第 2433 頁。

〔註 136〕《魏書》卷五二《胡叟傳》，第 1151 頁。

〔註 137〕《北齊書》卷二八《元韶傳》，第 388 頁。

（十）罍

《洛陽伽藍記》卷四《城西》載，「河東人劉白墮善能釀酒。季夏六月，時暑赫晞，以罍貯酒，暴於日中，經一旬，其酒不動，飲之香美而醉，經月不醒。」罍主要用來盛酒和貯存酒。

（十一）盞

盞，爲器身潛而小的酒器。山西太原東太堡出土北魏時期青釉盞托一套。（圖 3.16）「通高 6.3 釐米，盞口徑 9 釐米，托口徑 15.2 釐米。」「盞托呈高足淺盤狀，口微斂，盤心凸起一圓形托圈，上置一小盞，盞廣口，深腹，小平足，足嵌於盤心托圈。盞、托均施淡青釉」〔註 139〕表明酒盞、盞托在當時爲配套飲酒器。北齊東安王婁睿墓出土十五件黃綠釉陶盞。這些盞平均口徑約爲 7.3 釐米、平均高約爲 5.5 釐米、足高 0.9 釐米。〔註 140〕

圖 3.16：山西省太原市東太堡出土北魏青釉盞托〔註 138〕

（十二）酒鉢

《洛陽伽藍記》卷四《城西》載北魏河間王元琛平時收藏、使用產自西域的名貴酒器「水晶鉢」。

當時還有漆質的酒鉢。大同雁北師院北魏墓群 M1、M12 分別出土漆鉢一件。〔註 141〕其中 M1 出土漆鉢的形制，「呈圓形，直徑曰 10 釐米」。〔註 142〕

〔註 138〕轉引自山西省博物館：《山西省博物館館藏文物精華‧陶瓷》，山西人民出版社，1999 年版，第 99 頁。

〔註 139〕參看山西省博物館：《山西省博物館館藏文物精華‧陶瓷》，山西人民出版社，1999 年版，第 99 頁。

〔註 140〕參看山西省考古研究所、太原市文物考古研究所：《北齊東安王婁睿墓》第四章《隨葬器物》，文物出版社，2006 年版，第 144～146 頁。

〔註 141〕參看劉俊喜：《大同雁北師院北魏墓群》，文物出版社，2008 年版，第 12、24 頁。

〔註 142〕參看劉俊喜：《大同雁北師院北魏墓群》，文物出版社，2008 年版，第 24 頁。

（十三）罍

罍在當時作爲酒宴中的盛酒器。北魏時期，宗室清河王元懌府中的酒宴，「珍羞具設，琴笙並奏，芳醴盈罍，佳賓滿席」。〔註143〕在南朝梁任官的庾信，在《將命至鄴》中描寫自己參加的東魏外交酒宴場面，「四牢欣折俎，三獻滿罍樽。人臣無境外，何由欣此言」。〔註144〕罍不僅是酒宴中的盛酒器，還是祭祀活動中人們獻祭時所用的禮器。北周時期統治者祭天時的初次獻祭，「山罍舉，沈齊傾」。〔註145〕北周時期國家舉行祭祀地神活動時所用祭品，「雲飾山罍，蘭浮汎齊」。〔註146〕

（十四）螺殼、竹杯、葫蘆

當時人們也直接利用天然材料作飲酒器具，或者對天然材料稍微加工便用來飲酒。香螺杯，北周庾信《園庭詩》對當時田園生活的描寫，「香螺酌美酒，枯蚌藉蘭殽。飛魚時觸釣，翳雉屢懸庖」。〔註147〕以螺殼盛酒，用蚌殼盛菜肴，飲食用具取自自然，反應出飲食生活的簡樸與清靜。

北周庾信《奉報趙王惠酒》「野鑪然樹葉，山杯捧竹根」。〔註148〕詩中所載山杯，是用竹根製成的粗陋飲酒器具。

北周庾信《擬詠懷二十七首》，「穀皮兩書帙，壺盧一酒樽。自知費天下，也復何足言」。〔註149〕「壺盧」，清代學者倪璠注爲，「壺盧可以盛酒也」。說明成熟的葫蘆可以直接用來做盛酒器。北齊時期，中山儒士馮偉的日常飲食生活，「耕而飯，蠶而衣，簞食瓢飲，不改其樂」。〔註150〕「瓢飲」，指以成熟的葫蘆，劈開做成的盛酒與飲酒器具。

〔註143〕 參看〔東魏〕楊玄之著：《洛陽伽藍記》卷四《城西》，范祥雍校注，上海古籍出版社，1978年版，第185頁。
〔註144〕 參看〔北周〕庾信撰：《庾子山集》卷三，〔清〕倪璠注，許逸民校點，中華書局，1980年版，第198頁。
〔註145〕 《隋書》卷一四《音樂志中》，第334頁。
〔註146〕 《隋書》卷一四《音樂志中》，第335頁。
〔註147〕 參看〔北周〕庾信撰：《庾子山集》卷四，〔清〕倪璠注，許逸民校點，中華書局，1980年版，第278頁。
〔註148〕 參看〔北周〕庾信撰：《庾子山集》卷四，〔清〕倪璠注，許逸民校點，中華書局，1980年版，第286～287頁。
〔註149〕 參看〔北周〕庾信撰：《庾子山集》卷三，〔清〕倪璠注，許逸民校點，中華書局，1980年版，第247頁。
〔註150〕 《北齊書》卷四四《儒林·馮偉傳》，第588頁。

從北朝時期眾多的酒器中，可以看出：

首先，當時眾多的材質名貴、形制各異、作工精緻的酒器的產生，正是北朝時期手工業生產工藝發展與進步的表現。這些精緻酒具不僅具有實用價值，而且還更具藝術觀賞價值。

第二，當時精緻與古樸酒器的存在，說明各個階層在飲酒活動中受到以經濟和政治為代表的身份與地位等級的影響。當時用貴重金屬和玉質材料加工成的形制精緻的酒器，屬酒器中的極品，並非一般人所能擁有，而是屬於皇室和達官等社會上層的專用器物。因此，這些名貴酒器也就成為擁有者的身份等級與地位的體現。而當時文獻也記載了皇室、達官顯貴在日常飲食生活中多使用金、銀、玉、瑪瑙等製成的名貴酒器，反映出名貴酒器受到當時上層社會的追捧，使用名貴、精緻的酒器已是蔚然成風。

簡樸的酒器，雖然能體現出飲酒者的飲酒之雅與樸，給人以恬淡之感。但是，以其材質的粗糙、製作較為簡易而論，無疑更適合當時社會中廣大平民使用。

所以，不同材質的飲酒器具既顯示出酒具擁有者社會地位的高低與尊卑，經濟狀況的懸殊之別，又反映出不同社會階層的生活追求風格。

第三，北朝時期，由於民族往來的頻繁、對外交流的發展，當時北方地區酒器類型融入了西域、中亞的風格。這促進了中亞、西域風格的酒具在當時社會上層中的流行。學者研究，「薩珊系統金屬器在當時貴族階層中佔有相當重要的地位，擁有這類金屬器皿成為當時一種流行的時尚」。〔註151〕

第四節　飲酒活動的頻繁

北朝時期飲酒活動的頻繁，主要指人們在日常生活中經常飲酒、每逢節日更是以酒為樂、統治者經常舉行賜酒宴活動三個方面。

一、日常飲酒

《魏書》卷一一一《刑罰志》載，「太安四年，始設酒禁。是時年穀屢登，士民多因酒致酗訟，或議主政。（文成）帝惡其若此，故一切禁之，釀、沽飲

〔註151〕參看羅豐：《胡漢之間——「絲綢之路」與西北歷史考古》二《北周李賢墓中亞風格的鎏金銀瓶》，文物出版社，2004年版，第82頁。

皆斬之，吉凶賓親，則開禁，有日程。」人們在日常生活中由於飲酒過度、
酗酒成風，導致紛爭不斷，才有了統治者實施嚴格酒禁令的舉措。從「釀、
沽飲皆斬之」可見，文成帝統治時期，人們日常生活中飲酒受到了很大的限
制。直到獻文帝「開酒禁」，〔註152〕人們日常飲酒才恢復正常。

　　一些人的日常飲酒生活雖然簡單，但卻恬淡、自然。北魏文成帝時期的
胡叟，日常飲食中以「濁酒蔬食」〔註153〕為主。北齊時期，中山儒士馮偉，「耕
而飯，蠶而衣，簞食瓢飲，不改其樂」。〔註154〕崇尚簡單的飲酒生活，體現的
是人們對閒適生活的追求。

　　由於士大夫本身具有較高文化素養，與此相應的是日常飲酒生活所體現
出的高雅之志。北魏宣武帝時期，「從容風雅，好為詩詠」的北地太守、太中
大夫裴祐喜好「以詩酒自娛」。〔註155〕北魏後期，任職地方、中央，「涉獵書
史」，「解音律」的刁整，日常以「聲酒自娛」。〔註156〕

　　擁有雄厚經濟基礎的高官顯貴更注重對物質生活的追求，反映在飲食方
面，就是注重飲酒生活的豐盛、精緻與奢華。深受北魏孝文帝、宣武帝寵信、
身居高位的閹官王遇，「留意酒食之間」，平時飲食更是「觴膳精豐」。〔註157〕
北魏宣武帝時期，「豫州刺史、豐縣開國侯」夏侯道遷「務口實，京師珍羞，
罔不畢有……國秩歲入三千餘匹，專供酒饌」。〔註158〕當時官員還更注重飲酒
的場面、氛圍，在其日常飲酒生活中，常有眾多僕人服侍。西安北周安伽墓
圍屏石榻正面屏風第三幅「家居宴飲圖」〔註159〕（圖3.17）表現的是在北周
任薩保的安伽在家中與夫人飲酒的場面。畫面中安伽與夫人各自手持高足金
杯在飲酒，旁邊有男僕懷抱黑色酒壇正在侍奉主人。北齊東安王婁睿墓壁畫
宮廷生活圖部分畫57「婁睿夫人二人宴饗行樂圖」〔註160〕描寫的是墓主人夫

〔註152〕《魏書》卷一一一《刑罰志》，第2876頁。
〔註153〕《魏書》卷五二《胡叟傳》，第1151頁。
〔註154〕《北齊書》卷四四《儒林·馮偉傳》，第588頁。
〔註155〕《魏書》卷七一《裴叔業傳附裴祐傳》，第1579頁。
〔註156〕《魏書》卷三八《刁整傳》，第872～873頁。
〔註157〕《魏書》卷九四《閹官·王遇傳》，第2024頁。
〔註158〕《魏書》卷七一《夏侯道遷傳》，第1583頁。
〔註159〕參看陝西省考古研究所：《西安北周安伽墓》第三章《出土遺物》，文物出版
　　　　社，2003年版，第29頁。
〔註160〕參看山西省考古研究所、太原市文物考古研究所：《北齊東安王婁睿墓》第
　　　　三章《墓葬壁畫》，文物出版社，2006年版，第68頁。

婦飲酒的場面，旁邊有女僕捧盤、供奉果品，男僕隨時給主人斟酒，還有女子吹笙、吹簫、吹笛、彈奏琵琶，男子表演西域樂舞。整個場面巨大恢弘、氛圍熱烈。〔註161〕表現出婁睿奢華的飲酒生活。

圖 3.17：家居飲酒圖〔註162〕

一些官員在日常生活中飲酒，不僅是為滿足口腹之欲，更是為追求超然灑脫的境界。東魏時期，歷任地方、中央要職的李元忠，「淡於榮利」，「不以物務干懷，唯以聲酒自娛⋯⋯每挾彈攜壺，敖遊里閭，遇會飲酌，蕭然自得」。〔註163〕

當時上層社會在日常中經常舉行家宴，藉此聯絡家族成員之間的感情。北魏孝文帝，「時詔延四廟之子，下逮玄孫之胄，申宗宴於皇信堂，不以爵秩為列，悉序昭穆為次，用家人之禮」。〔註164〕皇室家族的酒宴，是按照家族成員血緣關係的親疏遠近來進行的，完全沒有正式宮廷宴會中繁瑣的禮儀約束。而這種不遵從「君臣之禮」的家宴，更有利於皇帝與宗室成員之間感情的聯絡。北周時期，武帝宇文邕，「每四時伏臘，高祖率諸親戚，行家人之禮，稱觴上壽（宇文邕之母）」。〔註165〕在歲時節日舉行的家族成員齊聚的酒宴，以長幼輩分來行敬酒之禮，更容易營造融洽的氛圍。北周時期，「緣漢千餘里間」的盛族李氏家族，李遷哲「每鳴笳導從，往來其間。縱酒飲醼，盡平生之樂」。〔註166〕這說明，在家宴中，家族長幼往往開懷暢飲，盡

〔註161〕參看山西省考古研究所、太原市文物考古研究所：《北齊東安王婁睿墓》第三章《墓葬壁畫》，文物出版社，2006年版，第69頁。

〔註162〕轉引自陝西省考古研究所：《西安北周安伽墓》第三章《出土遺物》，文物出版社，2003年版，第30頁。

〔註163〕《北齊書》卷二二《李元忠傳》，第314～315頁。

〔註164〕《魏書》卷一九中《景穆十二王中・任城王雲傳附元澄傳》，第464頁。

〔註165〕《周書》卷一一《晉蕩公護傳》，第174頁。

〔註166〕《周書》卷四四《李遷哲傳》，第793頁。

情歡樂，其樂融融。

二、節日飲酒

據文獻記載，北朝時期主要的飲酒節日有元日、正月晦日、立春日、三月三日、五月五日、七月七日和九月九日。

（一）元日

元日，指正月初一，是新年的第一天。元日在北朝時期是重要的節日。當時每逢元日，統治者要大饗朝臣，宴飲的場面頗爲壯觀，宴飲禮儀也是繁瑣的。北齊時期，「元正大饗，百官一品已下，流外九品已上預會。一品已下、正三品已上、開國公侯伯、散品公侯及特命之官、下代刺史，並升殿。從三品已下、從九品以上及奉正使人比流官者，在階下。勳品已下端門外」。〔註167〕明確反映出以官職和爵位所體現的身份高低決定百官在酒宴中的座次。北周統治者爲慶賀正月元日而舉行的酒宴，「元正饗會大禮，賓至食舉，稱觴薦玉，六律既從，八風斯暢，以歌大業，以舞成功」。〔註168〕「建德二年十月，六代樂成，奏於崇信殿……五等諸侯元日獻玉帛，奏《納夏》……大會至尊執爵，奏登歌十八曲。食舉，奏《深夏》，舞六代《大夏》、《大護》、《大武》、《正德》、《武德》、《山雲》之舞……乃以梁鼓吹熊羆十二按，每元正大會，列於懸間，與正樂合奏」。〔註169〕表明統治者在節日大宴群臣時，還伴有複雜的朝臣獻玉等禮儀程序。

在正月元日，後宮也會舉行酒宴以示慶賀。「後齊元日，中宮朝會，陳樂，皇后褕衣乘輿，以出於昭陽殿……禮畢，皇后入室，乃移幄坐於西廂。皇后改服褕狄以出。坐定，公主一人上壽訖，就坐。御酒食，賜爵，並如外朝會」。〔註170〕和正式宮廷酒宴一樣，後宮酒宴中的禮儀程序較爲繁瑣，並且受到嚴格的身份等級的約束。

當時軍中在元日之際也要大擺酒宴。北魏孝武帝時期，將領尒朱兆在元日之際設酒宴賞賜軍士，「尒朱兆既至秀容……神武揚聲討之……神武揣其歲首當宴會，遣竇泰以精騎馳之……神武以大軍繼之。（普泰）二年正月，竇泰奄

〔註167〕《隋書》卷九《禮儀志四》，第184頁。
〔註168〕參看〔北周〕庾信撰：《庾子山集》卷六《郊廟歌辭‧周五聲調曲序》，〔清〕倪璠注，許逸民校點，中華書局，1980年版，第474頁。
〔註169〕《通典》卷一四二《樂二‧歷代沿革下‧後周》，第3617～3618頁。
〔註170〕《隋書》卷九《禮儀志四》，第184～185頁。

至尒朱兆庭。軍人因宴休惰，忽見泰軍，驚走，追破之於赤洪嶺」。〔註171〕

民間在正月元日這一天也要飲柏葉酒、椒酒來慶賀、祈福。庾信在詩詞中描述，「正旦辟惡酒，新年長命杯。柏葉隨銘至，椒花逐頌來。流星向椀落，浮蟻對春開」。〔註172〕人們正旦飲柏葉酒、椒酒，不僅爲增加節日慶賀氛圍，還表達出驅邪避災、祈求福祐的願望。可見，正月元日是北朝時期爲各個社會階層所重視的節日。

（二）正月晦日

在農曆正月晦日，人們有遊玩、飲酒的風俗。北齊時期的君臣，「正晦汎舟，則皇帝乘輿，鼓吹至行殿。升御坐，乘版輿，以與王公登舟，置酒」。〔註173〕

（三）立春日

立春日這一天，皇帝要大饗百官，以示慶賀。「後齊立春日，皇帝服通天冠、青介幘、青紗袍，佩蒼玉，青帶、青袴、青襪舄，而受朝於太極殿。尙書令等坐定，三公郎中詣席，跪讀時令訖，典御酌酒卮，置郎中前，郎中拜，還席伏飲，禮成而出」。〔註174〕反映出宮廷慶賀立春之日的酒宴，場面莊重，禮儀繁瑣，官員的飲酒方式有嚴格的禮儀約束。

（四）三月三日

在漢代，每逢三月三日即上巳節，人們到水邊遊玩、宴飲。北朝時期承襲了這種風俗。北齊邢子才《三日華林園公讌詩》，「回鑾自樂野，弭蓋屬瑤池。五丞接光景，七友樹風儀。芳春時欲遽，覽物惜將移。新萍已冒沼，餘花尙滿枝。草滋徑蕪沒，林長山蔽虧。方筵羅玉俎，激水漾金卮。歌聲斷且續，舞袖合還離」。〔註175〕反映了三月三日節君臣相聚、暢飲美酒、享用佳肴、伴以歌舞的場面。北周時期君臣在三月三日的宴飲活動，即傳承了前代傳統的祓禊之飲，又增加了「馬射」這一活動。北周庾信在《三月三日華

〔註171〕《北齊書》卷一《神武帝紀上》，第 9 頁。

〔註172〕參看〔北周〕庾信撰：《庾子山集》卷四，〔清〕倪璠注，許逸民校點，中華書局，1980 年版，第 343 頁。

〔註173〕《隋書》卷九《禮儀志四》，第 189 頁。

〔註174〕《隋書》卷九《禮儀志四》，第 188 頁。

〔註175〕《藝文類聚》卷四《歲時中·三月三日》引北齊邢子才《三日華林園公讌詩》，第 69 頁。

林園馬射賦》中描寫,「雖行袚禊之飲,即同春蒐之義……壺寧百福之酒」。〔註176〕飲「百福之酒」,表現出君臣祈求福祿的願望。

平民也在三月上巳節這一天結伴出遊、賞美景、品美酒。北周時期益州地區,「時俗每至三月三日,必往山遊賞,多將酒肉,共相酣樂」。〔註177〕庾信《春賦》「三日曲水向河津,日晚河邊多解神。樹下流杯客,沙頭度水人。鏤薄窄衫袖,穿珠帖領巾。百仗山頭日欲斜,三晡未醉末還家」。〔註178〕野外酌飲,環境和情趣之美的融合,自然會使人們內心釋然。這既有物質方面的味覺感官享受,又有置身、縱情、留戀山水之間的情境陶醉。

(五)五月五日、七月七日

關於五月五日、七月七日的飲酒活動,「(太和十八年)夏五月乙亥,詔罷五月五日、七月七日饗」。〔註179〕北魏孝文帝是因為當時的遷都事宜而取消當年國家舉行的五月五日、七月七日的慶賀酒宴活動。這表明,在平時統治者每逢五月五日、七月七日,會正常舉行賜酒宴活動。

(六)九月九日

農曆九月九日,即重陽節。在漢代,人們在九月九日飲菊花酒。《西京雜記》卷三載,「九月九日,佩茱萸,食蓬餌,飲菊花酒,令人長壽。菊花舒時,並採莖葉,雜黍米釀之,至來年九月九日始熟,就飲焉,故謂之菊花酒。」〔註180〕《太平御覽》卷三二《時序部十七》引《荊楚歲時記》「九月九日,四民並集野宴。」隋杜公瞻注,「九月九日宴會,未知起於何時代。然自漢世以來未改,今北人亦重此節。近代多宴設於臺榭。」據此,北朝時期人們亦有在九月九日宴飲的風俗。

三、統治者的賜宴

北朝時期,統治者經常賜酒宴於朝臣,所以,統治者的賜宴成為當時重

〔註176〕參看〔北周〕庾信撰:《庾子山集》卷一,〔清〕倪璠注,許逸民校點,中華書局,1980 年版,第 5 頁。

〔註177〕釋道宣:《續高僧傳》卷三五《感通篇中》//《大正新修大藏經・史傳部二》,臺北:財團法人佛陀教育基金會出版部,1990 年版,第 657 頁。

〔註178〕《藝文類聚》卷三《歲時上・春》引北周庾信《春賦》,第 45 頁。

〔註179〕《魏書》卷七下《孝文帝紀下》,第 174 頁。

〔註180〕參看〔晉〕葛洪集:《西京雜記》,成林、程章燦譯注,貴州人民出版社,1993 年版,第 106 頁。

要的飲酒活動。

首先是當時統治者經常賜酒宴於群臣。北魏永興四年八月，明元帝「幸西宮，臨板殿，大饗群臣將吏」。〔註181〕太安四年九月，「辛亥，太華殿成」，文成帝「饗群臣」。〔註182〕太和十七年春正月，孝文帝「饗百僚於太極殿」。〔註183〕太和二十年三月，孝文帝「宴群臣及國老、庶老於華林園」。〔註184〕永熙二年春正月，孝武帝「朝饗群臣於太極前殿」。〔註185〕北齊天保九年十一月，文宣帝「御乾象殿，朝讌群臣」。〔註186〕北周明帝、武帝經常「朝宴」〔註187〕群臣。北朝時期統治者通過賜酒宴於朝臣，向朝臣表示恩惠與親善，藉此對他們加以籠絡，激勵朝臣為自己的統治服務。

其次，統治者還經常向寵臣、功臣、重臣賜酒宴，以此表示對他們的信任、恩賞、倚重。

太和二十二年，孝文帝「疾大漸」，經過侍御師徐謇「診省下治」之後，「果有大驗」，為對徐謇表示獎賞，孝文帝「設太官珍膳，因集百官，特坐謇於上席，遍陳餚觴於前，命左右宣謇救攝危篤振濟之功，宜加酬賚」。〔註188〕這是統治者為獎賞做了有益於自己事情的官員而特設的酒宴。

統治者也會賜酒宴於權臣及其親屬，北魏孝明帝時期，「靈太后以（元繼）子（元）叉姻戚，數與肅宗幸（元）繼宅，置酒高會，班賜有加」，〔註189〕酒宴規模也頗為豐盛，「豐廚嘉醴，罄竭時羞，上壽弗限一觴，方丈甘逾百品，且及日斜，接對不憩」。〔註190〕孝明帝親臨元繼府邸賜酒宴，這對大臣來說是特殊的榮耀。元繼能獲此殊榮，不僅因為其是皇室成員，更重要的是其子元叉權傾朝野的特殊地位。這是因為，對於入主中原的少數民族鮮卑族統治者來說，宗室成員是其維持統治所依賴的重要對象。孝明帝時期，「政綱不張」，〔註191〕朝政混亂，而宗室元叉又擔任要職、手握重權，甚至左右太后的

〔註181〕《魏書》卷三《明元帝紀》，第52頁。
〔註182〕《魏書》卷五《文成帝紀》，第117頁。
〔註183〕《魏書》卷七下《孝文帝紀下》，第171頁。
〔註184〕《魏書》卷七下《孝文帝紀下》，第179頁。
〔註185〕《魏書》卷一一《出帝紀》，第286頁。
〔註186〕《北齊書》卷四《文宣帝紀》，第65頁。
〔註187〕《周書》卷二七《蔡祐傳》，第445頁。
〔註188〕《魏書》卷九一《術藝・徐謇傳》，第1967頁。
〔註189〕《魏書》卷一六《道武七王・京兆王黎傳附元繼傳》，第402頁。
〔註190〕《魏書》卷六七《崔光傳》，第1493頁。
〔註191〕《魏書》卷九《孝明帝紀》，第249頁。

廢立。孝明帝在政局混亂的情況下要維持統治，是不能夠忽視元叉所處的這種重要地位的。所以，孝明帝此舉所表示的是對權臣的倚重。

統治者會賜酒宴於勤於職守、忠心輔佐自己的官員，以示自己的恩寵之意。北齊文宣帝爲對輔佐先君神武帝、隨從自己征戰、爲北齊國家立下汗馬功勞的老臣斛律金表示謝意，「幸（斛律金）其第，六宮及諸王盡從，置酒作樂，極夜方罷」。〔註192〕文宣帝率宗室諸王及後宮親自赴宴，是給予朝臣的殊榮。

統計《魏書》、《北齊書》、《周書》中的記載，北朝各個政權的統治者賜酒宴於朝廷官員達近一百四十次之多。足見統治者的賜酒宴已成爲當時較爲重要的飲酒活動。儘管統治者賜酒宴的方式、規模、對象不同，但是，統治者通過這些宴飲活動表示對官員的恩惠、恩寵，進而對官員加以籠絡，讓其爲自己的統治更好地服務的目的卻是相同的。由此可見，統治者賜酒宴這種飲酒活動具有鮮明的政治色彩。

在統治者舉行的酒宴中，統治者一般不會親自執杯賜酒、勸酒於地位卑者。如果地位卑者能享受到這種打破常規的禮遇，則是一種榮耀。統治者此舉所起到的激勵作用也是不可忽視的。

北魏孝文帝時期，大臣郭祚「參謀帷幄」、勤於政務，成爲孝文帝治國理政的得力佐臣。在孝文帝納妃的婚慶宴上，孝文帝「舉觴賜（郭）祚及崔光曰：『郭祚憂勞庶事，獨不欺我；崔光溫良博物，朝之儒秀。不勸此兩人，當勸誰也？』其見知若此」。〔註193〕反映出孝文帝君臣關係的密切。朝中老臣楊播朝覲孝文帝於清徽堂，孝文帝親自賜酒，「高祖謂諸貴曰：『北京之日，太后嚴明，吾每得杖。左右因此有是非言。和朕母子者，唯楊播兄弟。』遂舉爵賜兄及我酒。」楊播把能享受此榮耀看成是「蒙明主知遇」。〔註194〕這是享受殊榮的朝臣內心感激之情的眞實寫照。孝明帝朝「才學名重」的朝臣袁翻曾參與孝明帝的華林園酒宴，孝明帝破例親自舉杯勸酒，「『袁尚書朕之杜預，欲以此杯敬屬元凱，今爲盡之。』侍座者莫不羨仰」。〔註195〕

北周武帝，「每宴會將士，必自執酒杯勸酒，或手付賜物⋯⋯故能得士卒

〔註192〕《北齊書》卷一七《斛律金傳》，第221頁。
〔註193〕《魏書》卷六四《郭祚傳》，第1422頁。
〔註194〕《北史》卷四一《楊播傳》，第1490頁。
〔註195〕《魏書》卷六九《袁翻傳》，第1544頁。

死力」。〔註196〕統治者親自勸酒於軍隊將士，起到了獎賞軍功、激勵軍心的作用。

　　總之，通過統治者的親自賜酒與朝臣的受賜，君臣之間的關係得以進一步融洽、密切。

　　綜上所述，北朝時期飲酒群體的規模十分龐大，世俗社會的統治者、官員和平民，乃至宗教階層都有大量的尚酒縱飲者。當時眾多的好酒者出於自身飲酒習慣而採用不同的飲酒方式。對於經濟富裕的飲酒者來說，在暢飲佳釀的同時，更注重講究飲酒器具。當時人們在日常生活、節日中以美酒相伴，統治者又經常舉行賜酒宴的活動，這些促使當時的飲酒活動呈現出頻繁的特點。

附表7：北魏時期皇帝賜宴統計表〔註197〕

皇　帝	賜宴時間	賜宴地點	賜宴對象	資料來源
道武帝	登國七年	黑鹽池	群臣、諸國朝貢使者	《魏書》卷二《道武帝紀》
	登國七年	美水水濱	群臣	同上
	登國八年		群臣	同上
	登國年間	勿居山	隨從巡行者	同上
	皇始二年	魯　口	群臣	同上
	皇始二年	出征趙、魏之地	隨從出征者	《魏書》卷三一《于栗磾傳》
	天興元年		群臣	《魏書》卷一〇九《樂志》
	天興二年	鹿　苑	群臣、將吏	《魏書》卷二《道武帝紀》
	天賜六年		拓跋崇	《魏書》卷十五《昭成子孫·陳留王虔傳附拓跋崇傳》
明元帝	永興三年	西　宮	群臣	《魏書》卷三《明元帝紀》
	永興三年		侍衛將士	同上
	永興四年	板　殿	群臣、將吏	同上
	永興四年		鮮卑部族百姓	同上

〔註196〕《周書》卷六《武帝紀下》，第107頁。
〔註197〕「附表6：北魏時期皇帝賜宴統計表」引自本文作者的碩士畢業論文《北魏時期皇帝賜宴考》。

	永興五年	薄山	隨從巡行者	同上
	永興五年	西宮	群臣	同上
	神瑞二年	西宮	群臣、附國大、渠帥	同上
	泰常五年	屋竇城	隨從巡行的將士	同上
	泰常五年	雲中大室	隨從巡行者	同上
	泰常七年	屋竇城	隨從巡行者、藩臣	同上
	泰常七年	西宮	群臣	同上
太武帝	始光二年		群臣	《魏書》卷四上《太武帝紀上》
	始光四年		出征將士、群臣	同上
	神䴥二年		新降高車渠帥	《魏書》卷三五《崔浩傳》
	神䴥三年		隨從出征者	同上
	神䴥四年		出征將士、群臣	《魏書》卷四上《太武帝紀上》
	神䴥四年	木根山	群臣	同上
	延和三年	汝水	群臣	同上
	太延元年		天下百姓	同上
	太延四年		軍隊將士	同上
	太延五年	上郡屬國城	群臣	同上
	太延五年		出征將士、群臣	同上
	太延五年	雲中	雲中行宮	《魏書》卷二七《穆崇傳附穆壽傳》
	太平眞君十年	漠南	隨從巡行者	《魏書》卷四下《太武帝紀下》
	太平眞君十年		群臣	同上
	正平元年	瓜步	群臣、劉宋政權使者	《魏書》卷九七《島夷劉義隆傳》
文成帝	興安二年		天下百姓	《魏書》卷五《文成帝紀》
	太安元年		群臣	同上
	太安四年	遼西黃山宮	隨從巡行者	同上
	太安四年	碣石山	隨從巡行者	同上
	太安四年		群臣	同上
	和平四年		天下百姓	同上

獻文帝	皇興三年		契丹等國朝貢使者	《魏書》卷一百《契丹傳》
	皇興四年		出征將士、群臣	《魏書》卷五《文成帝紀》
孝文帝	延興三年		出征將士、群臣	《魏書》卷七上《孝文帝紀上》
	太和元年	太華殿	京邑耆老	同上
	太和三年		群臣	《魏書》卷五四《高閭傳》
	太和五年	南　郊	群臣、南齊使者	同上
	太和九年	太華殿	群臣	同上
	太和九年		群臣	《魏書》卷五四《高閭傳》
	太和十年		諸國朝貢使者	《魏書》卷七下《孝文帝紀下》
	太和十六年	太華殿	群臣	同上
	太和十六年		群臣	同上
	太和十六年		武興王楊集始	《魏書》卷五九《劉昶傳》
	太和十七年	太極殿	群臣	《魏書》卷七下《孝文帝紀下》
	太和十七年	宣文堂	太武帝、景穆帝、文成帝、獻文帝子孫	同上
	太和十九年	懸瓠	隨從巡行者	同上
	太和十九年	金墉宮殿堂	群臣	同上
	太和十九年	皇信堂	太武帝、景穆帝、文成帝、獻文帝子孫	《魏書》卷十九中《景穆十二王·任城王雲傳附元澄傳》
	太和二十年	華林園	群臣及國老、庶老	《魏書》卷七下《孝文帝紀下》
	太和二十一年	清徽堂	李沖	《魏書》卷五三《李沖傳》
	太和二十二年	新野行宮	群臣	《魏書》卷七下《孝文帝紀下》
	太和二十二年	汝　濱	徐謇	《魏書》卷九一《術藝·徐謇傳》
孝文帝	太和二十二年	洛　陽	出征將士	《漢魏南北朝墓誌彙編》之《魏故右光祿大夫右護軍饒陽男元遙墓誌》
	太和二十三年	澄鸞殿	群臣	《魏書》卷七下《孝文帝紀下》
	太和年間	靈泉池	群臣、藩國使者、諸方渠帥	《魏書》卷十三《文成文明皇后馮氏傳》
	太和年間	拓跋丕甲第	拓跋丕	《魏書》卷十四《神元平文諸帝子孫·東陽王丕傳》

	太和年間	華林都亭	元楨	《魏書》卷十九下《景穆十二王下·南安王楨傳》
	太和年間	清徽堂	群臣	《魏書》卷二一下《獻文六王下·彭城王勰傳》
	太和年間		陳建妻	《魏書》卷三四《陳建傳》
	太和年間	流化池	群臣	《魏書》卷六二《李彪傳》
	太和年間	清徽後園	群臣	《魏書》卷六四《郭祚傳》
	太和年間		群臣	《魏書》卷九一《術藝·蔣少游傳》
	太和年間	張祐甲宅	張祐	《魏書》卷九四《閹官·張祐傳》
	太和年間	張祐甲宅	張祐	同上
宣武帝	景明二年	王仲興甲第	王仲興	《魏書》卷九三《恩倖·王仲興傳》
	景明三年	太極前殿	群臣	《魏書》卷八《世宗紀》
	景明年間	華林園	拓跋丕	《魏書》卷十四《神元平文諸帝子孫·東陽王丕傳》
	正始二年		奚康生	《魏書》卷七三《奚康生傳》
	永平元年	禁　中	元勰、元雍、元嘉、元懌、元懷、高肇	《魏書》卷二一下《獻文六王下·彭城王勰傳》
	延昌年間		于栗磾	《魏書》卷三一《于栗磾傳附于忠傳》
	宣武帝年間	洛陽東亭	王肅	《魏書》卷五八《楊播傳》
	宣武帝年間	王仲興甲宅	王仲興	《魏書》卷九三《恩倖·王仲興傳》
	熙平年間	胡國珍甲第	胡國珍	《魏書》卷八三下《外戚下·胡國珍傳》
	正光元年	洛陽近郊	阿那瓌	《魏書》卷一○三《蠕蠕傳》
	正光元年	顯陽殿	群臣、阿那瓌及其隨從	同上
	正光二年	西林園	群臣	《魏書》卷七三《奚康生傳》
孝明帝	孝明帝年間	華林園	群臣	《魏書》卷十三《皇后·宣武靈皇后胡氏傳》
	孝明帝年間	西林園	文武侍臣	同上
	孝明帝年間	江陽王元繼甲第	元繼	《魏書》卷十六《道武七王·京兆王黎傳附元繼傳》

	孝明帝年間		群臣	《魏書》卷六五《李平傳》
	孝明帝年間	華林園	群臣	《魏書》卷六九《袁翻傳》
	孝明帝年間	西　園	群臣	《北齊書》卷四一《元景安傳》
孝莊帝	建義元年	西林園	后妃、群臣	《資治通鑒》卷一百五二《梁紀八》大通二年
	永安二年	華林園	尒朱榮、元天穆及隨從督將	《魏書》卷十《孝莊帝紀》
	孝莊帝年間		尒朱榮	《魏書》卷七七《高崇傳》
前廢帝	普泰元年	華林園	群臣	《魏書》卷十一《前廢帝紀》
	普泰元年	顯陽殿	尒朱彥伯等	《魏書》卷七五《尒朱彥伯傳》
孝武帝	太昌元年	華林園	群臣	《魏書》卷十一《出帝紀》
	太昌元年		群臣、齊文襄王高澄	同上
	太昌元年	華林園	元樹、群臣、藩使督將	同上
	永熙二年	太極前殿	群臣	同上
	永熙二年	華林園	齊文襄王高澄	同上
	永熙三年		孝武帝從妹	《北史》卷五《魏孝武帝紀》
	孝武帝年間		宗室諸王	《魏書》卷十九上《景穆十二王·樂浪王萬壽傳附元忠傳》

附表8：東魏時期皇帝賜宴統計表

皇　帝	賜宴時間	賜宴地點	賜宴對象	資料來源
孝靜帝	興和元年十一月	鄴城皇宮	權臣高歡	《北齊書》卷二《神武帝紀下》
	武定年間	鄴城皇宮	群臣	《北齊書》卷三《文襄帝紀》
	武定年間	鄴城皇宮	群臣	《北齊書》卷三〇《崔暹傳》

附表9：北齊時期皇帝賜宴統計表

皇　帝	賜宴時間	賜宴地點	賜宴對象	資料來源
文宣帝	天保元年七月	皇　宮	群臣	《北齊書》卷四《文宣帝紀》
	天保三年	肆　州	大臣斛律金	《北齊書》卷一七《斛律金傳》
	天保四年	晉　陽	大臣斛律金、宗室諸王	《北齊書》卷一七《斛律金傳》

	天保七年	皇 宮	太子高殷及群臣	《北齊書》卷五《廢帝紀》
	天保九年十一月	乾象殿	群臣	《北齊書》卷四《文宣帝紀》
	天保初期	晉 陽	群臣	《北齊書》卷三五《張宴之傳》
	天保年間	宣光殿	群臣	《北齊書》卷三〇《崔暹傳》
	天保年間	東 山	群臣	《北齊書》卷三〇《崔昂傳》
	天保年間	皇 宮	群臣	《北齊書》卷三七《魏收傳》
武成帝	大寧元年十二月	洛 陽	軍隊將士	《北齊書》卷一六《段榮傳》
後主	武平七年十二月	皇 宮	群臣	《北齊書》卷八《後主紀》

附表 10：西魏時期皇帝賜宴統計表

皇　帝	賜宴時間	賜宴地點	賜宴對象	資料來源
文　帝	大統八年十二月	華 陰	軍隊將士	《周書》卷二《文帝紀下》
	大統年間	長 安	群臣	《周書》卷二六《長孫紹遠傳》
恭　帝	恭帝元年四月	長 安	群臣	《周書》卷二《文帝紀下》

附表 11：北周時期皇帝賜宴統計表

皇　帝	賜宴時間	賜宴地點	賜宴對象	資料來源
明　帝	武成二年	長 安	群臣	《周書》卷二九《高琳傳》
	明帝時期		群臣	《周書》卷二七《蔡祐傳》
	明帝時期		群臣	《周書》卷四一《王褒傳》
	明帝時期		大臣宗懍	《周書》卷四二《宗懍傳》
武　帝	保定三年三月		三老	《周書》卷一五《于謹傳》
	建德三年正月	長 安	軍隊將士	《周書》卷五《武帝紀上》
	建德六年二月	鄴	軍隊將士	《周書》卷六《武帝紀下》
	建德年間	長 安	後梁君主、北齊降臣	《周書》卷四八《蕭詧傳附蕭巋傳》
	武帝時期		軍隊將士	《周書》卷六《武帝紀下》
	武帝時期		宗室諸王	《周書》卷四〇《王軌傳》
宣　帝	大象二年三月		天下平民	《周書》卷七《宣帝紀》

第四章　飲酒娛樂活動、酒宴禮儀及飲酒禁忌

第一節　飲酒娛樂活動

　　當時人們在舉行酒宴過程中，爲了增加酒宴間的熱烈氛圍，總要伴以賦詩、歌樂、舞蹈、百戲、文字酒令等娛樂活動以助酒興。這些娛樂活動不僅是宴飲參加者才藝的表達，還在一定程度上體現出飲酒者所具有的文化素養、精神面貌。

一、賦詩

　　當時人們在宴飲之際，總要賦詩以助酒興，來增加酒宴間的熱烈氛圍。當時酒宴中，與宴者多引用詩句，北魏孝武帝和宗室公主宴飲，「（孝武）帝內宴，令諸婦人詠詩，或詠鮑照樂府曰：『朱門九重門九闈，願逐明月入君懷。』」〔註1〕。更爲普遍的是酒宴主持者令與宴者即興賦詩，北齊天保九年，「（文宣）帝至自晉陽，登三臺，御乾象殿，朝讌群臣，並命賦詩。」〔註2〕但是即興賦詩時，多講究、注重格式與押韻的要求。北魏孝文帝，「時詔延四廟之子，下逮玄孫之胄，申宗宴於皇信堂，不以爵秩爲列，悉序昭穆爲次，用家人之禮。高祖曰：『行禮已畢，欲令宗室各言其志，可率賦詩。』特令（元）澄爲七言連韻，與高祖往復賭賽，遂至極歡，際夜乃罷」。〔註3〕說明以「七言」爲韻

〔註1〕《北史》卷五《魏孝武帝紀》，第174頁。
〔註2〕《北齊書》卷四《文宣帝紀》，第65頁。
〔註3〕《魏書》卷一九中《景穆十二王中‧任城王雲傳附元澄傳》，第464頁。

成爲當時酒宴中賦詩的重要格式。北齊時期，在文宣帝爲宗室成員舉行的納妃慶婚酒宴上，大臣張宴之曾賦四言聯句詩，「（張）宴之後園陪讌，坐客皆賦詩。宴之詩云：『天下有道，主明臣直，雖休勿休，永貽世則。』」〔註4〕表明四言詩也是當時酒宴中賦詩的重要格式。飲酒即興賦詩，即體現了與宴者的飲酒之雅，同時又需要飲酒者具有一定的文化底蘊，方可即興成句。

飲酒者如果在賦詩時，格式不工，或者對仗不整，往往要被罰酒。北魏時期，宗室元彧與朝中大臣的酒宴，「僚寀成群，俊民滿席，絲桐發響，羽觴流行，詩賦並陳，清言乍起……荊州秀才張裴裳爲五言，有清拔之句云：『異秋花共色，別樹鳥同聲。』（元）彧以蛟龍錦賜之，亦有得緋紬緋綾者。唯河東裴子明爲詩不工，罰酒一石。子明八日而醉眠，時人譬之山濤」。〔註5〕文學之士聚會暢飲，在酒興正濃之際，往往也是抒發詩意之時。文學之士在酒宴中把詩與酒結合，追求的是格調高雅的氛圍。

二、歌樂與舞蹈

當時宮廷酒宴中，多有奏樂相伴。《魏書》卷一○九《樂志》載北魏初期，「正月上日，饗群臣，宣佈政教，備列宮懸正樂，兼奏燕、趙、秦、吳之音，五方殊俗之曲。四時饗會亦用焉……掖庭中歌《眞人代歌》，上敘祖宗開基所由，下及君臣廢興之迹……郊廟宴饗亦用之。」據此，北魏初期，君臣宴飲中所奏之樂是胡、漢雜而用之，游牧民族風俗色彩極爲濃厚，充分體現出遊牧民族文化對中原風俗所產生的影響。至北魏孝文帝時期，君臣飲酒奏樂中胡漢雜而用之的情況逐漸發生變化，《魏書》卷一○九《樂志》載，「初，高祖討淮、漢，世宗定壽春，收其聲伎。江左所傳中原舊曲，《明君》、《聖主》、《公莫》、《白鳩》之屬，及江南吳歌、荊楚四聲，總謂《清商》。至於殿庭饗宴兼奏之。」由此可見，北魏中期開始，君臣宴飲時所用樂逐漸以中原傳統樂即《清商》爲主，中原樂在當時北方宮廷中佔據主要地位。這種變化應與孝文帝所進行的漢化政策具有密切的關係。至北齊、北周時期，當時宮廷酒宴中的中原樂更是佔據了重要位置。北齊時期君臣「元會大饗」，奏《皇夏樂》、食舉樂等。〔註6〕西魏、北周時期，「饗諸侯，用《虞舜》樂……

〔註4〕《北齊書》卷三五《張宴之傳》，第469頁。
〔註5〕參看〔東魏〕楊玄之著：《洛陽伽藍記》卷四，范祥雍校注，上海古籍出版社，1978年版，第201～202頁。
〔註6〕《隋書》卷一四《音樂志中》，第325～329頁。

宗室會聚，奏《族夏》。上酒宴樂，奏《陔夏》」。〔註7〕北周武帝「宴族人，奏《族夏》。大會至尊執爵，奏登歌十八曲」。〔註8〕很明顯，北齊、北周宮廷酒宴中所用樂曲已經以中原傳統樂爲主。

在當時的酒宴中，還有與宴者表演樂舞，或者有專門之人表演樂舞，來增加酒宴的熱烈氛圍。北朝時期的統治者及貴族，多出身於能歌善舞的北方游牧民族，他們的樂舞才華在酒宴中得到充分的發揮。因此，這一時期酒宴中的樂舞表演體現出濃厚的少數民族風俗。

當時人們在宴飲過程中，有時以自己親自表演樂舞的方式來增加酒宴中的熱烈氛圍。北魏太和三年，孝文帝與馮太后宴請群臣時，君臣共舞，「（太和三年）是年冬至，高祖、文明太后大饗群官，高祖親舞於太后前，群臣皆舞」。〔註9〕孝文帝爲鮮卑族出身，而百官中也有不少鮮卑勳貴，孝文帝與百官共舞，是要受到鮮卑樂舞的影響。孝明帝時期，孝明帝君臣在飲酒酣暢之時，百官依次起舞，「正光二年三月，肅宗朝靈太后於西林園，文武侍坐，酒酣迭舞。次至康生，康生乃爲力士舞，及於折旋，每顧視人后，舉手、蹈足、瞋目、頷首爲殺縛之勢」。〔註10〕奚康生所表演的力士舞，反映出鮮卑將士所具有的勇猛之勢。這是鮮卑人粗獷、豪放民族性格的體現。鮮卑族是能歌善舞、尚武的民族，當時宮廷酒宴中的一些樂舞表演也因此反映出鮮卑民族的性格特徵。

除了宴飲者自己表演舞蹈外，往往還有僕人表演舞蹈以助酒興。北齊邢子才《三日華林園公讌詩》，「回鸞自樂野，弭蓋屬瑤池……方筵羅玉俎，激水漾金卮。歌聲斷且續，舞袖合還離」。〔註11〕描寫了君臣在三月上巳節遊玩、宴飲的場面，君臣在享受佳肴、暢飲金卮美酒之際，欣賞歌姬表演樂舞。

在西安發掘的北周安伽墓葬壁畫中，有人們飲酒、欣賞樂舞表演的場面。如正面屏風中第 6 幅圖「奏樂宴飲舞蹈圖」描述安伽本人與客人坐於涼亭內交談，旁邊有樂人在演奏曲項琵琶、豎箜篌、排簫等樂器，舞者拍雙手

〔註 7〕 《隋書》卷一四《音樂志中》，第 332 頁。
〔註 8〕 《隋書》卷一四《音樂志中》，第 333 頁。
〔註 9〕 《魏書》卷五四《高閭傳》，第 1203 頁。
〔註 10〕 《魏書》卷七三《奚康生傳》，第 1632 頁。
〔註 11〕 《藝文類聚》卷四《歲時中·三月三日》引北齊邢子才《三日華林園公讌詩》，第 69 頁。

於頭頂、臀後翹、扭腰、左腳後踢,在表演胡騰舞,使宴飲場面顯得熱烈。
〔註 12〕曲項琵琶、胡旋舞分別爲古代中亞地區民族的樂器與舞蹈,隨著中亞
地區與北方地區的頻繁交往而傳入中原,〔註 13〕並對中原的漢族樂舞產生影
響。北齊漢族勳貴徐顯秀墓的壁畫中,就有人們在酒宴中彈奏曲頸琵琶的場
景。〔註 14〕在當時民族交往頻繁的背景下,北方地區酒宴中的舞蹈表演融入
中亞民族的樂舞風俗也就是自然的事情了。

　　當時人們在宴飲中,除了欣賞歌樂演奏、自己親自表演樂舞以增加酒興
之外,還通過親自歌唱的方式來活躍氛圍、彰顯自己的感情。北魏孝文帝「饗
侍臣於懸瓠方丈竹堂,道昭與兄懿俱侍坐焉。樂作酒酣,高祖乃歌曰:『白日
光天無不曜,江左一隅獨未照。』」〔註 15〕從孝文帝的歌唱中,可見其統一天
下的雄心壯志。北魏孝莊帝經常和群臣宴飲享樂,「於西林園宴射……及酒酣
耳熱,(尒朱榮)必自匡坐唱虜歌,爲《樹梨普梨》之曲……日暮罷歸,(尒
朱榮)便與左右連手蹋地,唱《回波樂》而出」。〔註 16〕尒朱榮所唱「虜歌」、
「回波樂」,帶有濃厚的游牧民族氣息,盡顯其粗獷、豪放之情。表明在游牧
民族進入北方之後,富有游牧民族色彩的歌舞娛樂活動在當時北方地區的酒
宴中佔據了一定地位。

三、百戲

　　北朝時期的宮廷酒宴,除了樂舞表演之外,還繼承了漢代以來酒宴中以
雜技爲核心的「百戲」表演。

〔註 12〕參看陝西省考古研究所:《西安北周安伽墓》,北京:文物出版社,2003 年
　　　　版,第 33～34、83 頁。
〔註 13〕關於當時中亞地區樂器傳入北方,《隋書》卷一五《音樂志下》載,「西涼者,
　　　　起苻氏之末,呂光、沮渠蒙遜等,據有涼州,變龜茲聲爲之,號爲秦漢伎。
　　　　魏太武既平河西得之,謂之《西涼樂》。至魏、周之際,遂謂之《國伎》。今
　　　　曲項琵琶、豎頭箜篌之徒,並出自西域,非華夏舊器……其樂器有鍾、磬、
　　　　彈箏、搊箏、臥箜篌、豎箜篌、琵琶、五絃、笙、蕭、大篳篥、長笛、小篳
　　　　篥、橫笛、腰鼓、齊鼓、擔鼓、銅拔、貝等十九種,爲一部。」這說明隨著
　　　　北魏對外統一戰爭的進行,中亞地區的音樂、樂器等逐漸傳入北方地區。使
　　　　北方地區的樂舞、樂器內容得到極大的豐富。並深刻影響著北齊、北周時代
　　　　的樂舞表演。
〔註 14〕參看山西省考古研究所、太原市文物考古研究所:《太原北齊徐顯秀墓發掘簡
　　　　報》,載《文物》,2003 年第 10 期,第 35 頁。
〔註 15〕《魏書》卷五六《鄭義傳附鄭道昭傳》,第 1240 頁。
〔註 16〕《北史》卷四八《尒朱榮傳》,第 1762 頁。

《文獻通考》卷一四七《樂考二十·散樂百戲》載,「後魏道武帝天興六年冬,詔太樂、總章、鼓吹增修雜戲,造五兵、角觝、麒麟、鳳皇、仙人、長蛇、白象、白武及諸畏獸、魚龍、辟邪、鹿馬、仙人車、高絙百尺、長趫、幢跳丸,以備百戲。大饗設之於殿前。明元帝初,又增修之,撰合大曲,更爲鐘鼓之節。」「北齊神武平中山,有魚龍爛漫、俳優侏儒、山車巨象、拔井種瓜、殺馬剝驢等,奇怪異端,百有餘物,名爲百戲。」「後周武帝保定初,詔罷元會殿庭百戲。宣帝即位,鄭譯奏徵齊散樂並會京師爲之⋯⋯增修百戲,魚龍漫衍之伎,常陳於殿前。」於此可見,北朝時期宮廷酒宴中的百戲表演,經歷了北魏對前代的繼承與初設、北齊時期的完善、北周武帝時期的廢除、北周後期的恢復與定型四個階段。由於當時百戲表演內容的繁多、場面的宏大,所以,這一時期的百戲多集中於宮廷宴飲場合,而沒有在民間宴飲中普及。

四、文字酒令

當時飲酒者在宴席間還借文字酒令以助酒興。《洛陽伽藍記》卷三《城南》載北魏孝文帝和群臣宴飲,「(王)肅與高祖(孝文帝)殿會,食羊肉及酪粥甚多⋯⋯(孝文帝)因舉酒曰:『三三橫,兩兩縱,誰能辨之賜金鍾。』御史中丞李彪曰:『沽酒老嫗瓮注瓨,屠兒割肉與秤同。』尙書右丞甄琛曰:『吳人浮水自云工,妓兒擲絕在虛空。』彭城王(元)勰曰:『臣始解此字是習字。』高祖即以金鍾賜(李)彪。」可見,行文字酒令需要一定的文字字意功底。

當時人們通過賦詩、樂舞、文字酒令創造了熱烈的飲酒氛圍,把宴飲的氣氛推向了高潮。這表明,當時人們在飲酒時,不僅追求物質享受,更注重對精神境界的追求。進而使穿插了這些娛樂內容的宴飲活動成爲格調高雅的物質與精神享受場合。同時應注意,賦詩、文字酒令需要酒宴參加者具有一定的文化素養、敏捷的應對,才能在酒宴中賦詩押韻、對答如流。這就決定了賦詩、文字酒令多盛行於官員、士大夫等社會上層。

第二節　酒宴禮儀

北朝時期的酒宴禮儀,體現在座次、座位朝向與座位高低的安排、酌酒時的繁瑣儀式四個方面。

一、酒宴中的座次安排

　　作爲日常飲食之一的飲酒活動，與禮儀密切相關。《禮記·禮運》載，「夫禮之初，始諸飲食。」由於古代傳統禮儀對當時社會生活的滲透，這使一些較爲正式的宴會活動不得不受到各種繁瑣禮儀的約束與影響。具體而言，就是當時人們較爲講究自己的身份等級在酒宴中的體現。

　　北魏初期，鮮卑族入主北方之初，還沒有進行徹底漢化、受中原傳統風俗薰陶之前，當時官方酒宴中並沒有嚴格的禮儀約束。即使天興年間，道武帝「詔儀曹郎董謐撰朝覲、饗宴、郊廟、社稷之儀」〔註17〕之後，直到文成帝時期，君臣酒宴仍然是「內外相混，酒醉喧譊，罔有儀式」。〔註18〕從北魏孝文帝時期開始，官方酒宴中才逐漸形成了關於酒宴座次等相關禮儀規則。北魏孝文帝與宗室成員的宴飲活動，「時詔延四廟之子，下逮玄孫之胄，申宗宴於皇信堂，不以爵秩爲列，悉序昭穆爲次，用家人之禮」。〔註19〕皇帝與宗室成員的宴飲受傳統禮儀的約束不是很嚴格的。反之，正式的官方酒宴就必須嚴格遵守座次安排等禮儀要求。

　　在當時官方宴飲等正式酒宴活動中，人們對以自己身份與地位爲代表的尊卑關係重視的突出表現，就是注重酒宴中座次順序的安排。一般來說，是以參加酒宴者所任官職的高低作爲座次尊卑的標準。《魏書》卷一○三《蠕蠕傳》中記載的北魏孝明帝宴請柔然可汗的座次安排就清楚地反映出這種標準，「肅宗臨顯陽殿，引從五品以上清官、皇宗、藩國使客等列於殿庭，王公以下及阿那瓌等入，就庭中北面。位定，謁者引王公以下升殿，阿那瓌位於藩王之下，又引將命之官及阿那瓌弟並二叔位於群官之下……阿那瓌啓云：『陛下優隆，命臣弟叔等升殿預會，但臣有從兄，在北之日，官高於二叔，乞命升殿。』」正因爲嚴格的座次順序是酒宴參加者地位等級的體現，當時外交酒宴中的座次安排尤其受到與宴者的重視。北魏孝明帝這次賜酒宴，因爲關係到對前來歸附的柔然可汗的安撫，所以，對酒宴中座次的安排及由此體現出的北魏國家對柔然部落的支配地位等問題會極爲注重。

　　但是，非正式場合酒宴中的座次，卻不受以官職爲代表的身份等級約束。如當時家族成員間的酒宴，其中在座次安排方面的要求相對於正式場合

〔註17〕　《魏書》卷一○八之四《禮志四》，第2817頁。
〔註18〕　《魏書》卷四八《高允傳》，第1075頁。
〔註19〕　《魏書》卷一九中《景穆十二王中·任城王雲傳附元澄傳》，第464頁。

中的酒宴而言，就要寬鬆一些。以皇帝參加的皇室宗族酒宴而論，在座次安排上，嚴格區別君臣之別本是重要的。但是，由於這種酒宴受到聯絡宗室成員之間感情這一目的的影響，使得宗室成員之間的輩份受到重視，反之君臣之別逐漸淡化。北魏孝文帝，「時詔延四廟之子，下逮玄孫之胄，申宗宴於皇信堂，不以爵秩爲列，悉序昭穆爲次，用家人之禮。」〔註20〕「家人之禮」，就是以酒宴參加者的家族血緣關係的遠近爲根據，來安排酒宴中的座次。北周時期，「每四時伏臘，高祖（武帝）率諸親戚，行家人之禮，稱觴上壽」。〔註21〕可見，在歲時節日舉行的家宴，並不受君臣身份等級的約束，而是完全按照家族成員的輩分來安排酒宴的相關程序，這更有利於家族成員借舉行家宴之際來聯絡彼此之間的感情。也就是說，皇帝親自出席的宗室酒宴活動，應該根據君臣之禮、「爵秩爲列」這些體現身份等級地位的原則來安排宴飲中的座次，但基於聯絡宗室成員血緣親情的目的而把座次原則變爲「昭穆爲次」，酒宴中用「家人之禮」。

當時酒宴中座次順序的嚴格安排，是酒宴主持者對與宴者身份尊卑區別、對與宴者重視程度的體現。反之，不按常規、降低座位等次，則是表現出對與宴者的蔑視。北魏孝文帝宴請南朝使者，《北史》卷三《魏孝文帝紀》載，「（太和五年）九月庚午，閱武於南郊，大饗群臣。齊使車僧朗以班在宋使殷靈誕後，辭不就席。宋降人解奉君刃僧朗於會中。」北魏國家在安排座次時，將南齊使者的座次順序置於爲南齊所取代的劉宋政權的使者之後，這種對外交禮儀的忽視，實際表現的是北魏對南齊的蔑視。

二、酒宴中的座位朝向與座位高低及酌酒儀式

酒宴參加者對酒宴中的座位朝向會更爲注重，以體現自己的身份尊卑差別。當時宮廷酒宴中的座位方向安排體現出「人君尊東」〔註22〕的傳統禮儀，「後齊宴宗室禮，皇帝常服，別殿西廂東向……尊者南面，卑者北面，皆以西爲上。」〔註23〕由此可知，當時酒宴中的座位方向，以坐西朝東爲最尊貴，坐北朝南次之，坐南朝北再次之。這種嚴格的朝向安排，成爲顯示酒宴參加

〔註20〕　《魏書》卷一九中《景穆十二王中·任城王雲傳附元澄傳》，第464頁。
〔註21〕　《周書》卷一一《晉蕩公護傳》，第174頁。
〔註22〕　《隋書》卷九《禮儀志四》，第186頁。
〔註23〕　《隋書》卷九《禮儀志四》，第188頁。

者身份等級的明顯特徵。〔註 24〕後宮酒宴中的座位朝向也是遵循東向尊貴的原則,如北齊後宮酒宴,「後齊元日,中宮朝會……(皇后)出於昭陽殿。坐定,內外命婦拜,皇后興,妃主皆跪。皇后坐,妃主皆起,長公主一人,前跪拜賀。禮畢,皇后入室,乃移幄坐於西廂。皇后改服褕狄以出。坐定,公主一人上壽訖,就坐。御酒食,賜爵,並如外朝會」。〔註 25〕這表明,當時後宮酒宴的禮儀程序完全按照朝廷正式酒宴規定進行。

除宴飲中座次、座位朝向之外,宴飲者所居地位的高低也直接反應出身份的尊卑。在西安發掘的北周安伽墓壁畫中,正面屏風第 6 幅圖「奏樂宴飲舞蹈圖」,〔註 26〕描述北周薩保安伽招待突厥使者的酒宴場面,其中安伽本人居中、地位最高,而突厥使者地位則較低。這種所居地位高低的安排,正是要表現出安伽所代表的北周國家對鄰邦突厥部落的支配意圖。

除宴飲中的座次、座位朝向的限制是嚴格的,甚至在酌酒方面也有嚴格而繁瑣的程序。在當時正式酒宴中,如果地位尊者或者代表地位尊者之人向地位卑者酌酒,地位卑者往往要離席伏地,然後還席飲酒,以示恭敬。「後齊立春日,皇帝服通天冠……而受朝於太極殿。尚書令等坐定,三公郎中詣席,跪讀時令訖,典御酌酒戹,置郎中前,郎中拜,還席伏飲,禮成而出」。〔註 27〕

當時酒宴中的座次、座位方向、席位高低的安排、酌酒等方面所體現出的繁瑣禮儀程序,就是要明確反映出酒宴參加者身份等級尊卑的區別。

第三節　飲酒禁忌

北朝時期的飲酒禁忌,是指人們在服喪活動期間要自覺遵守傳統禮俗而不飲酒,除此之外,佛教信仰戒律也限制著人們的飲酒行為。

一、服喪活動期間的禁忌

當時人們在為已故親屬服喪期間,正常的飲食要受到影響,即通過在規

〔註 24〕《禮記》卷三《曲禮上第一》,「席南鄉北鄉,以西方為上」孔穎達注疏「謂東西社席,南鄉北鄉則以西方為上頭也。」可見,前代的酒宴座位朝向安排對以後影響的深遠。

〔註 25〕《隋書》卷九《禮儀志四》,第 184～185 頁。

〔註 26〕參看陝西省考古研究所:《西安北周安伽墓》第三章《出土遺物》,文物出版社,2003 年版,第 34～35 頁。

〔註 27〕《隋書》卷九《禮儀志四》,第 188 頁。

定時間的不飲酒食肉來表達對已故之人的哀思。〔註 28〕《禮記‧曲禮》載,「居喪之禮,頭有創則沐,身有瘡則浴,有疾則飲酒食肉,疾止復初。」這說明,在傳統禮制中,是嚴格禁止人們在服喪期間飲酒的。

在遵守古代傳統喪禮飲食規定方面,當時具有代表性的當屬崇尚中原漢族禮樂文明的北魏孝文帝,「(太和)十四年,(馮太后)崩於太和殿,年四十九。其日有雄雉集於太華殿。(孝文)帝酌飲不入口五日,毀慕過禮。諡曰文明太皇太后。葬於永固陵……(孝文)帝毀瘠,絕酒肉不御者三年」。〔註 29〕而對孝文帝「毀瘠猶甚」之舉,朝臣穆亮曾上書請求孝文帝「數御常膳」。〔註 30〕表明服喪期過後,人們是可以進行正常的飲食生活的。孝文帝謹遵傳統禮制之舉,獲得了史家的讚譽,魏收曾稱讚孝文帝「人倫之高迹,雖尊居黃屋,盡蹈之矣」。〔註 31〕

北魏宣武帝時期,由南朝齊投奔北魏的蕭齊宗室蕭寶寅在爲其被害之兄弟服喪期間,「(蕭寶寅)請喪居斬衰之服,(元)澄遣人曉示情禮,以喪兄之制,給其齊衰,(蕭)寶寅從命。(元)澄率官僚赴弔,(蕭)寶寅居處有禮,不飲酒食肉,輟笑簡言,一同極哀之節」。〔註 32〕

當時人們在爲已故親屬服喪期過後,特別延長不飲酒食肉的時間,甚至終身不進酒肉,由此獲得了社會輿論的稱讚。北魏孝明帝時期,洛陽令陽固,「丁母憂,號慕毀病,杖而能起。練禫之後,猶酒肉不進。時固年踰五十,而喪過於哀,鄉黨親族咸歎服焉」。〔註 33〕同一時期,太學博士李德廣,因其父爲叛軍所害,「痛父非命,終身不飲酒食肉。妹夫盧元明嗟重之」。〔註 34〕

當時的一些統治者也有因朝臣故去,而在短期內不飲酒者。北齊時期,時任吏部尙書,爲「(武成)帝鄉故舊」的尉謹,「病卒」之後,「世祖方在三

〔註 28〕 關於古代服喪期間的飲食禁忌,《通典》卷一四○《凶禮十七》「食飲節」,「父母之喪,食粥,朝一溢米,暮一溢米。不能食粥,則以爲飯,菜羹。婦人皆以爲飯。諸齊縗之喪,疏食水飲,不食菜果。三月既葬,食肉,不飲酒。」上述記載是關於唐代時期人們在爲已故親屬服喪期間的飲食禁忌。北朝時期人們在爲故親屬服喪期間的飲食節制亦與此相近。

〔註 29〕 《北史》卷一三《皇后‧文成文明皇后馮氏傳》,第 497 頁。

〔註 30〕 《北史》卷二○《穆崇傳附穆亮傳》,第 742 頁。

〔註 31〕 《魏書》卷七下《孝文帝紀下》,第 187 頁。

〔註 32〕 《魏書》卷五九《蕭寶寅傳》,第 1313 頁。

〔註 33〕 《魏書》卷七二《陽尼傳附陽固傳》,第 1611 頁。

〔註 34〕 《北史》卷一○○《李蒨傳附李德廣傳》,第 3323 頁。

臺飲酒，（元）文遙奏聞，遂命撤樂罷飲」。〔註35〕當時統治者因朝臣病故而在短時間內不飲酒並不多見，而武成帝也是北齊時期統治者中以嗜酒而聞名者。所以，武成帝此舉是給予已故大臣的特殊榮寵。

儘管當時眾人在服喪活動期間謹遵傳統禮俗而自覺不飲酒，但是也有違反傳統禮制者，北魏孝明帝時期，「（李元忠）遭母憂去任，歸李魚川。嘗亡二馬，既獲盜，即以與之。在母喪，哭泣哀動旁人，而飲酒騎射不廢，曰：『禮豈爲我？』」〔註36〕李元忠以放浪不羈之舉表示自己不同於謹遵禮教之士。孝明帝時期，夏侯夬在爲其父服喪期間，「（夏侯）夬性好酒，居喪不戚，醇醪肥鮮，不離於口」。〔註37〕按照服喪活動的要求，人們在爲已故親屬服喪期間，是要禁止食用美酒佳肴的。這一要求爲大多數人所遵守。而違背傳統禮制、放浪不羈的行爲，必然不見容於世俗傳統，往往要受到社會輿論的譴責。當時人們視違背傳統禮治的飲酒行爲「以酒狂而喪其倫」。〔註38〕北周武帝建德三年，武帝之母文宣皇后已故之後，宗室宇文憲在文宣皇后的喪期不遵守傳統禮俗而飲酒食肉如常，爲此，大臣曾上書彈劾，「文宣皇后崩，（宇文）直又密啓云：『（宇文）憲飲酒食肉，與平日不異。』」〔註39〕在皇帝駕崩之後，朝中百官應當爲已故統治者盡哀思，在飲食方面也要有所限制。而違反這一禮制者自然要受到懲罰，北魏時期，宣武帝駕崩之後，張普惠「坐與甄楷等飲酒遊從，免官」。〔註40〕

綜上可見，在傳統禮俗已形成不可動搖的觀念這一社會環境下，人們的飲酒行爲是要遵從於傳統禮俗的。

二、佛教信仰禁忌

北朝時期，佛教傳播達到鼎盛階段，崇信佛教之風遍及各個社會階層，佛教信徒規模龐大。在此種環境下，佛教禁忌會對當時人們，尤其是信徒的飲食生活產生影響。關於佛教禁忌，佛教文獻載，「五戒一者不殺……二者不盜……三者不婬……四者不欺……五者不飲酒」。〔註41〕一些虔誠佛教徒的飲

〔註35〕《北齊書》卷四〇《尉謹傳》，第 527 頁。
〔註36〕《北史》卷三三《李靈傳附李元忠傳》，第 1202 頁。
〔註37〕《魏書》卷七一《夏侯道遷傳附夏侯夬傳》，第 1584 頁。
〔註38〕《魏書》卷四八《高允傳》，第 1087 頁。
〔註39〕《周書》卷一二《齊煬王憲傳》，第 190 頁。
〔註40〕《魏書》卷七八《張普惠傳》，第 1729 頁。
〔註41〕釋僧祐：《弘明集》卷一三 //《大正新修大藏經・史傳部四》，臺北：財團法

食行為，如飲酒就要受到佛教禁忌的限制。關於佛教禁酒的原因，北朝時期僧人認為，「制過防非，本為生善。戒是正善，身口無違。緣中止息，遮性兩斷。乃名戒善。今耐酒之人，既不亂神。未破飲戒，實理非罪。正以飲生罪。酒外違遮，教緣中生犯，仍名有罪。以乖不飲酒，猶非持戒」。〔註42〕可見，佛教提倡禁酒，是出於防止人們醉酒亂神、酒後犯過的目的。

北魏時期，宗室元鸞「愛樂佛道，修持五戒，不飲酒食肉」。〔註43〕北齊時期，齊州刺史盧潛，因「篤信釋氏」，而「戒斷酒肉」。〔註44〕這表明，佛教中的「五戒」對一些虔誠信徒的飲食生活產生了重要影響，一些信徒出於對佛教信仰的虔誠追求而完全不食酒肉。

在這裏需要注意的是，北朝時期佛教盛行，並對社會產生重要的影響。表現明顯的就是，當時社會中大量的世俗者出家為僧人，北魏時，「總度僧尼二百餘萬」。〔註45〕北齊時期，「度人與魏相接」。〔註46〕北周武帝在禁佛時，「廢僧尼三百萬人」。〔註47〕世俗佛教徒的規模也是龐大的。在信奉佛教者如此眾多的社會背景下，而且佛教戒律中也有禁止飲酒這一規定，北朝社會中的尚飲之風理應受到制約。但是，當時的尚飲風氣仍然盛行。這主要與世俗信徒所奉行的佛教飲食戒律有關。

雖然當時佛教「五戒」中有禁酒肉的規定，但是僧侶和世俗信徒所奉行的素食方式並不完全相同。對於僧侶和部分信徒而言，他們所奉行的是終身不飲酒食肉的素食方式。而社會中的大部分世俗信徒，所奉行的是「六齋」、「八齋」這一素食方式。北魏淮陽王元尉、河東王元荀、東陽王元丕、淮南王元他，「四十年中，三長月六，守齋持戒無替」。〔註48〕「月六」就是「六

人佛陀教育基金會出版部，1990年版，第86頁。
〔註42〕釋道宣：《廣弘明集》卷一○《辯惑篇第二之六》//《大正新修大藏經・史傳部四》，臺北：財團法人佛陀教育基金會出版部，1990年版，第156頁。
〔註43〕《魏書》卷一九下《景穆十二王下・城陽王長壽傳附元鸞傳》，第510頁。
〔註44〕《北齊書》卷四二《盧潛傳》，第556頁。
〔註45〕釋道宣：《釋迦方志》卷下《教相篇第八》//《大正新修大藏經・史傳部三》，臺北：財團法人佛陀教育基金會出版部，1990年版，第974頁。
〔註46〕釋道宣：《釋迦方志》卷下《教相篇第八》//《大正新修大藏經・史傳部三》，臺北：財團法人佛陀教育基金會出版部，1990年版，第974頁。
〔註47〕釋道宣：《釋迦方志》卷下《教相篇第八》//《大正新修大藏經・史傳部三》，臺北：財團法人佛陀教育基金會出版部，1990年版，第974頁。
〔註48〕釋法琳：《辯正論》卷四《十代奉佛篇下》//《大正新修大藏經・史傳部四》，臺北：財團法人佛陀教育基金會出版部，1990年版，第514頁。

齋」。所謂「六齋」就是指「月八日、十四日、十五日、二十三日、二十九日、三十日」。〔註49〕在「六齋」日的飲食,「皆當魚肉不御,迎中而食。既中之後,甘香美味一不得嘗」。〔註50〕所以,世俗佛教信徒奉行「六齋」,就是在定期內不飲酒食肉。當時世俗信徒也奉行「八齋」,「八齋」也可以稱爲「八關齋戒」、「八齋戒」、「八戒齋」、「八戒」。〔註51〕「魏侍中大保司徒公廣陽懿烈王、魏廣陽忠武王、魏司徒廣陽王、魏廣陽文獻王、魏相國高王、魏汝南王、魏宜都王……咸受八戒,俱持六齋」。〔註52〕關於「八齋」,佛教文獻記載,「第一戒者。盡一日一夜持……無有殺意,慈念眾生……如清淨戒以一心習」。「第二戒者。盡一日一夜持……無貪取意,思念布施……不望與卻慳貪意」。「第三戒者。一日一夜持……無婬意,不念房室。修治梵行,不爲邪欲,心不貪色」。「第四戒者。一日一夜持……無妄語意,思念至誠,安定徐言。不爲僞詐,心口相應」。「第五戒者。一日一夜持……不飲酒不醉,不迷亂不失志。去放逸意」。「第六戒者。一日一夜持……無求安意。不著華香,不傅脂粉。不爲歌舞倡樂」。「第七戒者。一日一夜持……無求安意。不臥好床,卑床草席。捐除睡臥,思念經道」。「第八戒者。一日一夜持……奉法時食,食少節身。過日中後不復食」。〔註53〕據此,「八齋」也是要求世俗信徒在規定時間內不飲酒食肉。這就是說,眾多的世俗信徒在佛教規定的時間不飲酒食肉來體現其對佛教信仰的虔誠與追求。因爲,「人之大欲,在乎飲食男女」。〔註54〕能自覺限制世俗欲望,最終去除世俗之欲以靜心修行者,自然是進入佛教信仰的最高境界。但這並不是所有的世俗信徒都能夠做到的。尤其是社會上層等富裕者,包括飲食在內的世俗之欲是他們的追求,但他們對佛教又是虔誠的。於是宗教信仰與世俗之欲之間產生了矛盾。而佛教飲食戒律

〔註49〕釋僧祐:《弘明集》卷一三《奉法要》//《大正新修大藏經·史傳部四》,臺北:財團法人佛陀教育基金會出版部,1990 年版,第 86 頁。

〔註50〕釋僧祐:《弘明集》卷一三《奉法要》//《大正新修大藏經·史傳部四》,臺北:財團法人佛陀教育基金會出版部,1990 年版,第 86 頁。

〔註51〕參看嚴耀中:《佛教戒律與中國社會》第二九章《八關齋戒與中古時代的門閥》,上海古籍出版社,2007 年版,第 469 頁。

〔註52〕釋法琳:《辯正論》卷四《十代奉佛篇下》//《大正新修大藏經·史傳部四》,臺北:財團法人佛陀教育基金會出版部,1990 年版,第 514 頁。

〔註53〕支謙,譯:《佛說齋經》//《大正新修大藏經·阿含部上》,臺北:財團法人佛陀教育基金會出版部,1990 年版,第 911 頁。

〔註54〕《梁書》卷六《敬帝紀》,第 151 頁。

中的「六齋」、「八關齋」正好解決了這一矛盾。世俗信徒通過奉行「六齋」、「八關齋」，使自己的虔誠信仰和世俗之欲都不受影響。如北周宣帝，雖然「六齋不替，八戒靡渝」。〔註55〕但是，宣帝在其他時間裏卻是「性既嗜酒」。〔註56〕反映出「六齋」、「八齋」中雖然有禁止飲酒的規定，但是有明確時間限制的，而不是長期約束。顯然，這更適合追求口腹之欲的上層社會成員。也就是說，與佛教僧侶相比，佛教戒律對於世俗佛教徒的約束要相對寬鬆一些。所以，在當時社會上層中佛教廣爲盛行的情況下，這一階層的飲酒之風並沒有受到約束。可見，北朝時期的佛教信仰完全約束了僧侶階層和一部分世俗信徒的飲酒行爲；對大部分世俗社會佛教信徒的飲酒行爲只在一定時間段內起到約束的作用。所以，儘管當時佛教傳播盛行，社會中的尚飲風氣並沒有因此受到影響。

　　綜上所言，北朝時期的人們通過在飲酒時賦詩、表演樂舞、親自歌唱、表演百戲、行文字酒令，使當時的飲酒活動具有高雅的氛圍。這反映出當時人們不僅注重物質享受，還更注重對精神文化的追求。而當時酒宴中的繁瑣禮儀，表明傳統禮儀要求已滲透到飲食活動中。就當時的飲酒禁忌而言，服喪活動期間的禁忌對人們飲酒行爲起到嚴格的約束作用，而佛教信仰禁忌並沒有完全限制人們的飲酒行爲。

〔註55〕釋法琳：《辯正論》卷三《十代奉佛上篇第三》//《大正新修大藏經・史傳部四》，臺北：財團法人佛陀教育基金會出版部，1990年版，第508頁。
〔註56〕《周書》卷七《宣帝紀》，第124頁。

第五章　酒與北朝國家的施政及禮儀活動

第一節　酒與北朝國家統治者的施政

　　北朝時期的統治者借助向近臣、宗室、天下平民以及外國國主與使者賜酒、賜宴來達到對內籠絡人心、對外開展外交活動的目的。這是酒對統治者的施政所起到的積極作用。如果統治者縱酒無度，會影響對政務的處理，乃至政治的穩定。所以，酒與北朝時期統治者的施政密切地聯繫在一起。

一、以酒賞賜朝臣，密切君臣關係

　　為密切君臣關係、籠絡朝臣之心，統治者對重臣、宗室成員賜酒，以示恩寵之意。北魏明元帝為獎賞兢兢業業輔佐自己的漢族大臣崔浩，「賜（崔）浩御縹醪酒十觚，水精戎鹽一兩。曰：『朕味卿言，若此鹽酒，故與卿同其旨也。』」〔註1〕「朕味卿言」寓意君臣相知、同心同德，表示君臣之間關係的密切。明元帝以賞賜酒的方式來顯示其統治意圖，是與北魏前期的社會形勢有著較為密切的關係。北魏前期，拓跋鮮卑入主北方，當時作為統治民族的鮮卑族和北方地區占人口多數的漢族的矛盾是較為尖銳的，而在當時以崔浩等為代表的漢族地方大族的向背，就成為影響到鮮卑族的統治在北方能否鞏固的關鍵因素。所以，向當時北方漢族大族授予高官，是鮮卑統治者向漢族

〔註1〕《魏書》卷三五《崔浩傳》，第811頁。

大族顯示恩惠、爭取其支持的重要方式。而向輔佐自己的漢族大臣給予物質賞賜，如賜予寓意深厚的鹽酒，也是統治者向漢族大臣表示恩惠與親善的另一重要方式。明元帝欲通過此舉暗示對漢族大臣的恩寵與籠絡之意，激勵漢族大臣更加努力地爲自己的統治服務。由此可見，在籠絡人心方面，酒的利用價值是不可忽視的。

　　統治者還重視對宗室成員的賜酒。北齊武成帝，「武成即位，禮遇（河南康舒王）特隆。帝在晉陽，手敕之（河南康舒王高孝瑜）曰：『吾飲汾清二盃，勸汝於鄴酌兩盃。』其親愛如此」。〔註2〕宗室成員是統治階層中的重要部分。河南康舒王高孝瑜曾協助武成帝剷除政敵，鞏固其帝位。可見宗室成員在國家政權中所處的重要政治地位，其向背影響到君主地位的鞏固與否。所以，統治者要通過賞賜佳釀，作爲加強和宗室成員之間情感的方式，使宗室成員爲自己統治的鞏固服務。

二、以酒獎賞軍隊將士，鼓舞軍心

　　在軍隊征戰勝利凱旋之時，統治者要舉行慶功酒宴，獎賞與慰勞將士。始光四年，北魏太武帝統軍攻打赫連夏凱旋之後，「車駕至自西伐，飲至策勳，告於宗廟」。〔註3〕太延四年，太武帝「大饗六軍」，〔註4〕慰勞北征柔然凱旋的軍隊將士。皇興四年，獻文帝率軍北征柔然凱旋之後，「飲至策勳，告於宗廟」。〔註5〕太和十六年，孝文帝率軍征戰南朝勝利凱旋之後，孝文帝便「饗士論功」。〔註6〕北齊河清年間，段韶率軍擊退北周軍隊的進犯，「（武成帝）車駕幸洛陽，親勞將士，於河陰置酒高會」。〔註7〕西魏大統八年，西魏軍隊擊退北齊的進犯，西魏文帝「大饗將士」。〔註8〕建德六年，北周武帝統軍攻佔北齊首都鄴城之後，武帝「論定諸軍功勳，置酒於齊太極殿，會軍士以上，班賜有差」。〔註9〕儘管北朝時期統治者所舉行慶功酒宴的方式不同，

〔註2〕　《北齊書》卷十《文襄六王・河南康舒王孝瑜傳》，第143～144頁。
〔註3〕　《魏書》卷四上《太武帝紀上》，第73頁。
〔註4〕　《魏書》卷四上《太武帝紀上》，第89頁。
〔註5〕　《魏書》卷六《獻文帝紀》，第130頁。
〔註6〕　《魏故右光祿大夫中護軍饒陽男元遙墓誌》，參看趙超：《漢魏南北朝墓誌彙編》，天津古籍出版社，2008年版，第93頁。
〔註7〕　《北齊書》卷一六《段榮傳附段韶傳》，第212頁。
〔註8〕　《周書》卷二《文帝紀下》，第27頁。
〔註9〕　《周書》卷六《武帝紀下》，第101頁。

但是，目的卻是一致的，就是要藉此獎賞軍功，鼓舞軍心，激發將士的鬥志。除此之外，在軍隊凱旋後，統治者還專門賜酒宴於軍隊將領。北魏道武帝時期，將領于栗磾率軍平定趙魏之地，「太祖置酒高會，謂栗磾曰：『卿即吾之黥彭。』大賜金帛，進假新安公」。〔註10〕北魏宣武帝時期，武衛將軍奚康生率軍戰勝進犯的梁朝軍隊凱旋，宣武帝「召見宴會，賞帛千匹，賜驊騮御胡馬一匹」。〔註11〕西魏恭帝時期，後軍大都督于謹率軍攻佔江陵城、俘虜梁元帝君臣奏凱，宇文泰「親至其第」，置酒慶賀，並「賞謹奴婢一千口，及梁之寶物，並金石絲竹樂一部，別封新野郡公，邑二千戶」。〔註12〕統治者將賜酒宴與物質、官職、爵位賞賜相結合，是為了激勵軍隊將領更好地為自己的軍事征戰服務。

當時軍隊中，一般不允許將士飲酒，因為當時軍中因飲酒而貽誤軍機的事例並不少見。但是，適當地允許將士暢飲，卻可以起到鼓舞軍心、激勵鬥志的作用。北周武帝在出征之前，「每宴會將士，必自執杯勸酒，或手付賜物」，因此「能得士卒死力，以弱制強」。〔註13〕武帝以酒賞賜出征將士，有效地激發了將士鬥志，取得戰爭勝利。

綜上可見，軍隊出師之前，統治者以酒賞賜士兵，可以激勵軍心、以壯軍威；軍隊凱旋，統治者大擺慶功宴，可以獎賞軍功。因此，賜酒成為統治者有效治理軍隊士兵的重要方式。

三、賜天下大酺，籠絡民心

皇帝為施與恩惠而舉行的全國性宴飲活動，稱之為「大酺」。正所謂「酺之為言布也，王德布於天下而合聚飲食為酺」。〔註14〕「出錢為醵，出食為酺」〔註15〕可見，賜酺，就是由國家提供酒食。皇帝經常舉行的賜酺活動起源於西漢時期。北朝時期的統治者繼續承了漢代統治者的賜酺傳統。

北朝時期的大酺活動，一般是統治者在喜得祥瑞等喜慶之事之際而下詔令全國平民聚會飲酒。北魏太延元年，在「天降嘉貺」的情況之下，太武帝

〔註10〕《魏書》卷三一《于栗磾傳》，第 735 頁。
〔註11〕《魏書》卷七三《奚康生傳》，第 1631 頁。
〔註12〕《周書》卷一五《於謹傳》，第 248 頁。
〔註13〕《周書》卷六《武帝紀下》，第 107 頁。
〔註14〕《漢書》卷四《文帝紀》顏師古注，第 110 頁。
〔註15〕《史記》卷一〇《孝文帝紀》司馬貞《索引》，第 417 頁。

下詔「令天下大酺五日，禮報百神，守宰祭界內名山大川，上答天意，以求福祿」。〔註16〕說明太武帝將天降祥瑞視爲吉祥之兆，同時爲報答上天並祈求上天的福祐，爲此，下詔令全國平民大酺五日。北魏興安二年，文成帝因「於苑內獲方寸玉印，其文曰『子孫長壽』」，並且認爲此次獲得祥瑞之物是「實由天地祖宗降祐之所致也」，爲「思與兆庶共茲嘉慶」，因此「令民大酺三日」。〔註17〕這表明，北魏時期統治者舉行的賜酺活動，帶有明顯的神秘意識色彩。因此，在這種思想意識的背景之下，統治者舉行賜酺活動，除了向上天表示回報之意，還具有顯示恩惠、藉此籠絡民心的作用，這與當時政治形勢有著密切的關係。北魏太武帝至文成帝時期，統治民族鮮卑族與北方地區廣大的漢族民眾之間的民族矛盾在加深，北魏統治者爲緩解民族矛盾、鞏固自己的統治，借舉行賜酺活動，向北方地區廣大漢族民眾顯示恩惠，藉此籠絡民心。在此基礎上，逐漸取得北方地區廣大漢族民眾對自己統治的認同，保障自己的統治權力向基層社會延伸。

北周後期，國家實施嚴格的酒業壟斷政策。《隋書》卷二四《食貨志》載，「先是尚依周末之弊，官置酒坊收利，鹽池鹽井，皆禁百姓採用。（開皇三年）至是罷酒坊，通鹽池鹽井與百姓共之。遠近大悅。」當時平民的日常飲酒、用酒受到影響。在此背景下，大象二年，北周宣帝「賜百官及民大酺」。〔註18〕北周宣帝在國家實施嚴格的酒業壟斷政策時，賜酺於天下平民，意在宣示恩惠、緩解因酒業壟斷而帶來的矛盾。

四、賜酒宴於外國國主與使者，開展外交活動

北朝時期統治者通過賜酒、賜宴，不僅可以對內調整社會內部關係，還可以藉此開展外交活動。因此，賜酒、賜宴成爲當時統治者進行外交的重要手段。

統治者通過以酒宴招待外國之人，可以達到交好鄰國的目的。北魏時期，契丹部落，「眞君以來，求朝獻，歲貢名馬。顯祖時，使莫弗紇何辰奉獻，得班饗於諸國之末。歸而相謂，言國家之美，心皆忻慕，於是東北群狄聞之，莫不思服」。〔註19〕北魏獻文帝賜酒宴於契丹使者取得了積極的外交成

〔註16〕《魏書》卷四上《太武帝紀上》，第85頁。
〔註17〕《魏書》卷五《文成帝紀》，第113頁。
〔註18〕《周書》卷七《宣帝紀》，第123頁。
〔註19〕《魏書》卷一〇〇《契丹傳》，第2223頁。

果。北魏孝武帝時期，「茹茹等諸番竝遺使朝貢，帝臨軒宴之」。〔註 20〕這表明，北朝國家在與臨國的外交往來中，統治者以酒宴款待使者起到答謝使者、交好臨國的作用。

雖然統治者有時並不親自參加外交酒宴，而是選擇重要大臣舉行酒宴以招待外國使者，仍然可以顯示統治者對發展與鄰國關係的重視。西安北周安伽墓圍屏石榻中正面屏風第六幅圖「奏樂宴飲舞蹈圖」，顯示的是北周薩保安伽與突厥使者飲酒娛樂的場面。〔註 21〕酒宴間，北周薩保安伽和突厥使者邊暢飲佳釀，邊欣賞舞蹈表演，酒宴氣氛熱烈。這自然有助於北周達到答謝與籠絡使者，交好鄰國的目的。

對于歸順的鄰國國主，統治者更加注重以酒宴相待，以顯示籠絡之意。北魏孝文帝舉行酒宴，款待歸順的武興王楊集始。「高祖臨宣文堂，見武興王楊集始。既而引集始入宴，詔（劉）昶曰：『集始邊方之酋，不足以當諸侯之禮，但王者不遺小國之臣，況此蕃垂之主，故勞公卿於此。』」〔註 22〕孝文帝提高宴請武興王規格，正是積極籠絡地方藩王的表現。北魏孝明帝也以規模龐大的酒宴，招待為躲避國內政治鬥爭而前來歸附的柔然可汗阿那瓌。〔註 23〕

北朝國家在以酒宴款待與自己勢均力敵、分庭抗禮的南朝政權所派遣的使者上，會更為重視。在南朝梁任官、出使東魏的庾信在《將命至鄴》中對東魏設宴招待情景的描寫，「大國修聘禮，親臨自此敦……四牢欣折俎，三獻滿罍樽。人臣無境外，何由欣此言。風俗既殊阻，山河不復論……眷然惟此別，夙期幸共存。」〔註 24〕「四牢」、「三獻」表明東魏舉行外交酒宴的規模，酒宴中東魏官員與南朝使者多次行酒，表現出東魏方面的熱情。正因為此，作者才有「何由欣此言」的感慨。「眷然惟此別」表達出作者對東魏熱情待客的依依惜別之情。東魏國家招待南朝梁使者的酒宴禮節，正是「大國修聘禮」的體現，這是東魏對南朝梁採取的親善態度的表現。

〔註 20〕　《周書》卷三〇《寶熾傳》，第 518 頁。
〔註 21〕　參看陝西省考古研究所：《西安北周安伽墓》第三章《出土遺物》，文物出版社，2003 年版，第 34 頁。
〔註 22〕　《魏書》卷五九《劉昶傳》，第 1309 頁。
〔註 23〕　《魏書》卷一〇三《蠕蠕傳》，第 2298～2299 頁。
〔註 24〕　參看〔北周〕庾信撰：《庾子山集》卷三，〔清〕倪璠注，許逸民校點，中華書局，1980 年版，第 198 頁。

綜上可見，北朝時期的統治者與眾多朝臣、自己所親信的官員、軍隊將士、外國國主與使者的宴飲活動，大量見諸於記載，表明統治者的賜宴在內政與外交中佔據著重要地位。

五、縱酒無度對統治者施政的影響

對統治者來說，縱酒無度，會影響其治理國政，造成政事的荒廢，乃至影響到國家政權的穩定。因此，切忌縱飲，是統治者最應引以爲鑒的事情。

北朝時期的君主，嗜酒、縱飲者不乏其人。北魏宣武帝就是喜愛「夜飲之忻」。〔註25〕這在當時朝臣看來，影響到「魏祚可以永隆」。〔註26〕孝明帝嗜酒之風更是酷烈，當時「政綱不張」，〔註27〕「政移權蘖，辟惡之酒爲虛，神福之觴成禍，四海痛心，三靈憤惋」。〔註28〕表明孝明帝的縱酒，給當時國家政治帶來了消極影響。

北齊統治者更是普遍沉湎於酒，這成爲北齊多數統治者在位時間不長、北齊國政混亂的一個重要因素。如北齊文宣帝在即位伊始則「存心政事」，但「其後縱酒肆欲，事極猖狂，昏邪殘暴，近世未有。饗國弗永，實由斯疾，胤嗣殄絕，固亦餘殃者也」。〔註29〕反映出文宣帝在統治後期的嗜酒、不理國政，是直接導致國政混亂、政權不穩的關鍵因素。北齊武成帝也是當時皇室中嗜酒猖狂者，「酒色過度，悅惚不恒，曾病發，自云初見空中有五色物，稍近，變成一美婦人，去地數丈，亭亭而立。食頃，變爲觀世音」。〔註30〕而武成帝的縱酒、醉酒，自然要影響到對國政的處理。史載武成帝「愛狎庸豎，委以朝權」，這直接要影響到政治的清明及政權的穩定。史家也認爲武成帝的沉湎於酒及不理朝政是「滅亡之兆，其在斯乎」。〔註31〕與此相同，北齊後主「甘酒嗜音」，〔註32〕「不親政事，一日萬機，委諸凶族」。〔註33〕同樣反映

〔註25〕 《魏書》卷六七《崔光傳》，第 1490 頁。

〔註26〕 《魏書》卷六七《崔光傳》，第 1490 頁。

〔註27〕 《魏書》卷九《孝明帝紀》，第 249 頁。

〔註28〕 《齊故使持節侍中太師大司□□□□錄尚書事顯蔚相冀定并恒瀛八州刺史廣阿縣開國公武貞寶公墓誌》，參看趙超：《漢魏南北朝墓誌彙編》，天津古籍出版社，2008 年版，第 395 頁。

〔註29〕 《北齊書》卷四《文宣帝紀》，第 69 頁。

〔註30〕 《北齊書》卷三三《徐之才傳》，第 446 頁。

〔註31〕 《北齊書》卷八《後主紀》，第 114 頁。

〔註32〕 《北齊書》卷八《後主紀》，第 116 頁。

〔註33〕 《北齊書》卷八《後主紀》，第 115 頁。

出北齊後期的朝政紊亂與此當不無關係。綜上分析，北齊統治者普遍嗜酒、縱飲，尚酒之風在當時皇室中代代相傳。北齊帝國的基業，因其開創者的縱飲、不理朝政而逐漸被腐蝕，至後期，國家政權的根基因統治者的沉湎於酒、荒於政事而完全傾倒。甚至消滅北齊政權的北周君臣，也認爲北齊統治者沉湎於酒色是北齊滅亡的主要原因之一，「建德之後，武帝志在平齊。（韋）孝寬乃上疏陳三策」。「其第二策曰：……齊氏昏暴，政出多門，鬻獄賣官，唯利是視，荒淫酒色，忌害忠良……以此而觀，覆亡可待」。〔註34〕

　　北周時期，出身於鮮卑族宇文氏的統治者也不乏嗜酒之人。北周宣帝，「酣飲過度，常中飲」。〔註35〕由此造成了「朝亦醉，暮亦醉。日日恒常醉，政事日無次」〔註36〕的局面。

　　當時還有朝臣作《酒訓》來警示統治者，提醒統治者避免因酗酒而引起朝政紊亂。北魏孝文帝時期，中書監高允，「論集往世酒之敗德，以爲《酒訓》」，〔註37〕進獻給孝文帝。以上古「以酒敗德」爲依據，高允所作的《酒訓》概括了縱酒行爲給社會政治及飲酒者個人帶來的消極影響。高允在《酒訓》中認爲統治者是否縱酒和政治的清明、穩定與否緊密相聯；朝中官員嗜酒，會因此荒職怠政；平民縱飲成風，會影響基層社會的穩定；對於個人來說，縱酒不僅要影響到自身健康，而且還會使人失去理智，進而影響到社會倫理風氣。所以，從鞏固國家政權和穩定社會秩序、推行教化的角度出發，高允上此《酒誥》勸諫孝文帝要節制飲酒，勤於政事。孝文帝在親覽之後，「常置左右」，〔註38〕時刻以此提醒自己。

　　雖然高允就縱酒對國家政治、社會風氣的影響有深刻的認識，但是應該看到，高允論述酒對社會的影響，不免失之偏頗。君主縱酒、官員嗜酒乃至民間的尚酒之風，固然會給社會政治、倫理道德等造成消極的影響，但是，「酒復何過邪」，〔註39〕酒本身並沒有直接影響社會。只是人們對酒應用得當與否，才是使酒產生積極或消極影響的關鍵因素。

〔註34〕《周書》卷三一《韋孝寬傳》，第 540～541 頁。
〔註35〕《隋書》卷二五《刑法志》，第 710 頁。
〔註36〕《隋書》卷二五《刑法志》，第 710 頁。
〔註37〕《魏書》卷四八《高允傳》，第 1086 頁。
〔註38〕《魏書》卷四八《高允傳》，第 1088 頁。
〔註39〕參看〔宋〕朱肱著：《酒經》卷上，宋一明、李豔譯注，上海古籍出版社，2010年版，第 5 頁。

第二節　賜酒宴與地方官員對轄地的治理

當時一些地方官員將賞賜酒食、賜酒宴與自己對地方的治理有效地結合起來，收到了積極的效果。

地方官員善於運用賞賜酒食等策略來安撫、籠絡地方少數民族首領。北周時期，「（湖）州界既雜蠻左，恒以劫掠爲務」，爲此，湖州刺史薛慎「集諸豪帥，具宣朝旨，仍令首領每月一參，或須言事者，不限時節。慎每引見，必殷勤勸誡，及賜酒食」。〔註 40〕薛慎此舉果然收到了積極的效果，「一年之間，（雜蠻）翕然從化」。〔註 41〕

當時一些地方官員還借舉行酒宴作爲推行政令的手段。北魏孝文帝時期，李洪之就任「使持節、安南將軍、秦益二州刺史」之後，「至治，設禁奸之制，有帶刃行者，罪與劫同，輕重品格，各有條章。於是大饗州中豪傑長老，示之法制」。〔註 42〕之後秦、益二州的社會秩序逐漸恢復。

官員還借賞賜酒的多與寡以示榮辱，來鼓勵地方交納賦稅。北魏宣武帝時期，針對華州「受調絹匹，度尺特長，在事因緣，共相進退，百姓苦之」的問題，刺史楊津「乃令依公尺度其輸物，尤好者賜以杯酒而出；所輸少劣，亦爲受之，但無酒，以示其恥。於是人競相勸，官調更勝舊日」。〔註 43〕反映出華州刺史楊津借賜酒鼓勵平民交納賦稅的策略收到了積極效果，保障了地方賦稅的徵收。

第三節　酒與北朝國家的禮儀活動

一、酒與祭祀

「古之爲酒，本以供祭祀、灌地、降鬼神，取其馨香上達，求諸陰陽之義也。」〔註 44〕酒自產生之後，就被用於祭祀神靈的活動中，在祭祀中起著溝通人與神靈的媒介作用，無酒就無以行祭祀之禮。酒在國家祭祀場合中更

〔註 40〕《周書》卷三五《薛善傳附薛慎傳》，第 625 頁。
〔註 41〕《周書》卷三五《薛善傳附薛慎傳》，第 625 頁。
〔註 42〕《魏書》卷八九《酷吏・李洪之傳》，第 1919 頁。
〔註 43〕《魏書》卷五八《楊播傳附楊津傳》，第 1297 頁。
〔註 44〕邱濬：《大學衍義補・徵榷之課》史臣按 //《古今圖書集成・經濟彙編・食貨典（下）》卷二七五，臺北：鼎文書局，1977 年版，第 2663 頁。

是佔有重要地位。

（一）祭神活動

1. 祭祀天神活動

北魏前期至中期，統治者對祭祀上天神靈是非常重視的。道武帝時期，「天賜二年夏四月，復祀天於西郊……選帝之十族子弟七人執酒，在巫南，西面北上。女巫升壇，搖鼓。（道武）帝拜，后肅拜，百官內外盡拜……執酒七人西向，以酒灑天神主，復拜，如此者七。禮畢而返。自是之後，歲一祭」。〔註45〕表現出北魏初期人們以酒祭天的場面。古代，郊天祭祀是重要的祭祀活動。是人們表達對上天神靈敬畏、祈求上天神靈福祐的重要方式。在祭天活動中，雖然道武帝本人並不親自給神主酌酒，但選用身份高貴的宗室子弟酌酒於神主，以祈求上天神靈的福祐，仍然可以顯示對上天神靈的敬畏。但是應該看到，北魏前期統治者「祀天於西郊」，與中原社會傳統的南郊祭天存在明顯的不同，表現出鮮卑族原始的祭祀色彩。「自是之後，歲一祭」，說明包括選用宗室子弟酌酒於神主在內的祭祀禮儀成為定制，被保留下來。太和十二年「（孝文）帝親築圓丘於南郊」，〔註46〕這表明孝文帝開始採用中原傳統的祭天儀式，直到太和十八年，孝文帝「詔罷西郊祭天」，〔註47〕鮮卑族原始的祭天儀式完全被中原傳統祭祀禮儀所取代。但是其中以酒為祭的儀式一直保留。北魏後期，自然災害頻繁，國家為減少糧食消耗、節約糧食而對朝中官員的酒的供應進行限制，但對祭祀用酒所需卻一直予以滿足，「正光後，四方多事，加以水旱，國用不足……有司奏斷百官常給之灑……其四時郊廟、百神群祀依式供營」。〔註48〕北魏國家此次以減少官員日常用酒的供應、保障祭祀用酒的方式，突出了酒在國家祭祀中所佔據的重要地位。

北齊統治者在祭天時的初次獻祭，「爵以質，獻以恭。咸斯暢，樂惟雍」。〔註49〕北周統治者在進行祭天活動過程中的初獻祭品，「獻以誠，鬱以清。山罍舉，沈齊傾。惟尚饗，洽皇情。降景福，通神明」。〔註50〕統治者通過給上

〔註45〕《魏書》卷一○八之一《禮志一》，第 2736 頁。
〔註46〕《魏書》卷一○八之一《禮志一》，第 2741 頁。
〔註47〕《魏書》卷一○八之一《禮志一》，第 2751 頁。
〔註48〕《魏書》卷一一○《食貨志》，第 2860～2861 頁。
〔註49〕《隋書》卷一四《音樂志中》，第 316 頁。
〔註50〕《隋書》卷一四《音樂志中》，第 334 頁。

天神靈獻祭美酒，來與神靈進行溝通並以此祈求神靈的福祐，體現出當時的祭祀文化內含，表現出獻祭之人的虔誠心境。由此表明酒在祭祀過程中是溝通人、神的重要媒介。

2. 酒與祭祀五帝神、地神及迎氣祭祀

祭祀五帝。對五帝的祭祀，也是人們敬神、祈求神靈福祐的重要方式。北齊統治者在祭祀五帝中的初次獻祭，「禮上帝，感皇祖。酌惟潔，滌以清。薦心款，達神明」，以此祈求「帝精來降」、享受「多祉」。〔註51〕

祭祀地神。北周時期的祭祀地神活動，「調歌絲竹，縮酒江茅。聲舒鐘鼓，器質陶匏。列耀秀華，凝芳都荔。川澤茂祉，丘陵容衛。雲飾山罍，蘭浮汎齊。日至之禮，歆茲大祭」。〔註52〕統治者對祭祀用酒的過濾加工、酒具的使用都極為講究。目的就是要「報功陰澤，展禮玄郊。」

迎氣祭祀。迎氣祭祀，是古代人們表達祈求風調雨順願望的重要方式。所以，在由國家主持的迎氣祭祀中，統治者對包括酒在內的獻祭品的使用是非常重視的。北魏時期的迎春之祭，「立春之日，遣有司迎春於東郊，祭用酒、脯、棗、栗，無牲幣」。〔註53〕

祭祀用酒，不僅顯示祭祀者對神靈的敬畏，而且，在發生自然災害時，統治者還可以借向神靈獻祭美酒來向神靈祈禱，禳除災異，北齊時期，「祈禱者有九焉：一曰雩，二曰南郊，三曰堯廟，四曰孔、顏廟，五曰社稷，六曰五岳，七曰四瀆，八曰滏口，九曰豹祠。水旱癘疫，皆有事焉。無牲，皆以酒脯棗栗之饌」。〔註54〕

以上分析說明，當時由國家舉行的眾多祭祀活動，無酒就無以行祭祀之禮，無酒就不能表達人們的「務盡誠敬」〔註55〕之意。

（二）酒與祭祀先聖活動

當時統治者除對祭祀上天神靈特別重視之外，對先聖、先賢的祭祀也是非常注重的。首先，當時統治者非常重視祭祀孔廟。北魏延興二年，「（孝文帝）詔曰：『頃者，淮徐未賓，尼父廟隔非所，致令祠典寢頓，禮章殄滅，遂

〔註51〕《隋書》卷一四《音樂志中》，第 320 頁。
〔註52〕《隋書》卷一四《音樂志中》，第 335 頁。
〔註53〕《魏書》卷一〇八之一《禮志一》，第 2737 頁。
〔註54〕《隋書》卷七《禮儀志二》，第 127 頁。
〔註55〕《北齊書》卷四《文宣帝紀》，第 64 頁。

使女巫妖覡淫進非禮。自今有祭孔廟，制用酒脯而已，不聽婦女雜合，以祈非望之福。犯者以違制論。其公家有事，自如常禮。』」〔註56〕作爲異民族而入主北方的鮮卑族統治者實行統治，就需要借助中原地區的傳統漢族文化。北魏孝文帝親自規定祭祀孔廟中包括酒在內的祭品，並對祭祀孔廟進行改革，一方面是顯示其對祭祀孔廟的重視；另一方面，寓意通過這一活動，自己成爲正統文化的繼承者。這是統治者將祭祀孔廟爲其統治服務的一種體現。其次，統治者非常注重祭祀周公等先賢。「（太和十六年）二月丁酉，詔曰：『……周文公製禮作樂，垂範萬葉，可祀於洛陽……饗薦之禮，自文公以上，可令當界牧守，各隨所近，攝行祀事，皆用清酌尹祭也。』」〔註57〕孝文帝對祭祀前代先賢進行規定的目的，和祭祀孔廟是一樣的，寓意著自己爲傳統文化的繼承者。由此可見，統治者對以酒祭祀先聖、先賢活動的重視，目的是借助中原漢族的傳統文化爲自己的統治服務。

二、養老禮

北魏太和十六年，孝文帝「養三老五更於明堂……高祖再拜三老，親袒割牲，執爵而饋」。〔註58〕北齊時期，養老禮更爲歷代統治者所重視，「北齊制，仲春令辰，陳養老禮……皇帝揖進，三老在前，五更在後，升自右階，就筵……進珍羞酒食，親袒割牲，執醬以饋，執爵而酳。以次進五更。又設酒酺於國老庶老。皇帝升御坐，三老乃論五孝六順，典訓大綱。皇帝虛躬請受，禮畢而還」。〔註59〕北周保定二年，武帝舉行養老禮，「有司進饌，皇帝跪設醬豆，親自袒割。三老食訖，皇帝又親跪授爵以酳」。〔註60〕統治者在養老禮與賜三老酒宴相結合的活動中，親自進奉肴饌並敬獻美酒，是要體現對三老的敬意，進而表示對實行養老禮的重視。統治者積極實行養老禮，實際與對社會風化問題的重視具有密切的關係。統治者通過實行養老禮，旨在使全社會更關注對倡導尊老風氣的重視，在此基礎上，形成長幼尊卑有序的局面，以此保障社會秩序的穩定。北周武帝親行養老之禮，在以尊老爲重要核心內容的儒學傳統盛行的時代，被讚譽爲「斯固一世之

〔註56〕《北史》卷三《魏孝文帝紀》，第 88 頁。
〔註57〕《魏書》卷一○八之一《禮志一》，第 2750 頁。
〔註58〕《魏書》卷五○《尉元傳》，第 1114 頁。
〔註59〕《通典》卷六七《禮二十七》，第 1866～1867 頁。
〔註60〕《周書》卷一五《于謹傳》，第 249 頁。

盛事」。〔註61〕

　　統治者不僅親自參與這種表率性的活動，而且還積極在地方社會推行以「尊老、明長幼之序、教人孝悌」爲核心內容的「鄉飲酒禮」。〔註62〕北魏太和十一年，孝文帝下詔，「鄉飲禮廢，則長幼之敘亂。孟冬十月，民閒歲隙，宜於此時導以德義。可下諸州，黨里之內，推賢而長者，教其里人，父慈、子孝、兄友、弟順、夫和、妻柔」。〔註63〕當時統治者也會親行鄉飲之禮，「（大統）十六年……太祖之奉魏太子西巡也，至原州，遂幸（李）賢第，讓齒而坐，行鄉飲酒禮焉」。〔註64〕正因爲「鄉飲酒禮」所倡導的「尊老、明長幼之序」在穩定地方基層社會秩序中所具有的教化功能，所以會受到統治者的極大關注。〔註65〕可見，以國家統治者提倡爲背景，統治者和地方鄉里人士共同推動，會更有利於「鄉飲酒禮」所包含的尊老等觀念在地方社會的推行。所以，「養老禮」、「鄉飲酒禮」是調整、規範基層倫理道德秩序的重要禮儀活動。

三、成婚禮

　　《禮記·昏義》載，「昏禮者。將合二姓之好，上以事宗廟，而下以繼後世也。故君子重之，是以昏禮。」反映出古代人們對舉行成婚禮是非常重視的。《禮記·昏義》載成婚禮的具體過程「共牢而食，合巹而酳」。意在「所以合體，同尊卑，以親之也。」「合巹」，就是把一瓢剖成兩瓢，新婚夫婦各執一支，用以飲酒。寓意新婚夫婦喜結良緣、百年好合，「合巹同牢，一齊無改，偕老爲期，百年相待」。〔註66〕

〔註61〕《周書》卷四五《儒林傳序》，第806頁。
〔註62〕《漢書》卷二二《禮樂志二》載，「有交接長幼之序，爲制鄉飲之禮。」可見，尊老、明長幼之序、教人以孝悌進而構建民間基層秩序是「鄉飲酒禮」的核心所在。
〔註63〕《魏書》卷七下《孝文帝紀下》，第162～163頁。
〔註64〕《周書》卷二五《李賢傳》，第416頁。
〔註65〕關於「鄉飲酒禮」所具有的教化功能，《禮記·鄉飲酒義》載，「鄉飲酒之禮：六十者坐，五十者立侍，以聽政役，所以明尊長也。六十者三豆，七十者四豆，八十者五豆，九十者六豆，所以明養老也。民知尊長養老，而後乃能入孝弟；民入孝弟，出尊長養老，而後成教；成教而後國可安也。」上述記載是古代地方社會行「鄉飲酒禮」的禮儀程序。歷代應是按此程序行鄉飲禮。蓋言之，在地方民間社會行「鄉飲酒禮」就是讓人們明「尊長、敬老」之義，以此形成教化之風。進而穩定基層社會秩序以最終利於國家的安定。
〔註66〕《魏直閤將軍輔國將軍長樂馮邕之妻元氏墓誌》，參看趙超：《漢魏南北朝墓

　　北齊時期皇帝與皇后的成婚禮，「皇后入門，大鹵簿住門外，小鹵簿入。到東上閣，施步鄣，降車，席道以入昭陽殿。前至席位，姆去幒，皇后先拜後起，皇帝後拜先起。帝升自西階，詣同牢坐，與皇后俱坐。各三飯訖，又各酳二爵一巹。奏禮畢，皇后興，南面立」。〔註67〕由此可知，皇帝與皇后食訖，要用專用酒器飲酒、行禮。「合巹」之後，成婚禮完成。

四、冠禮

　　《禮記・冠義》載，「冠者，禮之始也。是故古者聖王重冠。古者冠禮，筮日筮賓。所以敬冠事。敬冠事所以重禮，重禮所以爲國本也。」表明冠禮在古代禮儀中所佔據的重要地位，人們甚至把行冠禮視爲立國的基礎。所以，行冠禮自然受到統治者的重視。

　　北齊皇帝行冠禮，「後齊皇帝加元服，以玉帛告圓丘方澤，以幣告廟，擇日臨軒。中嚴，群官位定，皇帝著空頂介幘以出……後日，文武群官朝服，上禮酒十二鍾，米十二囊，牛十二頭」。〔註68〕在皇帝行冠禮後，酒是作爲大臣向皇帝進獻的賀禮。

　　皇太子行冠禮，「（北齊）皇太子冠……有司供帳於崇正殿……使者又盥，奉進賢三梁冠，至太子前，東面祝，脫空頂幘，加冠。太子興，入室更衣，出，又南面就席。光祿卿盥櫛。使者又盥祝，脫三梁冠，加遠遊冠……光祿卿洗爵酌醴，使者詣席前，北面祝。太子拜受醴，即席坐，祭之，啐之，奠爵，降階，複本位，西面」。〔註69〕表明當時皇太子行冠禮的關鍵是太子先以酒祭祀，之後飲酒，最後降階。整個行禮過程完成。

　　通過對北朝時期酒與統治者的施政、地方官員對轄地的治理之間的關係以及酒在國家的禮儀活動中所佔據的重要地位的分析，可以看出，酒是當時國家統治運行、重要禮儀活動得以進行的媒介。

　　　　誌彙編》，天津古籍出版社，2008 年版，第 129 頁。
〔註67〕《隋書》卷九《禮儀志四》，第 178 頁。
〔註68〕《隋書》卷九《禮儀志四》，第 176 頁。
〔註69〕《隋書》卷九《禮儀志四》，第 176 頁。

第六章　酒與社會生活

第一節　飲酒與社會中的慶賀活動

　　北朝時期，人們每逢婚聘、婚慶、生子、新居竣工、升遷等，都會舉行酒宴活動，以增添喜慶氣氛。

一、婚聘與婚慶

　　對於各個社會階層來說，婚嫁是聯姻外族、繁衍後代的大事。人們認為「夫人倫之始，莫重冠婚，所以尊表成德，結歡兩性」〔註1〕。所以，人們對舉行婚聘和婚慶是非常重視的。

　　當時人們在婚聘時，酒是不可缺少之物。只是由經濟與政治地位所決定，各個社會階層婚聘禮的用酒規模存在差異。北齊時期，「後齊娉禮……皆用羔羊一口，雁一隻，酒黍稷稻米麴各一斛。自皇子王已下，至於九品，皆同。流外及庶人，則減其半」。〔註2〕「納徵，皇子王用玄三匹……酒黍稷稻米麴各十斛。一品至三品，減羊二口，酒黍稷稻米麴各減六斛，四品、五品減一犢，酒黍稷稻米麴又減二斛，六品已下無犢，酒黍稷稻米麴各一斛」。〔註3〕

　　每逢婚慶之際，人們會舉行酒宴以示慶賀。北齊文宣帝的太子納妃之時，文宣帝盛擺酒宴，「皇太子之納鄭良娣也，有司備設牢饌，（文宣）帝既

〔註1〕《南齊書》卷九《禮志一》，第147頁。
〔註2〕《隋書》卷九《禮儀志四》，第179頁。
〔註3〕《隋書》卷九《禮儀志四》，第179頁。

醋飲」。〔註4〕甚至在大臣家族的婚慶之時，統治者也會親臨婚慶酒宴，君臣共同暢飲，「婁太后爲博陵王納（崔）悛妹爲妃，敕中使曰：『好作法用，勿使崔家笑人。』婚夕，顯祖舉酒祝曰：『新婦宜男，孝順富貴。』（崔悛）奏曰：『孝順出自臣門，富貴恩由陛下。』」〔註5〕文宣帝親臨崔悛家族的婚慶酒宴，目的是表示自己對朝臣的恩寵之意，藉此籠絡朝臣，密切君臣關係。

二、生子

人們非常重視子嗣的生育，這關係到家族的延續與昌盛。生子之後，人們往往要設宴、飲酒慶賀。北齊後主時期，大臣韓鳳之子韓寶仁，「尙公主，在晉陽賜第一區，其公主生男昌滿月，（後主）駕幸鳳宅，宴會盡日」。〔註6〕北齊後主親臨大臣韓鳳之宅並御賜酒宴，一方面是爲慶賀公主所生育之子的滿月；另一方面，北齊後主也可藉此顯示對大臣的恩寵，鞏固君臣之情。

三、新居竣工

每當新居竣工，人們會設宴慶賀。北魏宣武帝時期，「中尉王顯起宅既成，集僚屬饗宴」。〔註7〕

爲了表示對官員的寵幸，統治者會御賜官員府邸，並在府邸建成之際，親臨往賀，同時御賜酒食。北魏孝文帝時期，「（文明太后）爲（元）丕造甲第。第成，帝后親幸之，率文武百官饗落焉」。〔註8〕爲獎賞勤於職守的閹官張祐，「（文明）太后嘉其忠誠，爲造甲宅。宅成，高祖、太后親率文武往燕會焉」。〔註9〕皇帝和太后親自前往慶賀寵臣府邸的建成，並賜酒宴，目的是爲了表示對身份特殊或者勤於職守的官員的寵幸和獎賞。

四、慶賀陞遷

當人們就任高官之後，總要借舉行酒宴款待同鄉以示慶賀，揚名鄉里，爲自己的家族增添榮耀。北魏宣武帝時期，「（李）元護爲齊州（刺史），經拜

〔註4〕 《北齊書》卷三七《魏收傳》，第490頁。
〔註5〕 《北齊書》卷二三《崔悛傳》，第335頁。
〔註6〕 《北齊書》卷五〇《韓鳳傳》，第692頁。
〔註7〕 《魏書》卷七二《陽尼傳附陽固傳》，第1604頁。
〔註8〕 《魏書》卷一四《神元平文諸帝子孫・武衛將軍謂傳附元丕傳》，第358頁。
〔註9〕 《魏書》卷九四《閹官・張祐傳》，第2020～2021頁。

舊墓，巡省故宅，饗賜村老，末不欣暢」。〔註10〕同一時期，董徵付任安州刺史之任路過家鄉時，「置酒高會，大享邑老，乃言曰：『腰龜返國，昔人稱榮；仗節還家，云胡不樂。』」〔註11〕可見董徵仕途得意之情的流露。

　　當時被免職的官員在官復原職之後，也會舉行酒宴以示慶賀。北魏宣武帝時期，河內郡太守陸琇因受咸陽王元禧謀反所連累而被免去河內郡太守之職，「至正始初，世宗復（陸）琇官爵」，其弟陸凱「大喜，置酒集諸親」。〔註12〕

第二節　飲酒與人際交往

　　北朝時期，酒是人們進行社會交往的不可缺少之物。當時人際往來，與酒緊密相連。不管是佳釀，還是濁酒，人們都可以通過相互饋贈、以酒待客顯示自己的真誠。當時人們就有以美酒相互饋贈的習俗，北魏文成帝時期，「敦煌汜潛，家善釀酒，每節，送一壺與（胡）叟」。〔註13〕《齊民要術》卷七《笨麴並酒第六十六》載品質卓越的穄米酎酒，「得者無不傳餉親知以為樂。」《洛陽伽藍記》卷四《城西》載，「河東人劉白墮善能釀酒。季夏六月，時暑赫晞，以甖貯酒，暴於日中，經一旬，其酒不動，飲之香美而醉，經月不醒。京師朝貴多出郡登藩，遠相餉饋，踰於千里，以其遠至，號曰『鶴觴』。亦名『騎驢酒』。」〔註14〕鶴觴酒以其質量的穩定、酒氣的香美而享譽天下，受到人們的歡迎。北齊時期，高季式，「與光州刺史李元忠生平遊款」，在得到美酒酌飲之時，想到了至交李元忠，於是「令左右乘驛持一壺酒往光州勸元忠」。〔註15〕至交之間以美酒互相饋贈，進一步增進了彼此之間的

〔註10〕　《魏書》卷七一《李元護傳》，第1586頁。
〔註11〕　《魏書》卷八四《儒林·董徵傳》，第1857頁。
〔註12〕　《魏書》卷四○《陸俟傳附陸凱傳》，第906頁。
〔註13〕　《魏書》卷五二《胡叟傳》，第1151頁。
〔註14〕　《水經注》卷四《河水》載，「（河東郡）民有姓劉名墮者，宿擅工釀，採挹河流，醞成芳酎，懸食同枯枝之年，排於桑落之辰，故酒得其名亦。然香醑之色，清白若滫漿焉，別調氛氳，不與佗同，蘭薰麝越，自成馨逸，方土之貢，選最佳酌亦。自王公庶友，牽拂相招者，每云：『索郎有顧，思同旅語。』索郎反語為桑落也，更為籍徵之雋句、中書之英談。」酈道元所描述之酒與《洛陽伽藍記》所載為同一酒類。在文人妙筆生花的筆下，桑落酒給人以垂涎欲滴之感。桑落酒正以其卓越的品質而成為文人所爭相稱頌的對象。而且，桑落酒還是地方上貢朝廷的首選貢品。
〔註15〕　《北齊書》卷二一《高乾傳附高季式傳》，第297頁。

友誼。對於官員來說，以名酒相贈，還可以結交權貴，求得利祿。北魏時期，「清河王懌爲元叉所害，（元）悅了無讎恨之意，乃以桑落酒候伺之，盡其私佞。叉大喜，以悅爲侍中、太尉」。〔註16〕元悅以桑落美酒贈予權貴元叉，不僅消除了元叉對自己的敵意，而且還藉此獲得高官利祿。

當時人們在收到至交所贈佳釀之後，往往賦詩以示感激與謝意。北周庾信《奉報趙王惠酒》，「始聞傳上命，定是賜中樽。野鑪然樹葉，山杯捧竹根。風池還更暖，寒谷遂成暄。未知稻粱雁，何時能報恩。」〔註17〕庾信《奉答賜酒鵝》，「雲光偏亂眼，風聲特噤心。冷猿披雪嘯，寒魚抱凍沉。今朝一壺酒，實是勝千金。負恩無以謝，惟知就竹林。」〔註18〕「何時能報恩」、「實是勝千金」流露出作者對至交贈送佳釀的感激之情，反映出作者與贈酒者的情深誼長。

每當有好友造訪，人們會以酒宴招待。北魏文成帝時期，「高閭曾造其（胡叟）家，值叟短褐曳柴，從田歸舍，爲閭設濁酒蔬食，皆手自辦集」。〔註19〕雖然以濁酒粗食待客，但卻是主人親自「辦集」，仍然能顯示出主人待客的熱情。

官員還經常以酒宴招待同僚，《洛陽伽藍記》卷四《城西》載北魏宗室元或招待同僚的酒宴場景，「僚寀成群，俊民滿席，絲桐發響，羽觴流行，詩賦並陳，清言乍起。」北齊時期，南營州刺史盧宗道，「嘗於晉陽置酒，賓遊滿坐」。〔註20〕

一些官僚通過酒宴的應對酬答，所體現的不只是禮尚往來，還顯示出追求奢華生活的欲望。北齊時期楊訓在《群公高宴詩》中對官僚聚會飲酒場面的描寫，「開筵引貴客，饌玉對春暉。塵起金吾騎，香逐令君衣。綠酒犀爲椀，鳴琴寶作徽。才陰良可惜，千金本易揮。」〔註21〕反映出一些官僚飲酒之奢。

綜上可見，酒在當時的人際交往中發揮著重要作用，人們通過相贈佳釀、

〔註16〕《魏書》卷二二《孝文五王・汝南王悅傳》，第593頁。
〔註17〕參看〔北周〕庾信撰：《庾子山集》卷四，〔清〕倪璠注，許逸民校點，中華書局，1980年版，第287頁。
〔註18〕參看〔北周〕庾信撰：《庾子山集》卷四，〔清〕倪璠注，許逸民校點，中華書局，1980年版，第342～343頁。
〔註19〕《魏書》卷五二《胡叟傳》，第1151頁。
〔註20〕《北齊書》卷二二《盧文偉傳附盧宗道傳》，第322頁。
〔註21〕《初學記》卷一四《禮部下・饗宴》引北齊楊訓《群公高宴詩》，第350頁。

設酒宴招待，聯絡故舊、結識新交，爲自己編織著人際關係網絡。

　　酒還在人際鬥爭尤其是官員的政治鬥爭中發揮著作用。這主要體現在官員借酒宴飲酒之際剷除政敵。東魏時期，北豫州刺史高仲密爲清除異己勢力，掌握一州軍政大權，成功地借舉行酒宴之際消滅了自己的政敵，「高仲密爲北豫州刺史，請（李）棠爲掾……時東魏又遣鎭城奚壽興典兵事，仲密但知民務而已。既至州，遂與棠謀執壽興以成其計。仲密乃置酒延壽興，陰伏壯士，欲因此執之……壽興遂與俱赴，便發伏執之」。〔註22〕北齊文宣帝駕崩之後，以長廣王高湛爲首的宗室集團與以楊愔、鄭子默爲首的輔政大臣集團互相猜忌、爭權，「二王拜職，於尙書省大會百僚，（楊）愔等並將同赴……長廣（王）且伏家僮數十人於錄尙書後室，仍與席上勳貴數人相知。並與諸勳胄約，行酒至愔等，我各勸雙盃，彼必致辭。我一曰『捉酒』，二曰『捉酒』，三曰『何不捉』，爾輩即捉。及宴如之……於是愔及天和、欽道皆被拳杖亂毆擊，頭面血流，各十人持之」。〔註23〕長廣王高湛借舉行慶賀升官酒宴之際，成功地剷除了輔政大臣集團的勢力。

第三節　酒對疾病的治療

　　北朝時期，人們有「酒以養病」〔註24〕的認識。這說明酒在治療疾病方面的藥用價值。在當時日常生活中就有人們以酒治病的記載。北魏時期，「樂部郎胡長命妻張氏，事姑王氏甚謹。太安中，京師禁酒，張以姑老且患，私爲醞之，爲有司所糾。王氏詣曹自告曰：『老病須酒，在家私釀，王所爲也。』」〔註25〕

　　當時酒在醫療方面作用的發揮，首先是通過人們使用具有不同療效的藥酒來實現的。《齊民要術》，及分別成書於北齊時期的藥典《龍門石刻藥方》（或者稱《龍門治疾方》）和北周時期的《集驗方》，記載了近九十種療效各異的藥酒。關於當時藥酒的療效，見第一章附表2至附表4。

　　當時人們在使用藥酒治療疾病時，對藥酒的使用安全是非常重視的。這一方面表現在人們對飲用藥酒量的掌握，即根據身體狀況來決定藥酒的飲

〔註22〕《周書》卷四六《李棠傳》，第826～827頁。
〔註23〕《北齊書》卷三四《楊愔傳》，第458頁。
〔註24〕《魏書》卷五八《楊播傳》，第1280頁。
〔註25〕《魏書》卷九二《烈女・樂部郎胡長命妻張氏傳》，第1980頁。

用。如《集驗方》卷二《治中風諸急及風熱方》載小黃耆酒的飲用,「可先食服一合,不知可至四、五合,日三服。」《集驗方》卷七《治諸癩、惡瘡及侵淫瘡方》載「治白癩酒」,「先食一飲一雞子,日三,稍稍增之,以差為度。」說明《集驗方》的作者提醒患者要注意根據自身身體狀況決定藥酒的飲用。《集驗方》卷四《治症瘕積聚方》載「牛膝根酒」,「先食服五、六合至一升,以意量多少。」由於患者身體素質不同,對藥物的吸收、反映也因此不同,所以,對藥酒的飲用量就需要格外重視。

另一方面,當時人們在使用藥酒期間,注意到一些藥酒與食物的禁忌,這是重視藥酒飲用安全的另一表現。如《集驗方》卷三《治胃反方》載飲用「治胃反酒」時,「忌生蔥、海藻、菘菜等物。」《集驗方》卷四《治腰痛方》載飲用「杜仲酒」時,「忌生蔥、生菜。」

其次,酒在治癒疾病方面作用的發揮,還表現在以酒作藥引來服用藥物或者外用藥物方面。根據當時藥典《龍門石刻藥方》、《集驗方》的記載,以酒作藥引服用或者外用藥物的醫方就有六十多條。如《集驗方》卷二《治腹疼、寒疝諸方》載「治寒疝,下牽少腹痛」的附子丸的服用,「蜜和丸梧子大,空腹酒下十丸,漸加至十五丸,至二十丸,日再服。」關於以酒作藥引,外用藥物,《集驗方》卷七《治丹毒及赤白疹方》載「治一切疹方」,「煮蒴藋湯和少酒塗,無不差。」

第三,酒在醫療方面功能的發揮,還體現在以酒入藥,製作護膚用品方面。《齊民要術》卷五《種紅藍花、梔子第五十二》載,「合手藥法:取豬脂一具,摘去其脂。合菴葉於好酒中痛按,使汁甚滑。白桃人二七枚,去黃皮,研碎,酒解,取其汁。以綿裹丁香、藿香、甘松香、橘核十顆,打碎。著脂汁中,仍浸置勿出——瓷瓶貯之。夜煮細糠湯淨洗面,拭乾,以藥塗之,令手軟滑,冬不皸。」

儘管當時佛教中有禁止僧侶飲酒的規定,並且視僧侶飲酒為犯戒之舉。但是,也有特殊情況的存在,佛教文獻載,「不犯者。若有如是如是病,餘藥治不差以酒為藥。若以酒塗瘡一切無犯」。﹝註26﹞這表明,僧侶生病時,在用其他藥物不能治癒疾病的情況下,才能允許用酒。北齊時期,鄴城大莊嚴寺僧人釋圓通,為照顧「因疾」投奔大莊嚴寺的客僧,「經理湯藥,曉夕相

<hr>

﹝註26﹞竺佛年,等譯:《四分律》卷一六《九十單提法之六》//《大正新修大藏經·律部一》,臺北:財團法人佛陀教育基金會出版部,1990 年版,第 672 頁。

守。曾於夜中持春酒一盞云：『客人寄患，服此爲佳。』客遂嚬眉飲之，一咽便止。夏了病癒」。〔註 27〕但是佛教「五戒」對於寺廟僧人以酒治癒疾病是有限制的。「五戒……五者不飲酒……若以酒爲藥，當權其輕重，要於不可致醉」。〔註 28〕可見，佛教戒律允許僧人以酒治療疾病，但以「不可致醉」爲限。

第四節　酒與飲食加工

北朝時期，酒被廣泛應用於飲食加工方面。在飲食加工中用酒，即可以使所加工的食物具有色、香、味俱全的特點；又可以起到殺菌進而延長食物保存期的作用。

首先，在肉類烹飪中用酒，可以去除肉類中的腥臊氣味。《齊民要術》卷八《羹臛法第七十六》中「羊盤腸雌解法」載對羊大腸的加工，「解大腸，淘汰，復以白酒一過洗腸中，屈申以和灌腸。」以酒對大腸進行清洗，即可以利用酒精去除腸中的腥臊氣味，又可以殺除羊腸中的有害菌，保障烹飪過程中的衛生安全。《齊民要術》卷八《蒸魚法第七十七》「魚豬肉法」載對豬肉進行二次煮製時，「下酒二升，以殺腥臊——青、白皆得。」〔註 29〕而在加工魚鮓時用酒，不僅可以去除魚腥，而且，還可以起到增加香味、促進魚鮓成熟的作用。《齊民要術》卷八《作魚鮓第七十四》載，「酒，闢諸邪惡，令鮓美而速熟。率一斗鮓，用酒半升；惡酒不用。」表明在當時烹飪與加工食物中的用酒標準，以質量上乘的酒爲首選。在加工烤肉時用酒，可以增加色澤。《齊民要術》卷九《炙法第八十》載「炙豚法」，「清酒數塗以發色……色同琥珀，又類眞金。入口則消，狀若凌雪，含漿膏潤，特異凡常也。」可見，經過塗抹適當的酒而烤製的豬肉，在色澤與口感方面並非一般烤肉所能比。

〔註 27〕釋道宣：《續高僧傳》卷二五//《大正新修大藏經·史傳部二》，臺北：財團法人佛陀教育基金會出版部，1990 年版，第 648 頁。

〔註 28〕釋僧祐：《弘明集》卷一三//《大正新修大藏經·史傳部四》，臺北：財團法人佛陀教育基金會出版部，1990 年版，第 86 頁。

〔註 29〕關於黃酒在加工肉類時除腥味的作用，朱寶鏞、章克昌在《中國酒經·酒飲用篇》第一章《酒的飲用》中分析，「肉類中含有脂肪滴，口感油膩，即葷腥。脂肪能溶解於熱的乙醇中，會隨著乙醇的蒸發而『跑掉』，葷味也即去掉。」

其次，酒還可以起到延長食物保存期的作用。《齊民要術》卷八《作酢法第七十一》載，「作小麥苦酒法：小麥三斗，炊令熟，著甕中，以布密封其口。七日開之，以二石薄酒沃之，可久長不敗也」。以酒精含量較低的淡酒加入醋甕中，可以抑制並消除醋甕中的有害菌，起到延長食醋保鮮期限的作用。又可以避免因酒味較濃而破壞成品食醋味道。

第五節　酒與民間祭祀活動

北朝民間的各種祭祀活動也離不開酒。

一、祭祀祖先

在祭祀祖先的活動中，酒是不可或缺的重要祭品。《禮記・禮運》載，「故玄酒在室，醴、盞在戶，粢醍在堂，澄酒在下，陳其犧牲，備其鼎俎，列其琴瑟、管磬、鐘鼓，修其祝、嘏，以降上神與其先祖……是謂承天之祜。」這表明，古代人們對以酒肴祭祀先祖是極為重視的。人們通過祭祀活動中的虔誠之舉，表達對先祖的哀思，進而得到上天的祜福。

當時社會上層以酒祭祀祖先的規模是龐大的。北魏時期，宣武帝的寵臣趙修在祭奠其已故之父時，「百僚自王公已下無不弔祭，酒犢祭奠之具，填塞門街」。〔註30〕

對於平民而言，儘管對包括酒在內的祭祀用品的使用規模遠不如社會上層，但是，仍然能表達出對祖先的「孝思之敬」。北魏時期，「（胡）叟少孤，每言及父母，則淚下若孺子號。春秋當祭之前，則先求旨酒美膳，將其所知廣寧常順陽、馮翊田文宗、上谷侯法儁，提壺執俎，至郭外空靜處，設坐奠拜，盡孝思之敬」。〔註31〕

北方少數民族地區存在著以人祭祀祖先的野蠻風俗，當地官員對此進行了成功的改革。北魏孝文帝時期，對「淮源舊有祠堂，蠻俗恒用人祭之」這一風俗，在東荊州任職的韋珍「曉告曰：『天地明靈，即人之父母，豈有父母，甘子肉味？自今宜悉以酒脯代用。』群蠻從約，自此而改」。〔註32〕以酒脯代替人祭，是當地祭祀習俗的重大變革。

〔註30〕　《魏書》卷九三《恩倖・趙修傳》，第 1998 頁。
〔註31〕　《北史》卷三四《胡叟傳》，第 1263 頁。
〔註32〕　《北史》卷二六《韋閬傳附韋珍傳》，第 958 頁。

二、對其他亡故之人的祭祀

對亡故的至交，人們總要設酒祭奠，表達自己的哀思之意。東魏時期，「（裴伯茂）卒後，殯於家園。友人常景、李渾、王元景、盧元明、魏季景、李騫等十許人於墓傍置酒設祭，哀哭涕泣，一飲一酹，曰：『裴中書魂而有靈，知吾曹也。』乃各賦詩一篇。李騫以魏收亦與之友，寄以示收。收時在晉陽，乃同其作，論敘伯茂，其十字云：『臨風想玄度，對酒思公榮。』」〔註33〕以酒會友、談詩論道，志同道合之人情深誼長。一旦有至交亡故，人們會分外憂傷。所以，只有以酒祭奠，寄託哀思。

當時民間還把前代賢臣作為以酒祭祀的對象，北周時期的楚州，「城北有伍子胥廟，其俗敬鬼，祈者必以牛酒，至破產業。（高）勵歎曰：『子胥賢者，豈宜損百姓乎！』告諭所部，自是遂止，百姓賴之」。〔註34〕奢侈的祭祀之風，必然影響到民生。楚州刺史「告諭所部，自是遂止」，對正常獻祭美酒等祭品的祭祀活動是不限制的。

三、祭祀麴神

當時人們還將酒用於祭祀麴神活動。《齊民要術》卷七《造神麴並酒第六十四》載，「（麴房）畫地為阡陌，周成四巷。作『麴人』，各置巷中——假置『麴王』，王者五人。」「祝麴文：東方青帝土公……南方赤帝土公……西方白帝土公……北方黑帝土公……中央黃帝土公……某年、月，某日、辰，朝日，敬啓五方五土之神：主人甲某，謹以七月上辰，造作麥麴數千百餅，阡陌縱橫，以辨疆界，須建立五王，各布封境。酒脯之薦，以相祈請，願垂神力，勤鑒所領：使蟲類絕蹤，穴蟲潛影。衣色錦布，或蔚或炳；殺熱火燖，以烈以猛；芳越薰椒，味超和鼎。飲利君子，既醉既逞；惠彼小人，亦恭亦靜……神之聽之，福應自冥。」由此可見，五方之帝作為當時的麴王，分別掌管五方酒麴的製作。人們通過獻祭酒肉等美食，祈求五帝保祐製作酒麴的過程。

四、節日祭祀

當時民間節日祭祀活動，用酒祭祀的有社祭、伏祭和臘祭。北周時期民

〔註33〕《北史》卷三八《裴延儁傳附裴伯茂傳》，第 1381～1382 頁。
〔註34〕《北史》卷五一《齊宗室諸王‧清河王岳傳附高勵傳》，第 1849～1850 頁。

間節日祭祀，「烹羔豚而介春酒，迎伏臘而候歲時」。〔註35〕表明伏祭、蠟祭為當時民間重要的節日祭祀活動。酒是其中必不可少的祭品。

社祭，就是祭祀土地神。當時的社祭有春秋二社。古代的社日風俗，「社日，四鄰並結綜會社牲醪，為屋於樹下。先祭神，然後饗其胙」。〔註36〕說明舉行社祭之日，人們在祭祀之後，要群聚宴飲、分享祭祀中所用的胙肉。《北史》所載北朝時期趙郡的社祭，「李氏宗黨豪盛，每春秋二社，必高會極宴，無不沈醉諠亂」。〔註37〕便是描寫社日祭祀後人們群聚飲酒的場面。

綜上所言，酒不僅豐富了北朝時期人們的飲食，還深入到社會生活的眾多方面，在社會生活中佔據著不可忽視的地位。

〔註35〕 《周書》卷四二《蕭大圜傳》，第 758 頁。
〔註36〕 《太平御覽》卷三○《時序部一五‧社》，第 142 頁。
〔註37〕 《北史》卷三三《李孝伯傳附李諡傳》，第 1233 頁。

第七章　酒與士人的詩歌創作

　　在北朝時期詩歌創作風氣盛行的背景下，以酒爲核心題材的詩歌大量出現。這表明，酒豐富了士人創作詩歌的取材。酒對當時的詩歌創作起到促進的作用。關於當時以酒爲題材的詩歌內容，可以分爲以下方面：

一、鍾愛美酒

　　北朝時期，尙酒之風盛行於社會之中。當時的一些詩詞就與酒結下了不解之緣，字裏行間透露出人們對酒的鍾愛。庾信《衛王贈桑落酒奉答》「愁人坐狹邪，喜得送流霞。跂窗催酒熟，停杯待菊花。」〔註1〕開首二句寫正爲流寓北方而苦楚的作者，得到至交贈送的佳釀，憂愁消逝不少。「跂窗」之句點明作者有飲用熱酒的習慣。「停杯」之句，含蓄地說明菊花酒對作者的誘惑力。當時的詩歌還直接表現人們對美酒的執著。庾信《蒙賜酒》，「金膏下帝臺，玉歷在蓬萊。仙人一遇飲，分得兩三杯。忽聞桑葉落，正值菊花開。阮籍披衣進，王戎含笑來。」〔註2〕「仙人」二句，說明美酒的誘惑力，使得仙人都要分享兩三杯。「桑葉落」、「菊花開」點明在當時享譽天下的桑落酒和菊花酒。「披衣進」、「含笑來」之句描寫桑落、菊花美酒連魏晉時期的竹林七賢都吸引來了，實際間接表示桑落酒、菊花酒對自己的誘惑之力。與此意相同，庾信《詠春近餘雪應詔》，「送寒開小苑，迎春入上林。絲條變柳色，香氣動蘭

〔註1〕　參看〔北周〕庾信撰：《庾子山集》卷四，〔清〕倪璠注，許逸民校點，中華書局，1980年版，第344頁。
〔註2〕　參看〔北周〕庾信撰：《庾子山集》卷四，〔清〕倪璠注，許逸民校點，中華書局，1980年版，第286頁。

心。待花將對酒，留雪擬彈琴。」〔註3〕「送寒」、「香氣」四句寫飲酒環境的
優雅。春意暖人，春柳漸綠，香氣環繞，良辰美景，花香、酒香相交融，置
身於其中，暢飲美酒，給人以心曠神怡之感。

北周明帝宇文毓《和王褒詠摘花》，「玉椀承花落，花落椀中芳。酒浮花
不沒，花含酒更香。」〔註4〕開首二句寫飲酒時的優雅環境、飲酒器具的精美。
置身於花中，花葉飄落椀中，飄來陣陣花香，花香使酒香更加濃厚。花中飲
酒，取其自然之美，不僅可以陶冶情趣，還使酒興倍增。在此之中暢飲，豈
不快哉。

當時社會上層更是沉浸於奢豪的酒會之中。北齊邢子才在《三日華林園
公讌詩》中對君臣在三月上巳節遊玩、宴飲場面的描寫，「回鸞自樂野，弭蓋
屬瑤池。五丞接光景，七友樹風儀。芳春時欲遽，覽物惜將移。新萍已冒沼，
餘花尙滿枝。草滋徑蕪沒，林長山蔽虧。方筵羅玉俎，激水蕩金巵。歌聲斷
且續，舞袖合還離」。〔註5〕君臣置身於美景之中，伴以歌姬、樂舞，佐以美
味佳肴，暢飲杯中佳釀。這正是上層社會所追求的紙醉金迷的生活，表明追
求聲色、口腹之欲的宴飲風氣彌漫於當時官僚階層中。

二、稱頌美酒

當時不乏有稱頌美酒的詩句。有稱讚佳釀的渾厚酒力。北魏時期，「不畏
張弓拔刀，唯畏白墮春醪」。〔註6〕描寫的便是當時享譽天下、為眾人所鍾愛
的白墮酒。有稱讚酒的價值的。庾信《奉報趙王惠酒》，「始聞傳上命，定是
賜中樽⋯⋯何時能報恩。」〔註7〕《奉答賜酒鵝》，「今朝一壺酒，實是勝千
金。負恩無以謝⋯⋯」〔註8〕作者流寓異國他鄉，內心充滿苦楚，友人以佳釀

〔註3〕 參看〔北周〕庾信撰：《庾子山集》卷四，〔清〕倪璠注，許逸民校點，中華
　　　 書局，1980 年版，第 350 頁。
〔註4〕 《藝文類聚》卷八八《木部上・木》引北周明帝《和王褒詠摘花詩》，第 1509
　　　 頁。
〔註5〕 《藝文類聚》卷四《歲時中・三月三日》引北齊邢子才《三日華林園公讌詩》，
　　　 第 69 頁。
〔註6〕 參看〔東魏〕楊衒之著：《洛陽伽藍記》卷四《城西》，范祥雍校注，上海古
　　　 籍出版社，1978 年版，第 204 頁。
〔註7〕 參看〔北周〕庾信撰：《庾子山集》卷四，〔清〕倪璠注，許逸民校點，中華
　　　 書局，1980 年版，第 287 頁。
〔註8〕 參看〔北周〕庾信撰：《庾子山集》卷四，〔清〕倪璠注，許逸民校點，中華
　　　 書局，1980 年版，第 343 頁。

相贈。這即可以消除作者身居異國的孤獨、憂愁之感，又加深了作者與贈酒者之間的友情。這些不僅表明作者對美酒的鍾愛，還體現出作者對酒的價值的深層認識。

　　當時士人更多的是應景賦詩、讚頌美酒。庾信《同會河陽公新造山池聊得寓目》，「沙州聚亂荻，洞口礙橫松。引泉恒數派，開岩即十重。北閣聞吹管，南鄰聽擊鍾。菊寒花正合，杯香酒絕濃。」〔註9〕「沙州」等六句寫飲酒環境，橫松如蔭，泉水涓涓細流，傳來悠揚的樂器之聲，飄來陣陣菊花香氣。「杯香」則是從味覺來寫酒味的醇厚。在這良辰美景之中，花香融合到酒香之中，和好友共飲佳釀、一醉方休、豈不快哉《和樂儀同苦熱》，「火井沉熒散，炎洲高燄通。鞭石未成雨，鳴鳶不起風……美酒含蘭氣，甘瓜開蜜筒。」〔註10〕「含蘭氣」，是從味覺來寫酒味的醇厚。在炎熱夏日、酷暑難耐之際，和至交共飲佳釀，是何等愜意。《正旦蒙趙王賚酒》，「正旦辟惡酒，新年長命杯。柏葉隨銘至，椒花逐頌來。流星向椀落，浮蟻對春開。」〔註11〕「正旦」描寫人們在新年這一時節飲佳釀、祈福。「柏葉」二句描述的是柏葉酒、椒酒。「流星」、「浮蟻」，是從視覺寫酒色的純厚。

三、借酒抒情

　　北朝時期，借酒表達內心情感的詩詞在當時佔有一定地位。其中以由南朝梁入於西魏、北周的庾信為最多。就詩詞內容來說，一方面是因為庾信以亡國之臣的身份進入西魏、北周，雖然身居官職，但是亡國的痛苦使其不能忘懷；另一方面，對世俗官場的厭倦，使作者轉而嚮往隱居生活以追求清靜與自然。但是，庾信實際是「屈體魏、周，願為隱居而不可得也」。〔註12〕所以，借酒消愁、以酒表達對隱居生活的追求成為其所作詩詞的重要內容。

　　首先，梁朝滅亡，庾信入於西魏。雖然在北朝身居高官，但作為寄居異國的亡國之臣，內心的苦楚可想而知。所以，庾信要以酒解鄉愁。庾信在《擬

〔註9〕　參看〔北周〕庾信撰：《庾子山集》卷三，〔清〕倪璠注，許逸民校點，中華書局，1980年版，第273頁。

〔註10〕　參看〔北周〕庾信撰：《庾子山集》卷四，〔清〕倪璠注，許逸民校點，中華書局，1980年版，第300頁。

〔註11〕　參看〔北周〕庾信撰：《庾子山集》卷四，〔清〕倪璠注，許逸民校點，中華書局，1980年版，第343頁。

〔註12〕　參看〔北周〕庾信撰：《庾子山集》卷一，〔清〕倪璠注，許逸民校點，中華書局，1980年版，第19頁。

詠懷二十七首》之一中，「搖落秋爲氣，淒涼多怨情。啼哭湘水竹，哭壞杞梁城。天亡遭憤戰，日蹙值愁兵。直虹朝映壘，長星夜落營。楚歌饒恨曲，南風多死聲。眼前一杯酒，誰論身後名。」〔註13〕前十句描述了受到戰亂影響的楚地情景，「楚歌」、「南風」表達了對故國的思念，流露出對亡國的痛苦。最後兩句承緊成上句，表明作者欲借酒以訴內心中亡國的苦楚，在醉酒中求得對亡國之痛的解脫。庾信的飲酒詩，多有表達自己對客居異鄉身份的苦楚。《和張侍中述懷》，「寂寥共羈旅，蕭條同負郭。農談止穀稼，野膳惟藜藿。操樂楚琴悲，忘憂魯酒薄。」〔註14〕前兩句描寫詩人庾信和曾是梁同僚的張縉客居北周異地。因此，只有賦詩述懷，以楚琴爲伴，共飲美酒，來緩解客居異鄉的痛苦。

身居異鄉的庾信，時刻盼望著能回到故國，當知道回到故鄉不可能之時，則更憂傷。《就蒲州使君乞酒》，「蕭瑟風聲慘，蒼茫雪貌愁。鳥寒棲不定，池凝聚未流。蒲城桑葉落，灞岸菊花秋。願持河朔飲，分勸東陵侯。」〔註15〕「蕭瑟」、「鳥寒」四句，描寫庾信等人自南朝流寓北方寒冷之地，爲不能回到南朝故鄉而倍感憂愁。緊承上句的「桑葉落」、「菊花秋」點明北方佳釀桑落酒和菊花酒。後兩句中的「東陵侯」寓意庾信等自南朝流寓北方的梁亡國之人。持北方佳釀，曾是南朝梁同僚彼此之間相互勸酒，在飲酒、醉酒之中來消除亡國的痛苦。《贈衛王桑落酒奉答》，「愁人坐狹邪，喜得送流霞。跂窗催酒熟，停杯待菊花。」〔註16〕詩人流寓北方，獨自坐在小街曲巷，爲自己不能回到南方故鄉而憂愁。這時喜得友人贈送的菊花佳釀，愁悶之情得以暫時緩解。

其次，借酒忘卻世俗的煩惱。庾信《擬詠懷二十七首》之一中，「懷抱獨昏昏，平生何所論。由來千種意，併是桃花源。縠皮兩書帙，壺盧一酒樽。自知費天下，也復何足言。」〔註17〕前四句表明作者面對亂世與亡國的苦楚，

〔註13〕 參看〔北周〕庾信撰：《庾子山集》卷三，〔清〕倪璠注，許逸民校點，中華書局，1980 年版，第 236 頁。

〔註14〕 參看〔北周〕庾信撰：《庾子山集》卷三，〔清〕倪璠注，許逸民校點，中華書局，1980 年版，第 252～253 頁。

〔註15〕 參看〔北周〕庾信撰：《庾子山集》卷四，〔清〕倪璠注，許逸民校點，中華書局，1980 年版，第 345 頁。

〔註16〕 參看〔北周〕庾信撰：《庾子山集》卷三，〔清〕倪璠注，許逸民校點，中華書局，1980 年版，第 344 頁。

〔註17〕 參看〔北周〕庾信撰：《庾子山集》卷三，〔清〕倪璠注，許逸民校點，中華

不想在爲其所累，因此借「桃花源」之句表達自己的避世之情。「穀皮」、「壺盧」二句緊承上句中避世的心情，表明作者欲以酒爲伴，以酒抒情，以飲佳釀來求得心中的清淨，忘卻世俗的煩惱。後兩句則點明主旨，追求清靜的生活，不問世俗。

而面對官場中的爾虞我詐，借酒即可以避世、遠離爭鬥，又可以表明自己不同流合污、保持清白。庾信在《楊柳歌》，「百年霜露奄離披，一旦功名不可爲。定是懷王作計誤，無事翻覆用張儀。不如飲酒高陽池，日暮歸時倒接䍦。」〔註18〕開首二句寫官場功名的不可持久。「懷王」、「張儀」二句緊成上句，揭示北周官場中的爭鬥，〔註19〕闡明追求功名利祿的不易。忘卻官場爭鬥所帶來的煩惱，才能求得內心的清淨。而日夜飲酒，酩酊大醉，醉後忘卻世俗，是保持內心清淨的最佳方式。

正由於作者生活在山河支離的時代，有身居異國、不能回歸故國的苦楚，又有忌於異國仕途中的艱險這些境遇，所以，作者借酒抒情多以「悲」、「愁」爲核心。表現出作者在異國他鄉的生活與酒緊密地聯繫在一起。

四、對至交友誼的描寫

《禮記·禮運》載，「故禮之於人也，猶酒之有糵也，君子以厚，小人以薄。」表明人們對謙謙有禮之人，往往以之與美酒相比擬。北齊時期，趙國人李仲興，當時人曾謂「與之交者，若飲醇醪」。〔註20〕所以，當時士人創作的以酒爲題材的詩詞，多與稱頌至交之間的眞摯友誼有關。

有描寫以酒結交者，庾信《園庭詩》，「香螺酌美酒，枯蚌藉蘭殽。飛魚時觸釣，翳雉屢懸庖。但使相知厚，當能來結交。」〔註21〕前兩句寫酒宴場景，

書局，1980年版，第247頁。
〔註18〕參看〔北周〕庾信撰：《庾子山集》卷五，〔清〕倪璠注，許逸民校點，中華書局，1980年版，第411頁。
〔註19〕庾信在《寒園即目》，「蒼鷹斜望雉，白鷺下觀魚。」表面上是對山水田園生活的描寫。吉定在《庾信研究》第二章《庾信的文學成就》中認爲實際上是以「蒼鷹」、「白鷺」暗指北周統治者，以「雉」、「魚」暗指作者的薄弱。進而表現出作者時時刻刻都得小心謹慎。所以，詩人以飲酒詩來表達自己借酒避世、遠離政治爭鬥的願望。
〔註20〕《齊故李功曹墓誌》，參看趙超：《漢魏南北朝墓誌彙編》，天津古籍出版社，2008年版，第466頁。
〔註21〕參看〔北周〕庾信撰：《庾子山集》卷四，〔清〕倪璠注，許逸民校點，中華書局，1980年版，第278頁。

佳肴佐美酒，酒具、食具又取自自然，更顯飲酒之古樸與風雅；而以佳肴美酒相待，顯示出主人待客的誠懇。後一句寫以酒相識新交。庾信在《北園射堂新成》描寫以酒招待朋友的場面，「擇賢方知此，傳卮喜得朋。」〔註22〕在觥籌交錯之間，至交之間的友情又得以進一步增進。又《同會河陽公新造山池聊得寓目》，「菊寒花正合，杯香酒絕濃。由來魏公子，今日始相逢」。〔註23〕開頭兩句寫暢飲美酒的意境。後兩句表達出作者對知己的相逢恨晚之情。

有描寫至交之間以酒相贈者，庾信《奉報趙王惠酒》，「始聞傳上命，定是賜中樽。野鑪然樹葉，山杯捧竹根。風池還更暖，寒谷遂成暄。未知稻粱雁，何時能報恩？」〔註24〕「賜中樽」之句，描寫趙王以大量美酒贈予庾信。「野鑪」之句表明作者在得到至交相贈的佳釀之後，自然要先飲為快。「報恩」之句則點明作者對至交贈酒的感激之情。庾信《奉答賜酒鵝》，「雲光偏亂眼，風聲特噤心。冷猿披雪嘯，寒魚抱凍沉。今朝一壺酒，實是勝千金。負恩無以謝，惟知就竹林。」〔註25〕「風聲」、「冷猿」、「寒魚」之句，描寫作者正在忍受寒冷的侵襲。這時得到至交相贈的美酒，會給人以暖心之感，「勝千金」、「無以謝」則點明作者的感激之情。至交之間通過贈與受贈，彼此之間形成了深厚的友誼。

有描寫故舊離別之情的。庾信《對宴齊使》，「歸軒下賓館，送蓋出河堤。酒正離杯促，歌工別曲悽……故人儻相訪，知余已執珪。」〔註26〕有描寫給好友餞行時的熱烈。庾信在《見遊春人》中描寫，「長安有狹邪，金穴盛豪華。連杯勸上馬，亂菓擲行車。」〔註27〕

〔註22〕參看〔北周〕庾信撰：《庾子山集》卷三，〔清〕倪璠注，許逸民校點，中華書局，1980年版，第277頁。

〔註23〕參看〔北周〕庾信撰：《庾子山集》卷三，〔清〕倪璠注，許逸民校點，中華書局，1980年版，第273頁。

〔註24〕參看〔北周〕庾信撰：《庾子山集》卷四，〔清〕倪璠注，許逸民校點，中華書局，1980年版，第287頁。

〔註25〕參看〔北周〕庾信撰：《庾子山集》卷四，〔清〕倪璠注，許逸民校點，中華書局，1980年版，第343頁。

〔註26〕《庾子山集注》卷四《對宴齊使詩》，倪璠注，「子山昔在梁時，聘於東魏，文章辭令，甚為鄴下所稱。北齊本東魏所禪，遣使聘周，子山對宴齊使，自傷顏之厚矣。」「子山鄉關之思，屢動越吟；聘魏仕周，有如秦擄。言齊地舊相識者儻或問余，知余今已執珪矣。蓋自慚語也。」據此，庾信在詩詞中流露出的憂傷，即有餞別故舊時的傷感，又有亡國之臣的苦楚。

〔註27〕參看〔北周〕庾信撰：《庾子山集》卷四，〔清〕倪璠注，許逸民校點，中華

　　有的描寫以酒思友，東魏時期，裴伯茂因縱酒而亡之後，其至交酒友魏收賦詩，「臨風想玄度，對酒思公榮」。〔註 28〕至交對酒思念亡故的酒友，更是憂傷。

　　綜上所述，當時這些以酒爲題材的詩歌中，描述了人與人之間相遇的歡樂、離別的憂傷。透露出人與人之間深厚的情誼、密切的關係。

　　　　書局，1980 年版，第 321 頁。
〔註28〕《魏書》卷八五《文苑・裴伯茂傳》，第 1873 頁。

結　語

　　本文通過對北朝時期釀酒、飲酒及酒對社會影響的考察，得出以下認識。

　　北朝時期，酒的種類日益豐富，製麴、釀酒技術有了很大的進步。首先是酒的種類的情況。當時的酒，有糧食酒、植物調製酒、水果酒和藥酒四大類。其中前三類酒是人們日常飲用酒。就這三大類酒的生產、消費情況而言，糧食酒在當時處於規模化的生產階段，是人們消費的主要酒類。水果酒（這裏主要指葡萄酒）次之。由於當時葡萄種植的發展，北方地區又掌握了葡萄酒釀造技術，當時飲用葡萄酒的風氣逐漸盛行起來。而當時的植物調製酒則處於小規模生產階段，飲用植物調製酒的人相對稀少。所以，在消費群體、酒業市場上，糧食酒、葡萄酒佔據著多數份額，植物調製酒自然不可和糧食酒、葡萄酒同日而語。其次是當時製麴、釀酒技術進步的具體情況。當時製麴技術的進步，主要體現在當時人們對酒麴保溫育菌過程中的微生物活動規律有了精確的掌握，在此基礎上，酒麴的發酵力得到提高，酒麴的品種也日益豐富。釀酒技術的進步主要體現在人們對釀造用水的選擇與加工、原料米的整治與加工、根據酒麴本身發酵力的變化而靈活決定投飯的次數與數量、根據氣候的變化創造適宜的溫度環境等方面。由於釀酒技術的進步，酒的品種也逐漸增多。第三，北朝時期高度酒的出現，和當時人們培育出可以耐較高酒精濃度的微生物菌種、在釀酒過程中採用有利於酒精發酵的壓氧技術以及在成酒之後使用日暴法這一有效提高酒精濃度的方式具有密切關係。儘管當時的製麴、釀酒技術取得了很大進步，但是，並沒有達到生產蒸餾酒的發展程度。所以，北朝時期還沒有出現蒸餾酒的技術。

由於酒的釀造與買賣涉及到經濟利益問題，所以，北朝國家對酒業實施了相應的管理政策。北朝國家對酒業的管理政策，有酒禁、榷酒和稅酒三種。其中酒禁和榷酒是北朝國家臨時性的酒業管理措施，稅酒則是當時通行的酒業政策。首先，北朝國家實行禁酒，主要是由於自然災害所引起的糧食短缺、及由此引發的民生問題。就內容而言，包括禁止社會中酒的釀造、買賣和飲用。由于禁酒政策在一定程度上緩解因自然災害而出現的糧食供應問題，有利於解決民生問題；但是，禁酒又影響到人們日常生活中用酒所需，嚴重限制了酒業經營的發展，影響到國家財政收入的增加。所以，當時國家會適合時宜地實施酒禁、解除酒禁。其次，榷酒是由國家壟斷酒的釀造和買賣，禁止社會中的釀酒與酤酒活動。國家可以藉此獨享酒業利潤。當時的榷酒政策，多是在國家財政緊張之際實行。此外，稅酒是指國家對社會中酒業經營實行征稅。稅酒政策自北魏後期確立，一直在穩定的實施過程中，直到北朝後期。當時國家對酒業經營實行的是輕稅政策，這促進了當時酒業經營的繁榮發展。而繁榮的酒業經營又保障了國家能從來自於酒業經營的稅收中獲得巨大的收入。

關於北朝時期飲酒的特點，主要從尚飲形成風氣、飲酒方式的多樣化、人們對飲酒器具的考究和飲酒活動的頻繁四個方面進行考察。首先是尚飲形成風氣的情況。當時飲酒的社會階層是非常廣泛的，皇帝飲，官員飲，平民飲，甚至僧侶亦飲。由此可見飲酒的社會群體規模龐大。當時甚至出現了眾多的豪飲者，這又進一步推動了尚飲風氣的發展。其次是飲酒方式多樣化。當時存在飲用壓榨酒、直接飲用濁酒和飲用加熱酒三種飲酒方式，這體現了飲酒者不同的飲酒習慣與喜好。第三，當時人們在飲酒時，對飲酒器具是非常講究的。一方面，飲酒者通過使用形制各異、材質名貴的酒具，展示自己的身份地位；另一方面，飲酒者通過使用風格各異的酒具，追求不同的飲酒境界。第四，不同社會階層在日常生活中經常飲佳釀，每逢佳節人們便會飲酒慶賀，當時的統治者頻繁地舉行規模不同的賜酒宴活動，這些促進了當時飲酒活動的頻繁。

當時人們在飲酒過程中還伴以賦詩、歌樂、舞蹈、百戲、文字酒令多種娛樂活動。這些娛樂活動不僅增加了飲酒時的熱烈氛圍，還顯示出人們在注重物質享受的同時又講究精神境界的追求，進而使酒宴活動保持著高雅的境界與氛圍。當時的酒宴禮儀是非常繁瑣的。主要體現在人們對酒宴座次的重

視、對座位朝向和座位高低安排的講究、酌酒儀式的繁瑣四個方面。這些繁瑣的禮儀，明確體現出飲酒者身份等級尊卑的區別。當時的飲酒禁忌在不同程度上約束著人們的飲酒行為，服喪活動期間的禁忌對人們飲酒行為起到嚴格的約束作用，而佛教信仰禁忌並沒有完全限制人們的飲酒行為。

　　酒與北朝國家的施政和禮儀活動之間具有緊密的聯繫。首先是酒與國家的施政之間的聯繫。可以從統治者和地方官員兩個方面進行分析。就酒與統治者的施政而言，統治者通過對朝廷官員和平民賜酒、賜酒宴以顯示恩惠、籠絡人心，進而協調國家內部的關係；對外國國主和使者賜酒宴，可以顯示對他國的親善態度，進而積極地發展與他國的外交關係。至於酒與地方官員治理轄地的結合，當時地方官員將賞賜酒與推行政令、治理地方有效地結合起來，收到了穩定地方秩序的積極效果。其次是酒與北朝國家的禮儀活動緊密相聯。酒廣泛應用於當時國家舉行的祭祀、養老禮、冠禮、成婚禮等活動中，這些活動以酒作為重要的媒介而行。

　　酒深入到社會生活的眾多方面。首先是當時人們每逢婚聘、婚慶、生子、新居竣工、官職升遷，都會設酒宴慶賀。其次，酒在當時的人際交往中扮演著不可或缺的角色。人們通過贈送佳釀、以酒宴招待他人，聯絡故舊、結識新交，為自己編織著人際關係網絡。第三，人們通過飲用普通酒、各種藥酒來治癒各種疾病。第四，人們在飲食加工中還廣泛用酒，來達到增加食物口感、對食物進行保鮮的目的。第五，民間借助酒進行祭祀活動。

　　在當時詩歌創作風氣盛行的背景下，以酒為核心題材的詩歌大量出現。士人所創作的與酒有關的詩歌內容，包括對佳釀的稱頌、鍾愛，漂泊異國他鄉的孤苦，追求隱居生活，與至交的情深誼長。這些表明，酒豐富了士人創作詩歌的取材。酒對當時的詩歌創作起到促進的作用。

參考文獻

一、普通圖書

1. 劉安等撰：《淮南子》，張雙棣校釋，北京：北京大學出版社，1997 年版。
2. 《禮記》，鄭玄注，孔穎達正義，上海：上海古籍出版社，2008 年版。
3. 劉熙撰：《釋名》，畢沅疏證，王先謙補，北京：中華書局，2008 年版。
4. 崔寔著：《四民月令》，繆啓愉輯釋，北京：農業出版社，1981 年版。
5. 揚雄著：《方言》，華學誠彙證，北京：中華書局，2006 年版。
6. 吳普等述：《神農本草經》，孫星衍、孫馮翼輯，北京：人民衛生出版社，1963 年版。
7. 葛洪集：《西京雜記》，成林、程章燦譯注，貴陽：貴州人民出版社，1993 年版。
8. 酈道元著：《水經注》，陳橋驛校證，北京：中華書局，2007 年版。
9. 楊玄之著：《洛陽伽藍記》，范祥雍校注，上海：上海古籍出版社，1958 年版。
10. 賈思勰著：《齊民要術》，繆啓愉校釋，北京：農業出版社，1982 年版。
11. 賈思勰著：《齊民要術》//《叢書集成初編》：1459、1460，北京：中華書局，1985 年版。
12. 賈思勰著：《齊民要術》，石聲漢校釋，北京：中華書局，2009 年版。
13. 賈思勰著：《齊民要術》，繆啓愉、繆桂龍譯注，上海：上海古籍出版社，2009 年版。
14. 魏收：《魏書》，北京：中華書局，1974 年版。
15. 師道興著：《龍門石刻藥方》，張金鼎、孔靖校注，濟南：山東科學技術

出版社，1993 年版。

16. 姚僧垣撰：《集驗方》，高文鑄輯校，天津：天津科學技術出版社，1986年版。

17. 沈約：《宋書》，北京：中華書局，1974 年版。

18. 蕭子顯：《南齊書》，北京：中華書局，1972 年版。

19. 顧野王：《大廣益會玉篇》，北京：中華書局，1987 年版。

20. 虞世南：《北堂書鈔》，天津：天津古籍出版社，1988 年版。

21. 李百藥：《北齊書》，北京：中華書局，1972 年版。

22. 令狐德棻：《周書》，北京：中華書局，1971 年版。

23. 李延壽：《北史》，北京：中華書局，1974 年版。

24. 魏徵：《隋書》，北京：中華書局，1973 年版。

25. 歐陽詢：《藝文類聚》，上海：上海古籍出版社，1965 年版。

26. 徐堅：《初學記》，北京：中華書局，1962 年版。

27. 段成式著：《酉陽雜俎》，方南生點校，北京：中華書局，1981 年版。

28. 孫思邈著：《備急千金藥方》，李景榮等校釋，北京：人民衛生出版社，1998 年版。

29. 蘇敬：《新修本草》，上海：上海古籍出版社，1985 年版。

30. 釋懷信：《釋門自鏡錄》//〔日〕小野玄妙等編輯：《大正新修大藏經·史傳部三》，臺北：財團法人佛陀教育基金會出版部，1990 年版。

31. 釋道宣：《續高僧傳》//〔日〕小野玄妙等編輯：《大正新修大藏經·史傳部二》，臺北：財團法人佛陀教育基金會出版部，1990 年版。

32. 通慧，贊寧：《宋高僧傳》//〔日〕小野玄妙等編輯：《大正新修大藏經·史傳部二》，臺北：財團法人佛陀教育基金會出版部，1990 年版。

33. 釋道林：《法苑珠林》//〔日〕小野玄妙等編輯：《大正新修大藏經·事彙部上》，臺北：財團法人佛陀教育基金會出版部，1990 年版。

34. 竺法護譯：《佛說四輩經》//〔日〕小野玄妙等編輯：《大正新修大藏經·經集部四》，臺北：財團法人佛陀教育基金會出版部，1990 年版。

35. 蒲虔貫：《保生要錄·論藥食門》//張繼禹主編：《中華道藏·四輔眞經》第二十三冊《太清攝養經》，北京：華夏出版社，2004 年版。

36. 李昉：《太平御覽》，北京：中華書局，1960 年版。

37. 司馬光：《資治通鑒》，北京：中華書局，1956 年版。

38. 竇蘋：《酒譜》，北京：中華書局，2010 年版。

39. 朱肱著：《酒經》，宋一明、李艷譯注，上海：上海古籍出版社，2010 年版。

40. 宋應星著：《天工開物》，潘吉星譯注，上海：上海古籍出版社，2008 年版。

41. 陳夢雷：《古今圖書集成》，臺灣：鼎文書局，1977 年版。

42. 嚴可均輯：《全上古秦漢三國六朝文》，北京：中華書局，1958 年版。

43. 加藤繁著：《中國經濟史考證》第一卷，吳傑譯，北京：商務印書館，1959 年版。

44. 吳承洛：《中國度量衡史》，上海：上海書店，1984 年版。

45. 洪光住：《中國食品科技史稿》（上冊），北京：中國商業出版社，1984 年版。

46. 王雷鳴：《歷代食貨志注釋》（第一冊），北京：農業出版社，1984 年版。

47. 瞿宜穎：《中國社會史料叢鈔》，上海：上海書店，1985 年版。

48. 殷維松：《黃酒簡易釀造法》，北京：中國食品出版社，1987 年版。

49. 筱田統著：《中國食物史研究》，高桂林、薛來運、孫音譯，北京：中國商業出版社，1987 年版。

50. 藪內清著：《中國科學文明》，梁策、趙煒宏譯，北京：中國社會科學出版社，1988 年版。

51. 寧夏固原博物館：《固原北魏墓漆棺畫》，銀川：寧夏人民出版社，1988 年版。

52. 蔡毅、胡有清：《中國歷代飲酒詩賞析》，常熟：江蘇文藝出版社，1991 年版。

53. 宋兆麟、李露露：《中國古代節日文化》，北京：文物出版社，1991 年版。

54. 全漢昇：《中國經濟史研究》，臺北：稻鄉出版社，1991 年版。

55. 薛軍：《中國酒政》，成都：四川人民出版社，1992 年版。

56. 呂一飛：《胡族習俗與隋唐風韻——魏晉北朝北方少數民族社會風俗及其對隋唐的影響》，北京：書目文獻出版社，1994 年版。

57. 許成：《寧夏考古文集》，銀川：寧夏人民出版社，1994 年版。

58. 張志鵬：《中華酒文化》，北京：首都師範大學出版社，1994 年版。

59. 劉軍、莫福山、吳雅芝：《中國古代的酒與飲酒》，北京：商務印書館國際有限公司，1995 年版。

60. 馬繼興主編：《神農本草經輯注》，北京：人民衛生出版社，1995 年版。

61. 向春階、張耀南、陳金芳：《酒文化》，北京：中國經濟出版社，1995 年版。

62. 章克昌：《酒精與蒸餾酒工藝學》，北京：中國輕工業出版社，1995 年版。

63. 中國社會科學院考古研究所：《北魏洛陽永寧寺 1979～1994 年考古發掘報告》，北京：中國大百科全書出版社，1996 年版。

64. 鍾敬文：《中國禮儀全書‧上編‧傳統禮儀》，合肥：安徽科學技術出版社，1997 年版。

65. 馬清福、舒虹：《中華節令風俗文化——春》，瀋陽：瀋陽出版社，1997 年版。

66. 孫民：《中華節令風俗文化——夏》，瀋陽：瀋陽出版社，1997 年版。

67. 劉剛：《中華節令風俗文化——秋》，瀋陽：瀋陽出版社，1997 年版。

68. 宋文坤、張靜、黃敏：《中華節令風俗文化——冬》，瀋陽：瀋陽出版社，1997 年版。

69. 香港大學美術博物館、河南省文物考古研究所：《河南出土陶瓷》，香港：香港大學美術博物館，1997 年版。

70. 中華大酒典編輯部：《中華大酒典》第四卷《文化篇》，北京：中國商業出版社，1997 年版。

71. 胡寄窗：《中國經濟思想史》中冊，上海：上海財經大學出版社，1998 年版。

72. 陝西省考古研究所：《陝西新出土文物選粹》，重慶：重慶出版社，1998 年版。

73. 黎虎主編：《漢唐飲食文化史》，北京：北京師範大學出版社，1998 年版。

74. 朱大渭、劉馳、梁滿倉、陳勇：《魏晉南北朝社會生活史》，北京：中國社會科學出版社，1998 年版。

75. 杜金鵬、岳洪彬、張帆：《醉鄉酒海——古代文物與酒文化》，成都：四川教育出版社，1998 年版。

76. 山西省博物館：《山西省博物館館藏文物精華》，太原：山西人民出版社，1999 年版。

77. 黃平主編：《中國酒麴》，北京：中國輕工業出版社，2000 年版。

78. 朱寶鏞、章克昌：《中國酒經》，上海：上海文化出版社，2000 年版。

79. 熊寥主編：《中國陶瓷古籍集成》（注釋本），南昌：江西科學技術出版社，2000 年版。

80. 張承宗、魏向東：《中國風俗通史》魏晉南北朝卷，上海：上海文藝出版社，2001 年版。

81. 洪光住：《中國釀酒科技發展史》，北京：中國輕工業出版社，2001 年版。

82. 丘光明、邱隆、楊平：《中國科學技術史》度量衡卷，北京：科學出版

社，2001年版。

83. 羅啓榮、何文丹：《中國酒文化大觀》，南寧：廣西民族出版社，2001年版。

84. 郭廣民、王毅：《齊魯酒文化趣談》，北京：中國文聯出版社，2001年版。

85. 萬偉成：《中華酒經》，廣州：南方日報出版社，2001年版。

86. 韓養民、郭興文：《中國古代節日風俗》，西安：陝西人民出版社，2002年版。

87. 陝西省考古研究所：《西安北周安伽墓》，北京：文物出版社，2003年版。

88. 中國社會科學院考古研究所、河北省文物研究所：《磁縣灣漳北朝壁畫墓》，北京：科學出版社，2003年版。

89. 中國國家博物館：《文物中國史·三國兩晉南北朝時代》，太原：山西教育出版社，2003年版。

90. 韓勝寶：《華夏酒文化尋根》，上海：上海科學技術文獻出版社，2003年版。

91. 黎福清：《中國酒器文化》，天津：百花文藝出版社，2003年版。

92. 羅豐：《胡漢之間——「絲綢之路」與西北歷史考古》，北京：文物出版社，2004年版。

93. 上海博物館：《中國青銅器展覽圖錄》，北京：五洲傳播出版社，2004年版。

94. 周耀明、萬建中、陳華文：《漢族風俗史》第二卷《秦漢魏晉南北朝漢族風俗》上海：學林出版社，2004年版。

95. 吳慧主編：《中國商業通史》第一卷，北京：中國財政經濟出版社，2004年版。

96. 太原市文物考古研究所：《晉陽古城》，北京：文物出版社，2005年版。

97. 李劍農：《中國古代經濟史稿》第二卷《魏晉南北朝隋唐部分》，武漢：武漢大學出版社，2005年版。

98. 王福榮主編：《釀酒分析與檢測》，北京：化學工業出版社，2005年版。

99. 王學泰：《中國飲食文化史》，桂林：廣西師範大學出版社，2006年版。

100. 趙榮光：《中國飲食文化史》，上海：世紀出版集團，2006年版。

101. 李春祥：《飲食器具考》，北京：知識產權出版社，2006年版。

102. 山西省考古研究所、太原市文物考古研究所：《北齊東安王婁睿墓》，北京：文物出版社，2006年版。

103. 李煒光：《中國財政通史》魏晉南北朝卷，北京：中國財政經濟出版社，

2006 年版。

104. 劉翠微、史衛：《中國財政通史‧大事記》，北京：中國財政經濟出版社，2006 年版。

105. 郭保章：《中國化學史》，南昌：江西教育出版社，2006 年版。

106. 李約瑟等：《中國科學技術史》第六卷《生物學及相關技術》第五分冊《發酵與食品科學》，北京：科學出版社，2008 年版。

107. 傅金泉主編：《中國釀酒微生物研究與應用》，北京：中國輕工業出版社，2008 年版。

108. 劉淑芬：《中古的佛教與社會》，上海：上海古籍出版社，2008 年版。

109. 吉定：《庾信研究》，上海：上海古籍出版社，2008 年版。

110. 王念石：《中國歷代酒具鑒賞圖典》，天津：天津古籍出版社，2009 年版。

111. 原州聯合考古隊：《北周田弘墓》，北京：文物出版社，2009 年版。

112. 謝廣發：《黃酒釀造技術》，北京：中國輕工業出版社，2010 年版。

113. 張慶捷：《民族彙聚與文明互動——北朝社會的考古學觀察》，北京：商務印書館，2010 年版。

114. 劉樸兵：《唐宋飲食文化比較研究》，北京：中國社會科學出版社，2010 年版。

115. 孫機：《漢代物質文化資料圖說》，上海：上海古籍出版社，2011 年版。

116. 姚偉鈞、劉樸兵、鞠明庫：《中國飲食典籍史》，上海：上海古籍出版社，2011 年版。

117. 張景明、王雁卿：《中國飲食器具發展史》，上海：上海古籍出版社，2011 年版。

118. 瞿明安、秦瑩：《中國飲食娛樂史》，上海：上海古籍出版社，2011 年版。

119. 俞為潔：《中國食料史》，上海：上海古籍出版社，2011 年版。

二、論文集

1. 篠田統：《中國中世的酒》// 劉俊文主編；杜石然、魏小明譯：《日本學者研究中國史論著選譯》第十卷，北京：中華書局，1992 年版。

2. 陳慶：《論中國古代分批投料釀酒之工藝》// 周立平主編：《94 國際酒文化學術研討會論文集》，杭州：浙江大學出版社，1994 年版。

3. 陸三強：《中國古代酒文獻考述》// 周立平主編：《94 國際酒文化學術研討會論文集》，杭州：浙江大學出版社，1994 年版。

4. 任學禮：《中國葡萄酒文化略述》// 周立平主編：《94 國際酒文化學術研

討會論文集》，杭州：浙江大學出版社，1994 年版。

5. 邰成忠：《中國酒文化分期之我見》// 周立平主編：《94 國際酒文化學術研討會論文集》，杭州：浙江大學出版社，1994 年版。

6. 蕭家成：《中華民族酒文化及其涵義性質》// 周立平主編：《94 國際酒文化學術研討會論文集》，杭州：浙江大學出版社，1994 年版。

7. 禹明先：《中國釀酒科技史之探討》// 周立平主編：《94 國際酒文化學術研討會論文集》，杭州：浙江大學出版社，1994 年版。

8. 劉廣定：《元代以前中國蒸餾酒的問題》// 中國科技史論文集編輯小組：《中國科技史論文集》，臺北：聯經出版事業公司，1995 年版。

9. 宋鎮豪：《中國上古酒的釀製與品種》//《遠望集——陝西省考古研究所華誕四十週年紀念文集》，西安：陝西人民美術出版社，1998 年版。

10. 程士貴、曹立會：《冶源北齊崔芬墓壁畫》// 山東省政協文史資料委員會：《山東重大考古發掘紀實》，濟南：齊魯書社，1998 年版。

11. 楊軍凱：《西安北周史君墓石槨圖象初探》//《法國漢學》叢書編輯委員會：《粟特人在中國——歷史、考古、語言的新探索》，北京：中華書局，2005 年版。

12. 童丕著，阿米娜譯：《中國北方的粟特遺存——山西的葡萄種植業》//《法國漢學》叢書編輯委員會：《粟特人在中國——歷史、考古、語言的新探索》，北京：中華書局，2005 年版。

13. 張慶捷：《北朝隋唐粟特的「胡騰舞」》//《法國漢學》叢書編輯委員會：《粟特人在中國——歷史、考古、語言的新探索》，北京：中華書局，2005 年版。

14. 張慶捷：《北魏平城墓葬繪畫中的宴飲圖》// 中國魏晉南北朝史學會、山西大學歷史文化學院：《中國魏晉南北朝史學會第十屆年會暨國際學術研討會論文集》，2011 年版。

三、期刊中析出的文獻

1. 陝西省文物管理委員會：《西安南郊草廠坡村北朝墓的發掘》，載《考古》，1959 年第 6 期，第 285～287 頁。

2. 竺可楨：《中國近五千年來氣候變遷的初步研究》，載《考古學報》，1972 年第 1 期，第 15～38 頁。

3. 河南省博物館：《河南安陽北齊范粹墓發掘簡報》，載《文物》，1972 年第 1 期，第 47～57、86 頁。

4. 《無產階級文化大革命期間出土文物展覽簡介》，載《文物》，1972 年第 1 期，第 70～91 頁。

5. 河北省博物館、河北省文物管理處：《河北平山北齊崔昂墓調查報告》，

載《文物》，1973 年第 11 期，第 27～38 頁。

6. 陶正剛：《山西祁縣白圭北齊韓裔墓》，載《文物》，1975 年第 4 期，第 64～73 頁。

7. 傅金泉：《試論釀酒麴藥的起源及其發展》，載《食品與發酵工業》，1977 年第 3 期，第 1～9 頁。

8. 磁縣文化館：《河北磁縣東陳村東魏墓》，載《考古》，1977 年第 6 期，第 391～400、428 頁。

9. 石家莊地區革委會文化局文物發掘組：《河北贊皇東魏李希宗墓》，載《考古》，1977 年第 6 期，第 382～390 頁。

10. 孫培良：《略談大同市南郊出土的幾件銀器和銅器》，載《文物》，1977 年第 9 期，第 68～75 頁。

11. 羅志騰：《我國古代的釀酒發酵》，載《化學通報》，1978 年第 5 期，第 51～54 頁。

12. 羅志騰：《古代中國對釀酒發酵化學的貢獻》，載《西北大學學報》（自然科學版），1979 年第 2 期，第 101～106 頁。

13. 河北省文管處：《河北景縣北魏高氏墓發掘簡報》，載《文物》，1979 年第 3 期，第 17～31 頁。

14. 王克林：《北齊庫狄迴洛墓》，載《考古學報》，1979 年第 3 期，第 377～402 頁。

15. 磁縣文化館：《河北磁縣北齊高潤墓》，載《考古》，1979 年第 3 期，第 235～243 頁。

16. 湯池：《北齊高潤墓壁畫簡介》，載《考古》，1979 年第 3 期，第 244 頁。

17. 韓順發：《北齊黃釉瓷扁壺樂舞圖象的初步分析》，載《文物》，1980 年第 7 期，第 39～41 頁。

18. 代尊德：《太原北魏辛祥墓》，載《考古學集刊》第 1 集，1981 年，第 197～202 頁。

19. 鄧宏里、蔡全法：《沁陽縣西向發現北朝墓及畫像石棺床》，載《中原文物》，1983 年第 1 期，第 4～13 頁。

20. 馬玉基：《大同市小站村花圪塔臺北魏墓清理簡報》，載《文物》，1983 年第 3 期，第 1～4 頁。

21. 李亞東：《中國古代釀酒專家賈思勰與釀酒技術》，載《釀酒科技》，1984 年第 2 期，第 22～26 頁。

22. 固原縣文物工作站：《寧夏固原北魏墓清理簡報》，載《文物》，1984 年第 6 期，第 46～56 頁。

23. 淄博市博物館、淄川區文化局：《淄博和莊北朝墓葬出土青釉蓮花瓷

尊》，載《文物》，1984 年第 12 期，第 64～67 頁。

24. 淄博市博物館、臨淄區文管所：《臨淄北朝崔氏墓地第二次清理簡報》，載《考古》，1985 年第 3 期，第 216～221 頁。

25. 夏名采：《益都北齊石室墓線刻畫像》，載《文物》，1985 年第 10 期，第 49～54 頁。

26. 楊勇：《試論〈齊民要術〉中的我國古代製麴、釀酒發酵技術》，載《西北農學院學報》（自然科學版），1985 年第 4 期，第 55～64 頁。

27. 孟乃昌：《中國蒸餾酒年代考》，載《中國科技史料》，1985 年第 6 期，第 31～37 頁。

28. 寧夏回族自治區博物館、寧夏固原博物館：《寧夏固原北周李賢夫婦墓發掘簡報》，載《文物》，1985 年第 11 期，第 1～20 頁。

29. 安家瑤：《北周李賢墓出土的玻璃碗——薩珊玻璃器的發現與研究》，載《考古》，1986 年第 2 期，第 173～181 頁。

30. 繆啓愉：《〈齊民要術〉中利用微生物的科學成就》，載《古今農業》，1987 年第 4 期，第 7～13 頁。

31. 吳焯：《北周李賢墓出土鎏金銀壺考》，載《文物》，1987 年第 5 期，第 66～76 頁。

32. 傅金泉：《從麴糵論我國黃酒麥麴技術的發展》，載《釀酒科技》，1988 年第 3 期，第 2～6 頁。

33. 李霖、葉依能：《我國古代釀酒技術的發展》，載《中國農史》，1989 年第 4 期，第 38～44 頁。

34. 山東省文物考古研究所：《濟南市東八里窪北朝壁畫墓》，載《文物》，1989 年第 4 期，第 67～78 頁。

35. 山西省考古研究所、太原市文物管理委員會：《太原南郊北齊壁畫墓》，載《文物》，1990 年第 12 期，第 1～10 頁。

36. 傅金泉：《中國黃酒的起源及其傳統技術》，載《中國釀造》，1991 年第 3 期，第 2～10 頁。

37. 芮傳明：《葡萄與葡萄酒傳入中國考》，載《史林》，1991 年第 3 期，第 46～58 頁。

38. 馮國富、武殿卿、黃麗榮：《固原北魏墓出土文物》，載《固原師專學報》，1991 年第 4 期，第 105 頁。

39. 沙夢海：《曲水流觴雜考》，載《文物》，1991 年第 6 期，第 81～83 頁。

40. 包啓安：《南北朝時代的釀酒技術》，載《中國釀造》，1992 年第 1 期，第 34～36 頁。

41. 山西省考古研究所、大同市博物館：《大同南郊北魏墓群發掘簡報》，載

《文物》，1992 年第 8 期，第 1～11 頁。

42. 王次澄：《文人酒令及酒刑》，載《傳統文化與現代化》，1993 年第 2 期，第 50～57 頁。

43. 偃師商城博物館：《河南偃師兩座北魏墓發掘簡報》，載《考古》，1993 年第 5 期，第 414～425 頁。

44. 李映發：《蒸餾酒的起源與發展》，載《自然辯證法通訊》，1993 年第 6 期，第 57～59 頁。

45. 李春生：《〈齊民要術〉在中國酒文化史上的意義》，載《甘肅輕紡科技》，1994 年第 3 期，第 38～43 頁。

46. 王賽時：《山西釀酒史略》，載《晉陽學刊》，1994 年第 6 期，第 91～95 頁。

47. 中國社會科學院考古研究所洛陽漢魏城隊、洛陽古墓博物館：《北魏宣武帝景陵發掘報告》，載《考古》，1994 年第 9 期，第 801～814 頁。

48. 周嘉華：《中國蒸餾酒起源的史料辨析》，載《自然科學史研究》，1995 年第 3 期，第 227～238 頁。

49. 繆啟愉：《「臥麴」、「頤麴」、「漬麴法」問題》，載《中國農史》，1995 年第 3 期，第 103～104 頁。

50. 林澐：《古代的酒杯》，載《中國典籍與文化》，1995 年第 4 期，第 30～34 頁。

51. 洛陽市文物工作隊：《洛陽孟津北陳村北魏壁畫墓》，載《文物》，1995 年第 8 期，第 26～35 頁。

52. 班吉慶：《從〈說文解字〉看中國古代飲酒文化〉，載《揚州師院學報》（社會科學版），1996 年第 1 期，第 115～118 頁。

53. 孫立：《魏晉南北朝飲茶與飲酒之風》，載《蘇州大學學報》（哲學社會科學版），1996 年第 1 期，第 104～106 頁。

54. 顏吾芟：《魏晉南北朝時期的酒政》，載《商業文化》，1996 年第 4 期，第 56～59 頁。

55. 包啟安：《我國古代黃酒的製醪發酵技術》，載《中國釀造》，1996 年第 4 期，第 9～16 頁。

56. 郭學雷、張小蘭：《北朝紀年墓出土瓷器研究》，載《文物季刊》，1997 年第 1 期，第 85～94 頁。

57. 王賽時：《古代山東釀酒述略》，載《中國烹飪研究》，1997 年第 2 期，第 18～24 頁。

58. 陝西省考古研究所、咸陽市考古研究所：《北周武帝孝陵發掘簡報》，載《考古與文物》，1997 年第 2 期，第 8～28 頁。

59. 徐少華：《嚴屬的酒禁——我國歷史上的酒政（一）》，載《中國食品》，1997 年第 10 期，第 24～25 頁。

60. 徐少華：《長時期的稅酒——我國歷史上的酒政（二）》，載《中國食品》，1997 年第 11 期，第 23～24 頁。

61. 徐少華：《形式多樣的專賣制——我國歷史上的酒政（三）》，載《中國食品》，1997 年第 12 期，第 21～23 頁。

62. 徐少華：《中國酒政概説》，載《中國釀造》，1998 年第 2 期，第 1～7 頁。

63. 周德思：《中國歷代酒禁之爭》，載《四川烹飪高等專科學校學報》，1999 年第 1 期，第 28～29 頁。

64. 江玉祥：《唐代劍南道春酒史實考》，載《四川大學學報》（哲學社會科學版），1999 年第 4 期，第 70～79 頁。

65. 謝文逸：《談中國古代酒的過濾和酒的過濾工業的發展》，載《釀酒》，1999 年第 6 期，第 78～81 頁。

66. 徐少華、劉華：《古酒歷史篇》，載《中國酒》，1999 年第 6 期，第 19～31 頁。

67. 羅豐：《北周李賢墓出土的中亞風格鎏金銀瓶——以巴克特里亞金屬製品爲中心》，載《考古學報》，2000 年第 3 期，第 311～330 頁。

68. 陝西省考古研究所：《西安發現的北周安伽墓》，載《文物》，2001 年第 1 期，第 4～26 頁。

69. 薛瑞澤：《漢唐間河洛地區的釀酒業》，載《安徽史學》，2001 年第 2 期，第 2～6 頁。

70. 黃修明：《酒文化與中國古代社會政治》，載《中華文化論壇》，2002 年第 2 期，第 127～131 頁。

71. 黃修明：《中國古代酒禁論》，載《重慶大學學報》（社會科學版），2003 年第 1 期，第 69～73 頁。

72. 秦冬梅：《試論魏晉南北朝時期的氣候異常與農業生產》，載《中國農史》，2003 年第 1 期，第 60～69 頁。

73. 張增午、傅曉東：《河南北朝瓷器芻議》，載《中原文物》，2003 年第 2 期，第 61～66 頁。

74. 王玲：《魏晉南北朝時期内遷胡族的農業化與胡漢飲食交流》，載《中國農史》，2003 年第 4 期，第 11～17 頁。

75. 山西省考古研究所、太原市文物考古研究所：《太原北齊徐顯秀墓發掘簡報》，載《文物》，2003 年第 10 期，第 4～40 頁。

76. 李愛國：《太原北齊張海翼墓》，載《文物》，2003 年第 10 期，第 41～49 頁。

77. 山西省考古研究所：《太原西南郊北齊洞室墓》，載《文物》，2004 年第 6 期，第 35～46 頁。

78. 西安市文物保護考古所：《西安市北周史君石槨墓》，載《考古》，2004 年第 7 期，第 38～49 頁。

79. 劉俊喜、高峰：《大同智家堡北魏墓棺板畫》，載《文物》，2004 年第 12 期，第 35～47 頁。

80. 汪受寬：《河西古酒考論》，載《敦煌學輯刊》，2005 年第 2 期，第 270～277 頁。

81. 西安市文物保護考古所：《西安北周涼州薩保史君墓發掘簡報》，載《文物》，2005 年第 3 期，第 4～33 頁。

82. 山西省考古研究所、大同市考古研究所、大同市博物館、山西大學考古系：《大同操場城北魏建築遺址發掘報告》，載《考古學報》，2005 年第 4 期，第 485～511 頁。

83. 陳習剛：《中國古代葡萄、葡萄酒及葡萄文化經西域的傳播（一）——兩宋以前葡萄和葡萄酒產地》，載《新疆師範大學學報》（哲學社會科學版），2006 年第 3 期，第 5～10 頁。

84. 大同市考古研究所：《山西大同沙嶺北魏壁畫墓發掘簡報》，載《文物》，2006 年第 10 期，第 4～24 頁。

85. 大同市考古研究所：《山西大同七里村北魏墓群發掘簡報》，載《文物》，2006 年第 10 期，第 25～49 頁。

86. 大同市考古研究所：《山西大同迎賓大道北魏墓群》，載《文物》，2006 年第 10 期，第 50～71 頁。

87. 趙德云：《從雞頭壺到龍柄壺的發展——兼析外來文化因素在這一過程中的作用》，載《考古與文物》，2007 年第 1 期，第 95～102 頁。

88. 萬偉成：《中華酒文化的內涵、形態及其趨勢特徵初探》，載《釀酒科技》，2007 年第 9 期，第 104～109 頁。

89. 西安市文物保護考古所：《西安北周康業墓發掘簡報》，載《文物》，2008 年第 6 期，第 14～35 頁。

90. 汪建國：《解讀〈齊民要術〉的製麴和釀酒工藝》，載《中國釀造》，2008 年第 16 期，第 106～108 頁。

91. 傅金泉：《中國古代酒文獻史料》，載《釀酒科技》，2008 年第 12 期，第 115～120 頁。

92. 黃修明：《〈尚書·酒誥〉與儒家酒德文化》，載《北京化工大學學報》（社會科學版），2009 年第 1 期，第 61～66 頁。

93. 西安市文物保護考古所：《西安南郊北魏北周墓發掘簡報》，載《文物》，2009 年第 5 期，第 21～49 頁。

94. 魏女：《西安北魏韋氏紀年墓出土瓷器及相關問題探討》，載《考古與文物》，2010 年第 3 期，第 92～95 頁。

95. 大同市考古研究所：《山西大同南郊區田村北魏墓發掘簡報》，載《文物》，2010 年第 5 期，第 4～18 頁。

96. 王萌：《略論北朝時期的飲酒之風》，載《劍南文學》，2010 年第 11 期上，第 44～46 頁。

97. 山西省考古研究所、山西博物院、朔州市文物局、崇福寺文物管理所：《山西朔州水泉梁北齊壁畫墓發掘簡報》，載《文物》，2010 年第 12 期，第 26～42 頁。

98. 張鶴泉、王萌：《北魏皇帝賜宴考略》，載《史學集刊》，2011 年第 1 期，第 26～33 頁。

99. 崔利：《從元代朱德潤〈紮剌機酒賦〉看中國蒸餾酒起源》，載《釀酒》，2011 年第 1 期，第 94～97 頁。

100. 王萌：《略論北朝時期的酒政與酒的釀酤》，載《吉林大學社會科學學報》，2011 年（增刊），第 72～76 頁。

後　記

　　本書以筆者的博士論文爲基礎修改而成。現在修改過後，書中還有不足之處。比如，酒與北朝國家的施政及禮儀活動、酒與北朝時期的社會生活、酒與北朝的文化關聯即士人創作詩歌之間的關係，還有一些方面需要進一步深入論述。

　　我首先要對恩師張鶴泉先生表示誠摯的謝意。2009 年 9 月，筆者考入吉林大學古籍研究所，師從張鶴泉先生攻讀中國古代史專業魏晉南北朝史方向博士學位。恩師張先生以精研秦漢和魏晉南北朝官制史、軍制史而聞名，但張先生的治學、研究視野要遠超越於此。恩師寬廣的學術視野、淵博的學識讓人敬佩之至。筆者的博士論文從選題的確定、結構的構思、初稿的完成、論文的最終定稿，恩師張先生傾注大量心血，提出了很多寶貴意見。

　　作爲本書基礎的博士論文，在審閱和答辯中，有幸得到以下學術界先生的指導。他們是中國社會科學院歷史研究所研究員、博士生導師彭衛先生，中國社會科學院歷史研究所研究員、博士生導師樓勁先生，華東師範大學歷史系教授、博士生導師牟發松先生，華南師範大學歷史學院教授、博士生導師李憑先生，東北師範大學歷史文化學院教授、博士生導師詹子慶先生，東北師範大學歷史文化學院教授、博士生導師王彥輝先生，東北師範大學歷史文化學院教授、博士生導師趙軼峰先生，吉林大學古籍研究所教授、博士生導師朱紅林先生，吉林大學古籍研究所教授、博士生導師沈剛先生，吉林大學文學院教授、博士生導師許兆昌先生。以上先生都是先秦史、秦漢史、魏晉南北朝史研究領域的著名專家，先生們提出了很多寶貴意見。在此，筆者向這些學術前輩表示眞誠的謝意。

　　感謝我的家人，在我博士學習期間給予我的關心、支持，由於家人的關懷、支持，我得以專心致志完成學業。

　　「學海無涯苦作舟」，在以後的研究、學習中，我還要從學術前輩中借鑒經驗，從書籍中汲取精華，以深入自己的研究，拓寬自己的視野。

王萌

2013 年 3 月 27 日